Minerva Shobo Librairie

国際流動化時代の高等教育

人と知のモビリティーを担う大学

松塚ゆかり［編著］

ミネルヴァ書房

国際流動化時代の高等教育——人と知のモビリティーを担う大学

目次

第Ⅱ部　流動性を促進する制度と仕組み

序　章　人材国際流動化時代の大学改革

——地域比較・事例研究によるアプローチ——

松塚ゆかり

一　高度知識人の「ゲートウェイ」としての大学

（1）大学をめぐるグローバル化

社会経済のグローバル化が急速に進むなかで、高等教育への期待も日々国際性を帯びている。二〇世紀から二一世紀にかけてのグローバル化は「人、物、金」の自由な移動が促されるかたちで進展してきたが、とくに近年は「人」の国家間移動の増加がめざましく、その多くが高度な知識や技能を有する個々人から構成されていることが特徴といえる。[1]こうしたなかで大学は、高度知識人や高技能者による移動の「ゲートウェイ」としての役割が問われ、また期待されている。それは、高度人材の国際流動性を高めるうえで、大学が受け入れまた送り出す留学生や研究者の移動が強く影響するからに他ならない。留学や国外での就学経験を有する者ほど海外で就労する機会を得やすく、それが移民へとつながる可能性が高くなる。留学資格から就労資格への移行は「二段階移住（two-step migration)」と称され、ＯＥＣＤ主要国はこの移行を高度技能人材獲得の重要な手段として位置づけている。まず⑴留学枠で国外の学生を誘致し、⑵優秀な学生あるいは卒業者には長期滞在の資格を与えて国内に留めるという、国家的な人材獲得政策を展開しているのである（OECD 2011）。大学をめぐるグローバル化は、自国の学生の国際性を養成することに加えて、優秀な学生を国外から招き入れ、国際社会の発展に寄与する人材を世界に向けて送り出すことを重要な課題とするに至っている。

（2）知識人の移動の歴史

高度知識人の地理的移動が社会経済の発展に貢献するという認識は新しいことではない。古くは紀元前五世紀頃よりギリシアのアテネを中心に活動したソフィスト（弁論家・教育家）にまで遡ることができよう。ソフィストは、「遍歴教師」とも呼ばれ、地理的、政治的境界を越えて移動し、富裕層および貴族の子息の教育を請負いながら、哲学や倫理学を中心に知を伝達しつつ思想を深め磨いていった（Welch 2005）。中世に入り、ヨーロッパで初めての大学であるボローニャ大学が生まれた後は、大学を中心に学識者や主として学生が大学をめぐる、ペレグリナチオ・アカデミカ（*peregrinatio academica*）がみられるようになった。知識人の移動は、教えることに加えて学ぶことを主たる目的とする旅行や巡回へと拡大し、一五世紀には、ヨーロッパの二〇パーセント以上の学生が複数の大学で学んだとされる（Irrgang 2002）。一六世紀に最盛期を迎え、一七世紀には上流階級に加えて豊かな商人や時に農民の子息らもペレグリナチオに加わった。このような巡回は、「知への渇望」に基づくとされる一方で、異国で学ぶことにより、他言語を習得し、異文化を知り、また職を得ることが容易になるなど実利的側面もすでに存在していたという（Eliasson 1992）。

二〇世紀から二一世紀にかけて経済主要国の大学進学率は五〇パーセントを超え、大学教育は一部のエリート層や富裕層から大衆のものへと移行した。同時に留学する学生層とその機会も大幅に拡大する。市民権をもつ国を離れて高等教育機関に在籍する学生数は二〇〇〇年以降世界全体で二倍以上増加し、二〇一五年には五〇〇万人に達するものと思われる。大学における留学生の受け入れと送り出し、そして国際人の育成・輩出という役割も、知識基盤社会を支える源流として地球レベルで展開されることとなる。折しも、このような高等教育の国際流動化は、大学進学者の急増、高等教育財政の逼迫、高等教育市場の自由化という、世界中でほぼ共通する他の深刻な課題と同時に進行している。(2)

二　大学の競争力と学生移動を左右する要因

(1) 大学間の国際ネットワーク形成——国際市場における大学の競争

財政が逼迫するなかにおける市場の自由化は大学間の競争を促す。全世界の留学生の七五パーセントを有するOECD諸国では、留学生獲得のために官学一体となり大学の国際競争力強化に努めている。留学奨学金の充当、留学単位認定の制度づくり、英語圏外の大学における英語による授業の拡大などは、世界的に進行している留学誘致のための課題であり実践であろう。先述した高度な知や技能の流動性を高めるという観点から注目されるのは、世界有数の大学間が進める国際ネットワークの形成である。エリートリサーチ大学と呼ばれる名門大学は世界各地においてこれまでもリーグを組んできた。英国であればラッセル・グループがこれにあたり、オックスフォード大学、ケンブリッジ大学、エジンバラ大学他二四大学から構成され、英国内の高等教育研究費の三分の二以上が充当されている。オーストラリアでは、メルボルン大学、オーストラリア国立大学、シドニー大学をはじめとするG8大学（上位八大学グループ）が該当する。アメリカ合衆国では「アイビー・プラス」と呼ばれるハーバード大学、プリンストン大学、マサチューセッツ工科大学、コロンビア大学、スタンフォード大学など、カーネギー大学分類で「最も高度な研究区分」に含まれる大学があげられよう。そして中国においても同様の仕組みが構築されている。たとえば、中国教育部が一九九八年五月に定めた九八五工程は、中国の大学での研究活動の質を国際レベルにあげるために、限られた大学に重点的に投資していくとしたものであり、四〇大学弱のごく限られた大学が短期間に国際的競争力を獲得することを目的として設置された。

これらの大学は、国内外のトップレベルの研究者や優秀な院生の獲得をめぐって互いに競い合う一方で、リーグ外の大学と明確な差別化をはかることに配慮しており、そのスタンスはネットワークの国際的拡大の過程において明示的である。かつて研究協力が中心であった国際交流は、最近は学士課程留学を主とする教育交流が量的に多くを占めるに至っているが、教育交流における国際ネットワーク形成は通常機関レベルで行われる。その際に、有力大学はパートナーとなる大学が高度な教育研究を提供できることはもとより、その地域の有力大学でありまた他の有力大学と連携体制にあることを重視する。これにより、情報収集と確認に要するコストを抑えながら、あらかじめ教育研究の質が約束されている大学群と容易に国際ネットワークを形成することができる。また、このような有力大学同士のネットワークを形成することは、優秀な学生や研究者を国外から獲得するうえで、世界市場における競争優位性を強化することにつながる。

このように、近年展開される有力大学同士のネットワーク構築をみると、すでに競争力を有した大学がさらに優位性を高める結果となり、ネットワーク外大学群との間の格差が拡大し、高等教育の世界的な階層化が進むのではないかという懸念が生まれる。たしかに、財政が逼迫するなかにおいて世界的な自由競争が続くと、スタミナが続かず運営が立ち行かなくなる大学が出てくることは否めない。しかし、少なくとも現段階では明確な階層化が進んだという結論はみられていない。その理由として、有力大学間の世界的ネットワーク形成が盛んになったのはここ一〇年ほどのことであり、その結果を概観できる段階にはまだ至っていないことがまずあげられる。一方で、大戦後に設立された歴史の浅い大学が、ここ一〇年余りの間に急激に競争力を伸ばしてきている状況も明らかになっている。(3) 新設の組織が故の柔軟性をもって、社会や学生のニーズやその変化に的確に対応することにより、短期間でも競争力を高めることが可能であること、そして長い歴史と伝統をもつ既存のエリート大学の価値のみが大学の国際市場において絶対的競争力を有するわけではないことをうかがい知ることができる。

（2）学生移動の意思決定要因

国際市場における大学の競争力が一元的に定まらないのは、学生が留学先の国や大学を決める際の理由が多岐に亘るためであると考えられる。学生移動の意思決定にかかわる要因については国内外で研究が蓄積されているが、世界的な観点から考察するためにＯＥＣＤの調査結果を参考にする。まず主要な要因として、⑴授業で使用する言語が英語、フランス語、ドイツ語など世界的に広く使用されている言語であること、⑵留学先の授業料と物価が負担可能な範囲であること、⑶留学先の移民政策が緩やかであることの三点があげられており、次いで、⑷特定の教育機関や教育プログラムの学術的評価の高さ、⑸国外で取得した単位を卒業単位に換算可能かというプログラムの柔軟性、⑹出身国において大学進学の機会が限られている、⑺出身国の大学入学基準が厳しい、⑻受け入れ国との地理的・歴史的関係や交易上の関係、⑼就職への展望、⑽出身国と受け入れ国の大学間で単位互換を促進する政府レベルの政策、の七点があげられている（OECD 2009）。

これらのすべて、あるいは大部分を満たす国および大学はないといってよい。たとえば、先述した有力大学のネットワークにおいては、⑴の使用言語の問題は満たされ、⑷の学術的評価も申し分ないだろうし、これらの大学での留学経験により、⑼にある就職への展望も開けるであろう。しかしその一方で、有力大学がある国や地域は経済成長度が高い傾向にあり相対的に物価は高い。したがって、⑵の条件は満たし難いし、移民政策も厳しい傾向にあるため、⑶もマイナス要因となる。また、単位互換についても厳しく評価されるために、⑸の条件を満たすのも容易ではない。⑺についても送り出し国よりも入学基準を低く設定することを前提にすることはできないであろう。したがって、留学先の選択において、絶対的優位性を有する地域や大学はないといっていい。そうすると、単位互換やプログラムの柔軟性および就職支援など、国や大学にかかわらず要件を満たし得る課題についてはそのための自助努力をし、地理的、歴史的、あるいは文化的特徴等からすでに備わっている個別優位性についてはそれを最大限に活かし、比較優位性を高めることが然るべきソルーションとなる。

（3）本書のねらい

日本は、言語、物価、移民政策等において、留学誘致に優位な位置にあるとはいえない。また、国際基準に基づく学術評価や、単位互換を可能とする制度についてもいまだ整備されているとはいい難い。「モビリティー」という概念についても、人材の流動性の経済効果を中心に、すでに多くの研究が重ねられている欧米諸国と比較すると、知見が蓄積されているとはいえまい。中国をはじめとするアジア諸国と比較しても、日本は歴史的、地理的に地域間移動の経験が少なく、モビリティーに伴う社会経済的メリットとデメリットなどについての経験知が豊かとはいい難い。移民政策と関連づけたグローバル人材開発、とりわけそのなかにおける高等教育の役割については、最近政府の経済再生会議でも大きく取り上げられており、高等教育関連では文部科学省が中心となり予算の充実と具体的計画が推し進められてはいるものの、個々の大学が国際的観点から包括的に人材開発計画を策定し実践するのはこれからの課題となるだろう。

本書は、このような日本の状況をふまえて、グローバル化のなかの大学のあり方を、人材移動とその流動性に作用する制度や仕組みに焦点をあてて論じるべく企図されている。世界各地で進む人材流動化政策は政治的、経済的、社会的にどのように位置づけられているのか、そのなかで大学はどのような役割を期待され、その期待にどのように応えているのか、流動性を促進する、あるいは阻む要因は何なのか、それらの要因について国や地域によって一定の傾向がみられるのか、国際的に市場化する高等教育において、競争と協調による知の流動化は可能であるのか、そしてそのような関係により人と知のモビリティーは世界のどの地域、どの人々に対しても学術的進歩に基づく社会・経済的な発展をもたらすのであろうか。

本書は第Ⅰ部を地域研究、第Ⅱ部を事例研究の構成としている。第Ⅰ部は国際流動性の地域研究を課題として、高等教育におけるモビリティー政策とその進展について、英国、フランス、ポーランド、東アジア（中国、日本、韓国）、モンゴル、そしてアメリカ合衆国の動向を考察した。第Ⅱ部では、モビリティーを促進する制度と仕組みを検討することを課題とし、単位制度改革、カリキュラム改革、学習基準策定、オンライン教育、高大接続、財政等を取り上げ、欧州連合（EU）、アジア、日本、そしてドイツで行われている特徴的試みについて事例をあげた。

各章の担当者は、二〇一一年度から二〇一三年度にかけて行われた科学研究費プロジェクトである「高等教育改革、人材流動、ブレインゲインの相互作用に関する実証研究（課題番号：23330239）」で共同研究を行った研究者のほか、高等教育並びにモビリティーに関して高い見識を有する国内外の専門家である。

三　本書の構成

（1）国際流動性の地域研究の概要

第Ⅰ部ではまず、欧州、アジア、アメリカにおける学生および研究者の移動状況を概観し、そこに影響を与える諸要因について考察した。欧州では、EUが一九九九年に欧州高等教育圏の設立をめざしたボローニャ宣言を発令し、域内における学生の流動性を高めつつ、大学教育の質を向上させようとする大がかりな政策と具体的計画が展開されている。ここではこのような高等教育改革が、加盟国とその周辺国にどのような影響をもたらしているのかに焦点をあてた。ボローニャ宣言以後、欧州における域内外の学生交流は活発になっているといえるが、その動きは加盟国各国間で一定ではない。英国では受け入れについては著しい上昇がみられる一方、送り出しは停滞している。フランスは二〇〇〇年以降送り出し、受け入れともに一貫して上昇している。そしてポーランド等旧東欧諸国においては、送り出しが上昇する一方で、受け入れは停滞の傾向にある。このような統一的制度下における異なる留学のパターンは、先に述べたように留学の規定要因が一定ではないことを含意するものであり、その背後にある状況を精査する意義は大きい。したがって、欧州の研究では英国、フランス、ポーランドを取り上げた。

第1章では北川／松塚が、近年の政策的動向と多様化する高等教育機関の戦略性という観点から、英国における高等教育政策と国際流動性の関係について検討した。英国の留学生受け入れのシェアはアメリカに次いで多く、上昇を続けている。その背後には、一九八〇年代の高等教育の市場化、一九九〇年後半以降の英国外に向けた大学のブランディング強化等があり、留学生の獲得が「経済戦略」の様相を呈していたことが注目される。二〇〇〇年に入ると、受け入れ中心から、英国内部における教育国際化をにらんだ包括的な教育国際化をめざす方針がとられ、英国人学生の送り出しを促進する政策的イニシアティブがとられるようになった。一方で、それまでの留学生の増加が滞留学生の不法就労の問題を伴い、経済戦略の効果を損なう局面が浮き彫りになる。その対応としてビザや留学資格の厳格な管理による移民規制が政府主導で行われたことに加えて、二〇一二年の学部学生に対する授業料の大幅な値上げは、国外からの留学生のみならず、国内の英国内大学における就学者数を大きく減少させる可能性をもたらした。英語によるプログラムが充実している域内外他大学への学生の流出も予想され、北川／松塚は「受け入れ、送り出しを含め、英国の『英語による質の高い教育』という比較優位性は絶対的なものではない」と評している。今後は、よりミクロレベルの地道な努力と調整、たとえば、雇用との接続性に配慮した大学教育の費用対効果の向上、カリキュラムの連続性強化による流動性の向上と大学のネットワーク化、個々の大学による管理面や学生支援面の充実、快適な留学環境の提供などが大学の競争力向上のために重要となるであろう。

第2章では大場が、フランスの近年の国際的学生移動を考察した。フランスでは旧植民地を中心とした仏語圏アフリカからの留学生が多く、歴史的、文化的要因が流動性に深く作用している。しかし、二〇一一年以降、アフリカからの留学者が減少する一方、中国を中心とするアジア諸国、および南北アメリカからの留学者が一貫して増加し、地球規模の流動性が進む傾向にあることを明らかにしている。先に述べた英国、そしてアメリカでは高額な授業料を徴収する市場型の留学生受入戦略が進行するなか、フランスは市場化モデルの採用には否定的であるとしつつも、最近は経費に見合う授業料を課すべきとの声もあがり、また留学の経済効果に関する研究も公開されるなど、市場化の徴候も見られるという。フランス国内五大学を対象とした聞き取り調査からは、ボローニャ・プロセスやチューニングを含む流動促進計画の進捗状況は機関によって大分異なるものの、地理的要因や言語の同一性が引き続き強力な留学規定要因であることと、自学在学生の国外派遣を推進していることはおおむね共通しており、受け入れと送り出し両方が一定して上昇するフランスが具体的にみえてくる。欧州の中でフランスは最も日本に留学生を送り出している国であり、また非英語圏の国という点で日本と共通する国際化上の課題を抱えていることを指摘し、流動化をめぐる同国の研究は今後も一層重要であることが述べられている。

第**3**章は　ポーランドについてピエルシチェニャクと松塚が担当した。ポーランドは、二〇〇四年にEUに加盟した後、積極的にEU資金を活用し、域内先進国に匹敵する高等教育インフラを整備することを目標に、大学改革を推し進めている。留学や研究交流についてはエラスムス奨学金[4]を中心にボローニャ・プロセスの資金を活用し、ドイツ、フランス、アメリカなど先進国への送り出しを進める一方、ウクライナ、ベラルーシ、リトアニア等から学生や研究者を受け入れている。全体的傾向としては、上述したように送り出しは急増する一方で受け入れは伸び悩んできたが、とくに学生交流を中心とするエラスムス計画の実践においては受け入れも含めて顕著な成功を収めているといえる。本章では、そのような状況の背後にある政策と実践を概観したうえで、エラスムス計画に注目して、その意義と効果を検証している。教育省他関係省庁における聞き取り調査で明らかになったのは、ボローニャ計画の資金は「人的資本計画」の意図のもとに国家の技術力と国民の生産力向上を第一目的として活用されていることである。また、現地の複数の大学において学生および教職員を対象に実施したインタビュー調査では、学生の多くが先進諸国で高度な学問を学び、また異文化を経験することにより自身のキャリア形成に役立てようとする明確な意思をもって国外での教育経験を積もうとしていることが明らかになった。留学に出る学生のなか、チャンスがあれば留学先で就業したいと希望する学生が多く、「二段階移住」はこのような潜在的移住者と高度技能人材の獲得を図る受け入れ国との双方のニーズによって支えられていることがわかる。一方で、留学後に就職して、しばらく居住したとしても、最終的にはポーランドに帰国して家族の身近で暮らしたいとの希望をもつ学生も少なくなく、OECDのいう「ブレインサーキュレーション（頭脳循環）」、つまり、知識や技能は国から国へ一方的に流出あるいは流入するのではなく、長期的には各国間で双方向的に流動し、いずれの国にとっても有益な結果となるという説を支持する状況もうかがえた。

第4章からは、アジアに視点を移す。アジア各国は、留学先進地域といえるアメリカや欧州の影響をうけ、また、自らの歴史や政情に基づく教育政策と融合させながら、各国とも独自の教育の国際化を進めている。そのなかから、留学および移民が急増している中国および、過去十数年、とくに日本に対して積極的に留学生を送り出しているモンゴルに注目した。

第4章では苑が、東アジア地域における学生の国際移動に焦点をあてた。留学生の世界的拡大を概観した後、近年の留学構造の変容を、(1)留学需要の拡大、(2)大学による留学機会の提供、という双方向的観点からとらえ、それを導きそして支える枠組みとして、(3)各国政府による支援、(4)地域的に構築される「エラスムス計画」などにみられる交流プラットフォームの造成をあげ、これらが相互に機能することにより学生の国際移動パターンが形成されることを論述している。そして、この枠組みを使い、中国、韓国、日本を対象に留学交流圏としての東アジアの特質を分析した結果、これら東アジア三カ国間においては、少なくとも現段階では、EUの高等教育圏のような域内相互交流枠組みが設計されておらず、むしろそれぞれが域外との関係強化に注力する傾向にあることを指摘している。しかしながら、英語圏をはじめとする留学先の一極集中をさけるために、そして何よりも、東アジア地域の安定と平和、国民の相互理解と信頼関係づくりのために、三国間の交流を拡大強化していくことの重要性が述べられている。三国間の大学制度は類似していることに加えて、各国とも独自の学生誘致力があることから、単位互換や認定、カリキュラムの共通理解を形成・強化することなどで、東アジア地域の流動性は拡充可能であると強調する。

第5章ではミャグマルが、モンゴルにおける留学を中心とする流動性の歴史的変遷を、高等教育の近代化改革の動向に対応させて検討した。モンゴルの国境を越えた人材移動については近代高等教育制度に移行するはるか前に、旧ソ連の社会主義構築という課題のもとに、モンゴルから旧ソ連への派遣留学および旧ソ連からモンゴルへの専門家の派遣というかたちで存在していた。市場経済化以降は、送り出しを中心とした国家主導による留学が引き継がれると同時に、行き先、留学の形態等が多様化している。つまり、かつて国家の管理下で行われてきた派遣制度は、受け入れ国との協定等により国費留学のかたちで継承される一方、個人や企業その他の団体の資金による自由な国際移動も活発になりつつあることを明らかにしている。政治の体制転換を経て、今、資本主義的経済成長の真っ只中にあり、大学進学者の急増に伴う質管理の問題や大卒の就職難が国内の問題として立て直しが迫られる一方、高等教育の国際化という世界的動向に適応するという、二重の課題を抱えている現状が報告されている。このような状況は、急速な経済成長を経験する他の国々にも共通するものであり、世界的なモビリティーの行方を展望するうえで有益な情報となろう。

第Ⅰ部の最終章である第6章では、アメリカのモビリティーについてアデルマンと松塚が担当した。第Ⅰ部で取り上げたいずれの地域においても、モビリティー研究における中心的関心事は「何処から来て、何処へ行くのか」そして「それは何故なのか」ということである。本章はその問に真向から立ち向かい、学生や人材の地域間移動構造を解明する具体的手法を、アメリカの取り組みを取り上げながらも地域横断的に適用可能な文脈で提案することを目的としている。アメリカは国外から多くの留学生を受け入れるのみならず、国内においても学生の流動性はきわめて高く、入学した大学を卒業する学生比率は五割を下回る。このような学生のモビリティーをアデルマンはジャクソン・ポロックの絵にたとえて、「カンバス上を横切ったりこんがらがったりの線を描き、地図的規則性を見出すことがきわめて難しい」と評する。一方で、アメリカの高等教育における学生移動のトラッキングは世界で最も発展しているといえるだろう。本章の前半では、アメリカ国内で学生の移動を把握しようとする試みとデータ収集の方法、そして課題を、日本の現状と対応させながら論じている。学生の移動状況について、これまでわれわれ研究者は何を把握することができたのか、そして今後何を明らかにしなくてはならないかをまず明確にし、そのうえで、なぜ学生は移動するのか、その移動に地域的特徴は見られるのかを論じ、今後流動性を把握するために、どのような課題を追究していくべきかについて、具体的な提言を行っている。学生流動のあり方を定量定性両面においてより正確に把握する必要が高まるなか、本章はその方策を講ずるうえでおおいに参考になるものと思われる。

(2) 流動性を促進する制度と仕組み――事例研究の概要

第Ⅱ部では、高等教育においてモビリティーを促進する制度と仕組みについて、アジア、欧州、日本、アメリカ等における事例を追いかけていく。かつて留学は一部のエリート層あるいは富裕層によるものであったが、今日では一般の学生が勉学と国際経験のために海を渡る。そうすると一般人としての学生個々人にとって、コスト負担が大きな問題となる。渡航費や滞在費は奨学金等により賄われることもあろうが、留学期間を就労期間に置き換えたとき、その間に得られたであろう賃金は機会コストとしてとらえられ、その多寡は学生の留学を決定するうえで重大な検討事項となる。学位授与を前提とした留学ではとくに留学の「期間」が重要な考慮対象となる。たとえば、学位までの過程において、送り出しと受け入れ組織間で連続性が確保されないと、就学期間が不必要に延長し、学生にとってのコストはいたずらに高くなる。「学期改革」にみられる諸外国との学期の不整合性をなくそうとする動きは、このことへの対応とも受け止められる。また、学習内容の対応性や等価性が不透明だと、単位の認定基準があいまいになり、学習内容が重複したり、学位までの連続性が確保されなかったりする。したがって、大学間における学位と単位認定の共通枠組み、学習内容の相互理解、課程の接続性、そして留学を支える財政的調整が重要な課題となる。このことから、第Ⅱ部ではこれらそれぞれの課題を取り上げ考察した。

第7章は、堀田による学生交流政策と単位互換制度についての論文である。堀田は八〇年代まで学生のモビリティーはその多くが先進国に「学びに行く留学」であったが、八〇年代以降は「共に学ぶ」相互交流へと変容したことを指摘する。その端を発したのが欧州地域で発展したエラスムス交流事業であり、これを堀田は、「新しいモビリティーのかたち」として評価し、まさにだれもが国際化のなかの一員となることができる「大衆化された国際的教育交流の発展」と評する。そしてそのような「共に学ぶ」学生交流の発展を成功させるために必要不可欠なしくみが単位制度の共有である。たとえば欧州における単位互換（蓄積）制度（European Credit Transfer (and Acculetion) System：ＥＣＴＳ）の共有は、国家間の制度の違いを明確にし、透明性のある教育枠組みの構築を促したと評し、このことは、高等教育のアジア圏構築にとって、重要な欧州から学ぶべき点であると主張する。そしてＥＣＴＳにならいまた発展的に構築された、アジア地域における単位互換制度を複数紹介、分析した後、堀田は本章でまったく新たなアジア共通の単位互換制度の概念（ＡＡＣｓ─アジア学術単位）を提唱している。これまで参考としてきたＥＣＴＳは必ずしもアジアのニーズや現状に即した概念にまで発展していないことを課題ととらえ、アジア全体の単位制度の違いを網羅し、一単位の価値を等価とみなすＡＡＣｓの概念と特徴を詳述している。ＡＡＣｓの導入により、大学間の単位制度の違いによる「単位の換算」という作業は簡素化され、システマティックで公平な単位互換を可能とし、これにより大学間の信頼性が高まり、アジア域内の学生のモビリティーを促進することができることを示している。

第８章ではワーヘナールが、過去二〇年間における欧州の高等教育の国際化とこれに伴う学生の急激な流動化を振り返り、そこにおけるボローニャ・プロセスの貢献に焦点をあてて論じた。とりわけ詳細に紹介されるのは、学生の視点から学習の可視化と実質化を通して学位や単位の相互認証を円滑にする「チューニング」という試みである。チューニングの特徴は、大学で学習する内容について領域別に分野専門家が合議し、学習者が身につけるコンピテンスを明確にすることにある。その組み合わせをもとに学位に到達するプロフィールを設計することができ、これにより大学教育の体系化が進み、異なる国家間および大学間において学習経験を相互認証することが容易になる。教員が自身の分野において教授する内容を詳細に説明することは難題ではないだろう。そして教育とは一方的に教育をすることではなく、それがどのように学生に習得されていくかに視点をあわせるべきことも同意が得られるであろう。そうであれば、分野別に学生の学習の質を保証し向上させることは、どの教員にとっても、また大学にとっても自然な結果となり得よう。このようなチューニングの成果物は、貴重でありながらも、単純かつ明快で、世界的に通用する「コロンブスの卵」となるだろうとワーヘナールは結論づけている。

チューニングの基幹となる活動のひとつは、リファレンス・ポイント (reference points) と呼ばれる分野別の参照点を作成することである。この点、日本においては二〇〇八年より日本学術会議が分野別参照基準の作成を進めてきた。このような参照基準が大学間で共有されることは、日本国内において学習内容に関する相互認識が形成されることであり、国内の大学間において学生の可動性が高まる可能性を示唆する。

第**9**章では北原が、そのような日本の分野別参照基準の作成を「日本学術会議の挑戦」とし、教育の可視化を通した「知識の社会化 (socialization)」を具体的に実現し得る試みとして論じている。現在世界が直面しているさまざまな課題は、狭い分野を限定的に掘り下げる従来の大学の研究と教育では解決できないことが多いとし、社会の現場との交流によって、学術が多層的、重層的にゆたかなものとなっていく「知識の社会化と公共化」が必要とされており、それこそがこれからの学術を骨太にしていくと述べる。そのうえで日本学術会議による分野別参照基準の作成は、教育の現場と社会とが協働して次世代を育成するための共通基盤を創ることであり、これまで研究者間で行ってきた学問が社会に広く公開されることにより、世代を越えて引き継がれ、そして発展していく可能性を論じている。二〇一五年春現在二〇分野について参照基準が作成されている。今後も継続的に対象分野が増え、それらが世界的基準とつながることにより、日本の大学における学習内容の可視性と国際通用性が高まると同時に、分野別かつ国際的にカリキュラムや教科の等価性を確保していくうえで不可欠なリソースとなっていくであろう。

第**10**章は近年注目される「ムークス (MOOC(s))」[5] について、そのモビリティーとの関連性に着目しながらユゴニエと松塚が考察した。二〇一二年にアメリカに始まったムークスは、インターネット上で世界中の誰もが無料で受講でき、これにより、アメリカを中心とした世界の有名大学の講義を世界中の誰もが学ぶことができるとされる。その潜在的可能性に世界中の注目が集まっており、今後の高等教育のあり方を大きく変える可能性をもつ。ムークスの主要プロバイダーであるユーダシティ（Udacity）の創設者による、五〇年後に世界で高等教育を提供する機関はわずか一〇校になるだろうとの予測は現実的ではないとしても、その際にあげられた一〇大学によるムークスの運営基盤形成については注目すべきであろう。一〇大学とは、アメリカと英国の名門大学、並びに世界各国の有力大学をメンバーとするムークスの専門プロバイダーから構成され、その組み合わせ構築は先に述べた有力大学同士の世界的ネットワーク戦略と通ずるものがある。有力大学の著名教授による講義や最先端の卓越した講義はすでに世界中の向学心ある学生に強くアピールし、無料であるにもかかわらず、いや、無料であるからこそ、多大なる宣伝効果を生んでいる。一方で、多様に拡大する授業配信の質はどのように管理されまた保証されるのか、学生の個人情報はどのように守られるのか、ムークスによる学位の価値は通常の課程修了の場合と同等であるのかなど、いまだ多くの疑問と課題がある。伝統的大学は、このようなオンライン媒体が高等教育の国際市場において、どのくらいのシェアを占めることになるのか、既存の対面授業をどの程度代替し、あるいは補完することになるのかを見定め、大学の生き残りをかけた戦略的なかじ取りを求められることになるであろう。ムークスは国境を越えた国際市場においてサービスを提供するものであるから、このような教育形態が拡大すると、物理的な流動性が縮小することも予想される。本章でのこの点における見解は、ムークスは少なくとも当面は既存の伝統的大学の教育様式を補強し、付加価値を付ける、つまり、流動性と仮想性は共存し得るものとしてとらえている。ムークスが有用かつ適切である分野と、対面による授業が必要あるいは有効である分野を的確に見極めることとよって機能分担と強化が進むと思われる。いずれの場合も資格あるいは学位につなげる過程において学位プロフィールの整理と組み立てが求められることとなるだろう。単一の大学において、ムークスによるいくつかのプログラムと対面授業を結びつけて課程を形成する、複数の組織によりオンライン授業を組み合わせて学位につなげる、また複数の大学間でオンライン授業と対面授業を組み合わせて課程を形成するなど、多様なあり方が考えられる。いずれの場合も先に記したチューニングなどの行程を適用することにより、プログラム内容の可視化と連続性の明確化、養成されるコンピテンスの強調、差別化、系統化が問われることとなろう。

第11章では布川が、二〇〇〇年に入り大学への進学率が一段と高まっているドイツを例に、ギムナジウム（後期中等教育段階）と大学の接続の観点からモビリティー促進のための制度と仕組みについて論述した。ドイツにおいても大学の国際化は政治的にも経済的にも重視され、モビリティーの促進に大きな期待がかけられていることを認識したうえで、モビリティーを促進するための制度改革が中等教育段階におよんでいることに着目している。ボローニャ・プロセスによる欧州高等教育圏の創設においては、高等教育段階での改革のみが対象となっているかのようにみえるが、その前段階であるギムナジウムにおいても並行して改革が進められていることは注目すべきである。ギムナジウムでの就学年数を九年から八年に短縮する動きがそれであり、学士・修士課程を欧州統一の学位制度に統一させることと併せて、そこに至るまでの準備段階においても欧州を中心とした国際標準に対応させようとしている状況がみえてくる。このことは確かに学生の流動性を促進することに貢献するだろうし、原則授業料徴収のないドイツの制度においては財政負担を削減する効果もある。しかしながらギムナジウムの一年の短縮により、生徒の時間不足、詰め込み型授業の弊害、学問を追究する能力の不足などの問題が指摘されており、このことを布川は、「時間をかけて教養を身につけさせるというドイツがこれまでもってきたエリート像から、国際標準を意識しながら、なるべく短期間で高度技能人材を育成するという方向」への移行、と評している。短時間での高度技能人材の育成はコストパフォーマンスを追求する昨今の大学の世界的傾向であり、ドイツの事例を通したこのような指摘は、大学と学問のあり方に警鐘を鳴らすものともいえる。

第12章では松塚が、モビリティーを促進するファンディング政策について考察した。本章では、大学進学需要の急増、国際化、政府予算の縮小および経済の自由化が相互に連動することに着目して、その背後にあるメカニズムを経済学理論を用いて明らかにしている。ＯＥＣＤ諸国のデータおよび事例を取り上げながら、国際化時代の高等教育財政はこれまでとどこが異なるのか、先進諸外国の動向や経験は何を示唆するのかなど、過去の研究成果をふまえながらも探索的に論じた。まず高等教育国際化の代表的指標といえる学生移動に焦点をあてて、留学等の移動が高度技能人材の流動化へとつながることを認識しつつ、このことがどのような経済的影響をもたらすかを説明した後、各国における政府予算縮小の現況を把握し、自由化へと移行する経路を明らかにしている。次いで高度技能人材の移動と自由化の連動性を検討し、そこにおける高等教育財政の課題を、公・私間のコストシェアに焦点をあてて考察した。最後に、公的財政負担の根拠である機会均等と高度技能人材の誘致両方を実現し、さらに学生の国際流動に対応する運用が期待されている、所得連動型ローンの可能性を探った。学生や労働者の国際移動性が高まり、教育を受けた国を離れて生産活動を行う人口が増えると、教育に伴う投資とその償還のメカニズムが変わることになる。教育資金の配分は教育国際化のなかで大がかりな見直しが必要な課題のひとつとなるであろう。

「Mobility——モビリティー」は、「流動性」「移動性」「可動性」など人や物が動く状態を表すことばであるが、同時に人の志向を表すことばとしても用いられる。たとえば「upward mobility」といえば社会的地位や職位等が上がる状況を指すと同時に、人物が「上昇志向」である場合も同様のことばで表現する。国際化が進むなか、世界的に多用されるようになった「モビリティー」という言葉が含意するのは、自由意思に基づく前向きな移動性、可動性であり、高度技能人材の流動性もこれにあたる。本書ではこのような共通理解のもとに、それぞれの章における前後の文脈に即して、時に「モビリティー」のままに、時に「流動性」「移動性」「可動性」等のことばを用いている。

日本において今後、人材の国際モビリティーが高まることは必須である。これにより大学をとりまく制度、教育と学習の表現、課程の連続性、教育財政等多くの面で変革が迫られることとなろう。本書はすでにはじまっているこれらの動きをとらえて、地域比較研究と具体的施策の検討を通して、国際流動化時代における大学への期待と、その期待に応えようとするさまざまな計画や実践を検討した。急速な技術変革が伴う知識基盤経済・社会において、今、「学び続ける」ことの大切さが国内外で提唱されている。今後日本の高等教育は、従来の「課程」に閉じられることのない継続的な学習の場であることがますます期待されるようになる。流動化時代における知と技術の「ゲートウェイ」としての大学の役割は、国際的に広域にわたって、そして時間的に個々人の生涯に対応するかたちで求められることとなるだろう。

注

（1） 移民と教育経験の関連性については、*OECD International Migration Outlook*. OECD Publishing：Paris が毎年報告している。一九九七年版から一般に公開されており、近年の動向は、OECD-UNDESA (2013) が概要を伝えている。

（2） 大学進学者の増加、高等教育財政の変容、高等教育市場の自由化については、Johnstone and Marcucci (2010) の一〇章に世界的動向が述べられている。

（3） Times Higher Education の世界大学ランキングでは、開校後五〇年以内の大学を対象に、二〇一一〜二〇一五年の間に急速に順位を伸ばしている大学として以下をあげている。南洋理工大学（シンガポール一九九一年設立）二〇一一／一二から一〇八位上昇して二〇一四／一五：六一位、マーストリヒト大学（オランダ一九七六年設立）二〇一一／一二から九六位上昇して二〇一四／一五：一〇一位、ワーウィック大学（ＵＫ一九八六年設立）二〇一一／一二から五四位上昇して二〇一四／一五：一〇三位、韓国科学技術院（韓国一九七一年設立）二〇一一／一二から四二位上昇して二〇一四／一五：五二位、ポンペウ・ファブラ大学（スペイン一九九〇年設立）二〇一一／一二から二一位上昇して二〇一四／一五：一六五位。

（4） エラスムス（ＥＲＡＳＭＵＳ）はEuropean Community Action Scheme for the Mobility of University Students の通称。本書では、この場合の「エラスムス」に言及するそれぞれの章の趣旨や文脈によって「エラスムス計画」「エラスムス・プログラム」「エラスムス奨学金」「エラスムス事業」などと表されている。

（5） ＭＯＯＣ（ｓ）はMassive Open Online Courses を表し、大規模オープンオンライン講座とも訳される。日本でもＭＯ

OC(s)のまま使われることも多いが、第10章では「音」として日本での一般的通用性を高めるために、「ムークス」と表記する。

参考文献

Eliasson, P. (1992), "600 Years of Travelling Students," *Sciences Studies*, vol. 5, No. 2.

Irrgang, S. (2002), *Peregrinatio Academica : Wanderungen und Karrieren von Gelehrten der Universitäten Rostock, Greifswald, Trier und Mainz im 15. Jahrhundert.* Stuttgart : Franz Steiner Verlag.

Johnstone, B. and Marcucci, P. (2010), *Financing Higher Education Worldwide : Who Pays? Who Should Pay?* New York : Johns Hopkins University Press.

OECD (2009), *Education at a Glance* 2008. OECD Publishing : Paris.

OECD (2011), *International Migration Outlook 2011 : SOPEMI 2011.* OECD Publishing.

OECD-UNDESA (2013), *World Migration in Figures : A Joint Contribution by UN-DESA and the OECD to the United Nations High-Level Dialogue on Migration and Development.* 3-4 October 2013.

Welch, Anthony (Ed.) (2005), *The Professoriate. Profile of a Profession.* Amsterdam : Springer.

第Ⅰ部　国際流動性の地域研究

第1章　英　国
——政策的動向と高等教育機関の戦略性——

北川文美／松塚ゆかり

一　変容する高等教育の国際流動性と本章の目的

知識経済における国際流動性（モビリティー）と国際的な高度技能人材の獲得、さらに長期的にはそれらの人材の「循環」に関し、各国政府の関心が高まっている（OECD 2002, 2008）。また国際的な人材獲得のプロセスにおいて、留学生受け入れにおける高等教育機関が担う役割への期待も高まっている（She and Wotherspoon 2013）。だが、人材の国際流動は近年にはじまったわけではなく、各国のあるいは世界の歴史のなかで常にその力学は変容し、人材流動における高等教育機関の役割や期待も変化し続けてきた。本章では、英国を対象とし、時代とともに変容する高等教育とモビリティーとの関係性について、近年の政策的動向と多様化する高等教育機関の戦略性という観点から論じる。

歴史的に、英国は「留学生受け入れ国」である。経済協力開発機構のデータ（OECD 2015）によると、英国の留学生市場シェアは二〇一三年の段階で一〇パーセントで、アメリカ合衆国の一九パーセントに次いで世界第二位である。(1) 英国は一九六〇年代および七〇年代にはインド・パキスタンやアフリカ諸国など、旧植民地から数多くの留学生を受け入れた。また、アメリカなど他の英語圏諸国からの学生、エラスムス・プログラムなどによる交換学生を含む欧州からの学生、さらに近年では中国をはじめとするアジア諸国や中近東諸国からの学生受け入れ数が大きく増加し、学生の背景も多様化している。

一九八〇年代以降、英国政府の留学生政策は市場原理の導入により、「経済政策」としての戦略的な側面を強めてきた。この結果、欧州連合（EU）諸国以外からの留学生は域内の学生よりも高額の授業料を支払って英国の高等教育機関で学ぶことが原則とされてきた。この政策により、英国高等教育の国際流動性は商業的ともいえる性格を帯び、流動の性質は大きく変容した。さらに一九九〇年代後半からは、英国政府およびその関連機関は積極的な留学生獲得および支援政策を展開し、英国高等教育のプロモーション活動が活発化する。そして二〇一〇年代に入ると、モビリティーに新たな視点が加味された。それまで英国政府は留学生「受け入れ」に重点を置いていたが、受け入れのみならず、英国人学生の「送り出し」促進に向けて新たなイニシアティブを発揮し始めた。一方、二〇一二年以降、イングランドの高等教育機関における学部学生の授業料値上げの影響を受け、経済的な理由から英国外の大学に進学する英国人学生の数が増加しつつある。このような政策や学生の動向などにより高等教育のさらなるグローバル化が進むのか、そして国際的モビリティーのあり方に新たな変化がみられるかどうかは、今後の大学機関および学生個々人、そしてそれらをとりまく社会の変化をもって判断することとなろう。

本章では、多様化と市場化が同時に進行してきた英国の高等教育システムにおいて、政府および高等教育機関がどのようにモビリティーという概念を戦略的に取り入れ、学生の経験に影響を及ぼしているかを異なる地域的文脈において、また、異なるタイプの大学の事例を取り上げながら描きたい(2)。

次節ではまず、英国高等教育のモビリティーをめぐる近年の動向を概観する。そしてそのなかでの政策的な推移と高等教育機関レベルでの戦略を、「市場化」「多様化」「国際化」の関連性に着目して考察する。次いで流動性が拡大する一方で、現在の英国の高等教育の国際化がかかえる矛盾点を指摘する。第三節以降は、高等教育システムおよびモビリティーをめぐる地域的特徴と、機関によって異なる動勢について、事例を通じて掘り下げていく。EUの高等教育改革と連動して学生の流動化を推し進めるスコットランドに着目して、その過去十数年の動向を英国全土と比較しながら考察する。また、スコットランド内でもとくに留学交流等で注目すべき進展がみられるグラスゴーの二つの大学を事例として取り上げ、流動性促進における機関レベルの取り組み状況と成果を探る。第四節では、全節を総括するとともに、英国におけるモビリティーをめぐる課題と今後への展望を論じる。

二　高等教育とモビリティーの動向

（1）英国高等教育システムの概要と変容する流動性

「英国（The United Kingdom of Great Britain and Northern Ireland）」はイングランド、スコットランド、ウェールズ、北アイルランドの四つの政治的な「地域」からなることに留意が必要である。近年の「地方分権」の影響により、英国の高等教育政策は、これらの四つの地域高等教育システムにより構成され、それぞれが異なる授業料、財政制度および学位システムを有している。英国高等教育統計局（Higher Education Statistical Agency：ＨＥＳＡ）のデータによると、二〇一三／一四年度における英国の高等教育機関は一六三機関である。このうち、一三〇機関がイングランド、九機関がウェールズ、一九機関がスコットランド、五機関が北アイルランドに所在する。高等教育に対する公的資金はこれら四地域に置かれ、政府から独立した機関である高等教育財政カウンシル（Higher Education Funding Councils：ＨＥＦＣ）が、各地域における高等教育機関の教育・研究その他の活動に関わる財源配分を行う。一方で、七つの組織に分かれたリサーチカウンシル（Research Councils UK：ＲＣＵＫ）は分野ごとに英国全体を管轄し、研究資金を各大学の研究グループや研究者、センターなどに配分する。

大部分の英国の高等教育機関は高等教育財政カウンシルからの公的な資金を得ている。また、近年設立された私立・私立大学や海外の大学の英国サテライトキャンパスなどがあるが、英国高等教育統計局のデータにはこれらの海外機関は含まれていない[3]。二〇一三／一四年度のデータにある国内の高等教育機関に在籍する学生数はおよそ二三〇万人で、そのうち八一パーセントが英国本国の学生として登録されている。残る一九パーセントを占める留学生の内訳は、他のＥＵ諸国から一二万五三〇〇人（五・五パーセント）、ＥＵ諸国以外から三一万一九五人（一三・五パーセント）、合計四三万五四九五人となっている（HESA 2015）[4]。英国外からの学生のおよそ半分強が学部プログラム、その残りが大学院プログラムに在籍する。大学院レベルの学生の三分の一強が英国外からの学生によって占められ、研究主体の大学院プログラム（Postgraduate Research）においてはさらに留学生の割合が高い。

留学生の出身地の内訳をさらにみると、ＥＵ諸国以外からの学生の六二パーセントがアジア諸国から来ている。図１‐１は、アジア圏を中心に英国に留学する学生を地理的に概観したものである。英国への留学生の送り出しが一〇〇〇人以上のアジア諸国が図示されているが、各国と英国との政治的関係や経済状況、就学ビザの状況等により学生数に変動がみられる。たとえば、二〇一〇／一一年度と二〇一一／一二年度を比べると、インド、パキスタン、スリランカから英国高等教育機関への留学者数は減少している一方、中国、ベトナム、シンガポールなどが大きく増加している。先にふれたように、旧植民地からの留学規模が縮小する一方で、留学の動機・資金源が多様化する傾向がみられる。英国における近年の動向としては個人および家族の資金で留学する学生が増加しており、かつての政治的背景を有する留学から、市場原理の導入など経済政策が牽引する留学へと移行している過程にあることがうかがえる。国別の留学者送り出し数でみると、二〇一一／一二年度は中国（七万八七一五人）、インド（二万九九〇〇人）、ナイジェリア（一万七六二〇人）、アメリカ合衆国（一万六三三五人）、マレーシア（一万四五四五人）が上位五位となっている。

他のＥＵ諸国からの学生の流入をみると、上位五位は、ドイツ、アイルランド、フランス、ギリシア、サイプラスと続く。二〇一〇／一一年度と二〇一一／一二年度を比べると、アイルランドとポーランドからの学生数が大き

図1-1　英国へのアジア諸国からの留学者数（2010/11年度と2011/12年度の比較）

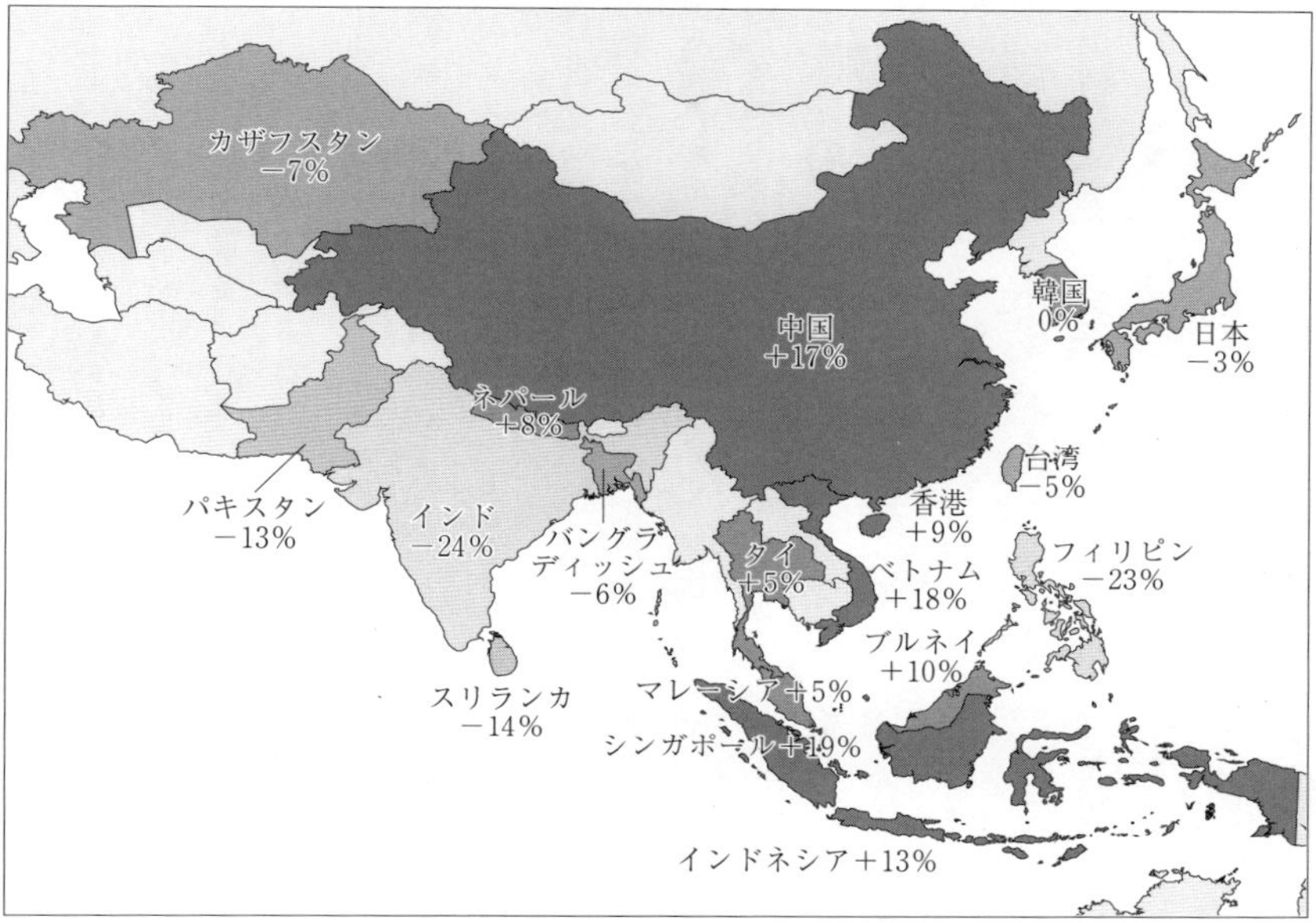

出所　HESA（2013）。

く減少する一方で、ブルガリアとルーマニアからの学生の数が二〇パーセント以上増加している（HISA 2013）。

先にふれたように、英国の留学生政策は、一九八〇年代のサッチャー保守政権以降、EU諸国以外からの学生に高い授業料を課す「経済政策」としての性格が色濃く表れている。一九九〇年代後半の新労働党政権では、国策として留学生獲得が推進され、対外的に世界各国にネットワークをもつブリティッシュ・カウンシルをはじめとする関係機関を通じ、英国高等教育の「ブランド化」が進んだ（田中 二〇〇八、British Council Website）[5]。このような観点から、今日の英国における国際的モビリティーの促進は、留学生受け入れの増加を中心とした戦略の一環としても位置づけられる。つまり、英国における近年の学生の国際流動は、国家レベル並びに大学機関レベルにおける学生獲得のためのプロモーション活動の成果とみなすこともできよう。

（2）「市場化」「多様化」から「国際化」へ

一九九〇年代後半から英国高等教育の「市場化」が進むとともに、留学生の出身国も多様になった。このようななか、留学生は往々にして高額の授業料獲得のための「顧客」という観点が指摘される（奥村 二〇一二）。一方で、留学生数の増大とともに急速に進む大学の教育・研究の国際化に際し、英語を母国語としない学生への学習支援や特定の国からの留学生の集中を含め、資源配分や教育・研究の質をめぐる問題が山積している（Cooke and Kitagawa 2013）。大量の学生を海外から受け入れた結果、またとくに中国からの留学生数が増大したことにより、一国からの留学生の集中による教育面および「学生の経験」に関する課題も指摘されている。現在の最大の送り出し国である中国の高等教育システムが今後成長するとともに、受け入れ数の減少が見込まれ、留学生市場の長期的継続性については意見が分かれる。

二〇〇〇年代には「市場化」の傾向が続く一方で、高等教育の国際化に関する英国内部での政策レベルでの制度形成も進んだ。欧州内のエラスムス計画をはじめとする「国際化」並びに「国際的モビリティー」に関する活動や議論が活発になるなかで、欧州高等教育政策を中心とする高等教育と国際化に関する専門的な知見の集積が求められるようになった。たとえば、ブリティッシュ・カウンシルなどと連携するかたちで、「ボローニャ専門家（Bologna Experts）」と呼ばれる高等教育機関のスペシャリストが任期付きで任命され、英国と欧州の専門的な課題、たとえば、チューニング、ディプロマ・サプリメント（Diploma Supplement：学位附属書）や欧州域内単位互換蓄積制度（European Credit Transfer and Accumulation System：ECTS）に関する高度なレベルの意見交換や、英国内の大学への情報提供などを行っている。(6) これらの展開を概観して、二〇一二年一二月には、ブリティッシュ・カウンシルと高等教育アカデミー（Higher Education Academy）が、欧州域内における国際流動性と国際化に関するレポート「*Going Mobile*」（Sweeney 2012）を出版している。

これら英国における高等教育国際化のための制度レベルの実践は、英国内の組織的かつ戦略的動勢と連動して進展・加速した。英国の大学長の団体である英国大学協会（Universities UK）内に「英国高等教育インターナショナル・ユニット」（The UK Higher Education International Unit）という専門組織が二〇〇七年に設立され、イングランド、ウェールズ、スコットランド、北アイルランドの四地域の高等教育財政カウンシル（HEFCs）とその関連機関が協力するかたちで、欧州高等教育・研究政策への対応や欧州高等教育圏（European Higher Education Area）の整備、留学生の獲得、英国の大学の国際展開に関する情報共有、海外の政府や大学との連携など、英国全体の高等教育の国際的な課題に対応する体制が整えられた。同組織は二〇一〇年に英国高等教育欧州ユニット（The UK Higher Education Europe Unit）を統合し、より包括的な活動を展開すると同時に、学長や国際連携担当副学長をはじめとする個別大学機関のシニアマネジメントとの連携を強化している。[7] さらに、学生の学習経験の国際化という観点からは全英学生組合（National Union of Student：NUS）が「ステイクホルダー」としての学生の立場から、高等教育の国際化や国際流動性の課題に取り組んでおり、学生主体で留学生をサポートする枠組みを次々と構築し重要な役割を担っている。

（3）外向きのモビリティーの促進

これまで英国の高等教育のモビリティーは他国からの学生「受け入れ」が圧倒的に多く、全体として増加している一方で、英国籍の学生の「送り出し」が少なく、先述したように二〇一三年のデータでの受け入れは世界二位である一方、送り出しでは二五位となっており、一方通行の性格が強かった。山田（二〇一一）は英国の学生の留学率が一・〇二パーセントと非常に低く、全体的に「内向き志向」であると指摘している。欧州で大がかりに展開されているエラスムス学生交流計画への参加学生数が少ないことも指摘されており、たとえば、二〇〇九年から二〇一〇年にかけてエラスムス・プログラムで他のEU諸国の高等教育機関で学ぶ英国人学生は一万二〇〇〇人弱であった一方、スペインから三万一一五八人、フランスから三万二一三人、ドイツからは二万八八五四人を受け入れており、欧州の他の主要国と比べても、大きな偏りがみられていた（European Commission 2011）。

このようなモビリティー不均衡の状況認識を受け、近年「外向きのモビリティー」の促進を図る新たな政策的な動きがみられている。上述した「英国高等教育インターナショナル・ユニット」を通じ、学生の外向きのモビリティーに関する専門委員会が設置され、二〇一二年三月、英国人学生の「外向きの学生モビリティー促進」のための提言が連立政権の高等教育大臣デビッド・ウィレッツ（David Willet）に提出された。二〇一三年一二月にはその内容が *UK Strategy for Outward Mobility*（International Unit 2013）で公表されている。このなかではとくに、モビリティーを通しグローバル化した労働市場における競争力と「コンピテンス」育成の重要性、国際的な文化理解の重要性が強調されている。また、「外向きのモビリティー」を促進する要件として、大学間の単位互換が推奨されているほか、ボランティア活動、企業でのインターンシップなどさまざまな機会を通した「モビリティー」の経験が重視されており、大学のカリキュラム改革、雇用者との連携、モビリティー促進に特化した財源の確保などが必要であると論じられている。これらの政策課題において、ＥＵが進めるボローニャ・プロセスとの連携強化、とりわけエラスムス・プログラム等交流支援計画の活用などが有効とされる。とりわけ、欧州における高等教育流動化に関連するプログラムを統括するかたちで二〇一四年度に再構築・開始した「エラスムス・プラス計画」のなかでは学生のモビリティーを含む高等教育改革は「生涯教育」分野と統合するかたちで就労の場と連関させながら位置づけられている。

このようななか、近年のデータは英国の流動性に大きな変化が生じていることを示している。二〇一三／一四年のエラスムス統計によると、約一万五六〇〇人の英国の学生が他の欧州諸国に一学年もしくはより短期間エラスムス・プログラムを通じて滞在しており、二〇〇七年の数値に比べると一一七パーセント増加している。とくにＥＵ域外に向けた関心は機関レベル、そして学生レベルにおいて高まっており、なかでもアジア諸国に留学もしくは就労する英国人学生の数は、近年とくに増加している（Gani 2015）。最近のＨＥＳＡデータでは、二〇一三／一四年

図1-2　英国から欧州連合域内および域外諸国に留学する大学院課程学生，学士課程学生，その他の学部学生数の推移

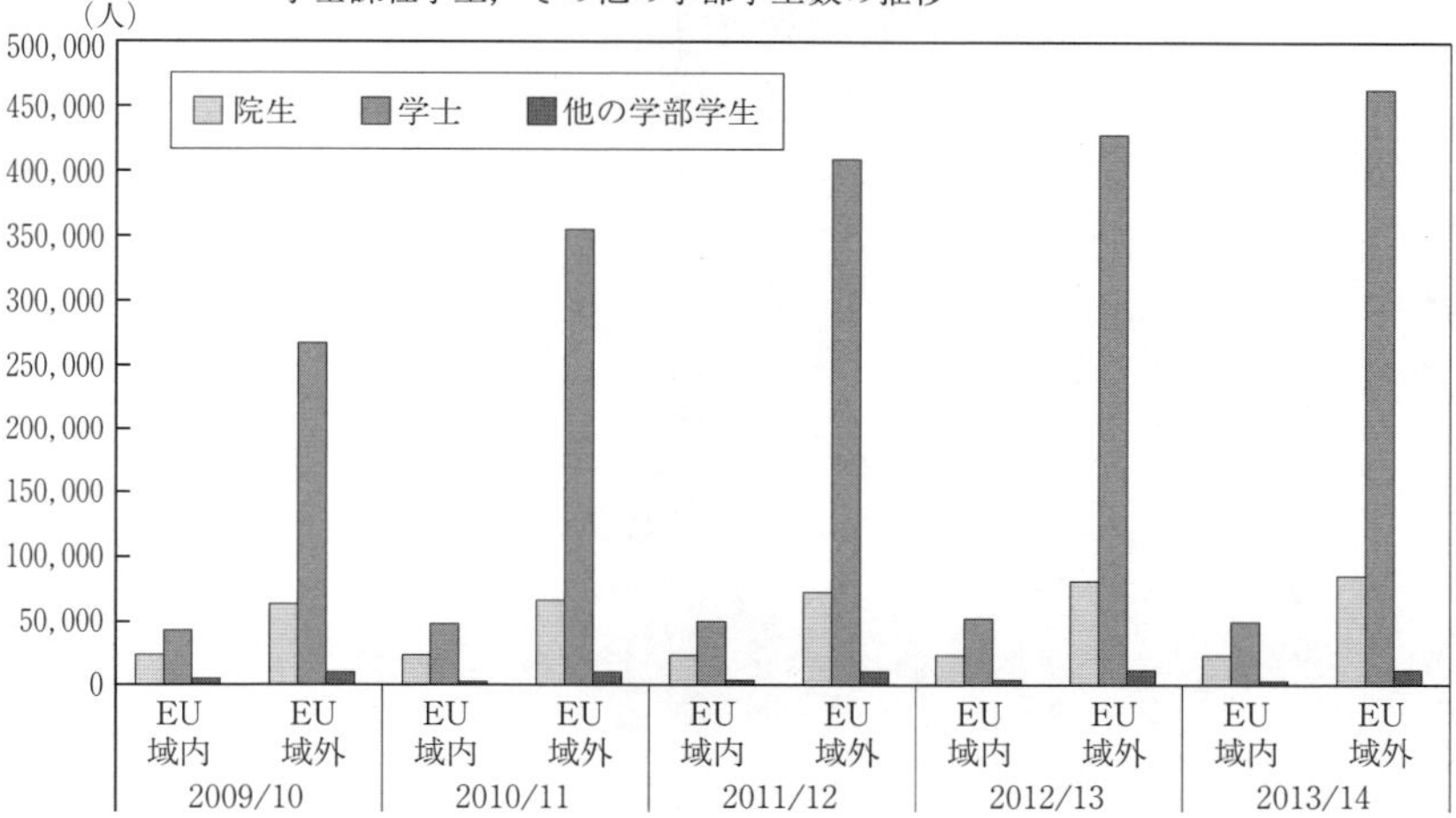

出所　HESA（2015）。

に六三万六六七五の英国人が国外に留学しており、二〇一二／一三年の五九万八四八五人から約六パーセント増加している。図1-2は課程別、行き先別に二〇〇九／一〇年から二〇一三／一四年の推移を示したものである。学士課程、大学院課程両方において、EU域外への留学が際立って多く、その上昇も顕著であることがわかる。

しかし、これらの上昇は一連の政策的イニシアティブを受けた結果というよりも、以下において議論するように、さまざまな要因が働いた結果と考えられる。

（4）流動性をとりまく課題

上述した政策レベルにおける「外向きのモビリティー」促進の一方で、実際の学生の流動性ダイナミズムは異なる次元で起こっている。二〇一二年の保守党と自由民主党による連立政権による高等教育政策の変更の結果、イングランドの高等教育機関は、英国人学部学生の授業料を年間約三〇〇〇ポンドから上限九〇〇〇ポンドまで引き上げることが可能になった[8]。この結果、経済的な理由から英国の大学に進学せず、より授業料の安い、もしくは奨学金獲得の機会が多い海外の大学に進学する英国人学部学生（学士課

程）の数が近年増加しつつある。イングランドにおける英国人学部学生の授業料の値上げが今後の学生の流出にどのような影響を及ぼすのかはＨＥＳＡのデータからは読み取れないが、ブリティッシュ・カウンシルの調査によると、二〇一〇年代に入り一六歳から三〇歳の英国人学生の約半数が学部レベルにおいて他の国での学習経験を考慮しており（Gani 2015）、英国内の大学の授業料が海外の大学への関心への引き金となっているという（Adam 2014）。

授業料値上げにより、大学に入学を志願する英国人学部学生数に減少傾向がみられ、経済社会的な条件により大学入学を断念する学生が増加するという懸念もある。多くの欧州大陸諸国では大学教育は無償に近く、とくにオランダや北欧諸国では英語によるプログラムの提供も増加しており、留学生の獲得では国際的な競争が増加の一途をたどるだろう。受け入れ、送り出しを含め、英国の「英語による質の高い教育」という比較優位性は絶対的なものではない。

英国では二〇一〇年の総選挙の折に、自由民主党と保守党による連立政権が移民の流入数を当時の年間数十万人規模から数万人程度に減らすことを公約に掲げて多くの得票を得たといわれている。その後一一月には移民規制制度をより厳格にし、続いて学生ビザの厳格化に着手した。このような政策を受けて、この数年間英国の大学機関では、海外からの留学生の不法就労を取り締まるため、留学生を含む英国への修学、就業やビザに関する管理運営が非常に厳格に行われるようになっている。こうしたなか、二〇一二年八月、ロンドン・メトロポリタン大学は、海外留学生のビザの処理に関して、いくつかの条件を満たさなかったため、欧州域外からの海外留学生受け入れ停止を命じられた。その結果、すでにプログラムで学習している学生が中途で学習を中断するなど、二〇〇〇人の学生に影響が及ぶ事態が発生した。二〇一三年四月にロンドン・メトロポリタン大学は再び留学生の受け入れが可能となったが[9]、留学生の学習する権利、また英国の高等教育の対外的なイメージの失墜などに関する議論が全国の高等教育関係者の間で広がり、波紋を呼んだ。

過去三〇年におよぶ「市場化」の流れのなかで、海外留学生の受け入れは英国の大学にとってなくてはならない戦略的な資源獲得手段でもある。こうしたなかで、近年の移民政策の厳格化による高等教育機関に対する「国家」の役割の増大と管理の締め付けは、とくに海外学生「市場」に大きく依存する高等教育機関にとって、困難な状況を生み出したといえる。

三　大学機関レベルにおける国際流動性の現状——スコットランドに着目して

(1) 英国全体とスコットランド

ここまで、英国高等教育における国際的モビリティーの全般的動向、近年の政策および制度的な動きについて論じた。次に、これらのモビリティーをめぐる状況が実際に英国内の地域そして大学機関レベルにおいてどのような様相を示しているのかを具体的に考察していきたい。ここでは英国のなかでもとくに学生の国際流動性を高めているスコットランドを取り上げ、さらに、スコットランドの経済的主要都市であり、先述した英国の異なるタイプの四大学が共存するグラスゴーに焦点をあてて検討を進める。

まず、英国全体とスコットランドの流動性の現状を、ＨＥＳＡの二〇〇三年以降のデータセットをもとに集計し、概観する。図１‐３は、英国全土における、大学在席学生数の推移とそのなかにおける英国出身学生数の推移を示す。英国では二〇〇〇年以降大学進学者（正規学生）は六〇パーセントを超えており、その後も基本的には上昇を続けてきた。

二〇〇七年から二〇〇八年にかけて、そして二〇一二年以降にみられる英国出身学生数の減少については、上述したイングランドの高等教育機関における授業料値上げを中心とする財政改革が背景となっていると考えられる。高等教育政策においてスコットランド政府はイングランドと一線を画す。とくに二〇一二年以降、スコットランド出身の学生は授業料が課されない一方、イングランド出身の学生がスコットランドの大学に進学すると、上限九〇

図1-3　英国の高等教育在籍者数の推移：全学生と英国出身者

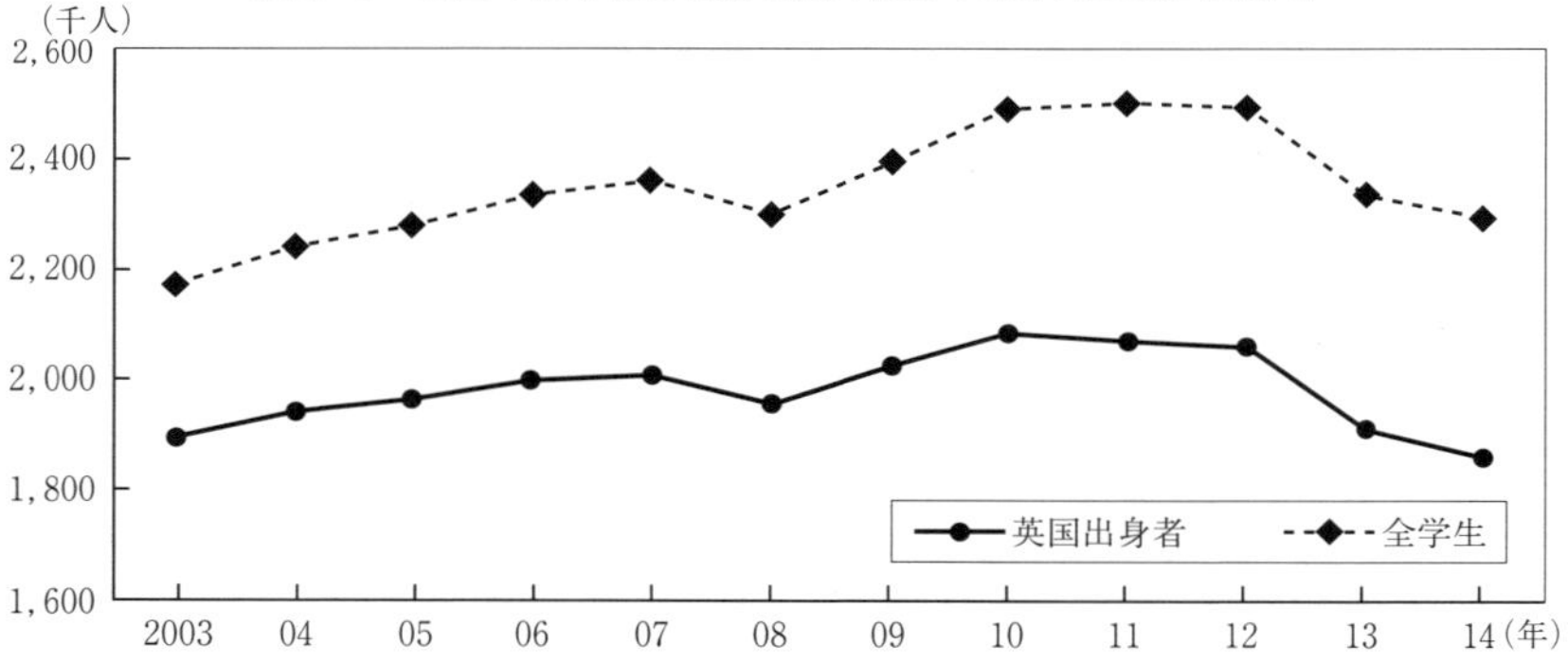

出所　HESA（2004-2015）。

図1-4　スコットランドの高等教育在籍者数の推移：全学生と英国出身者

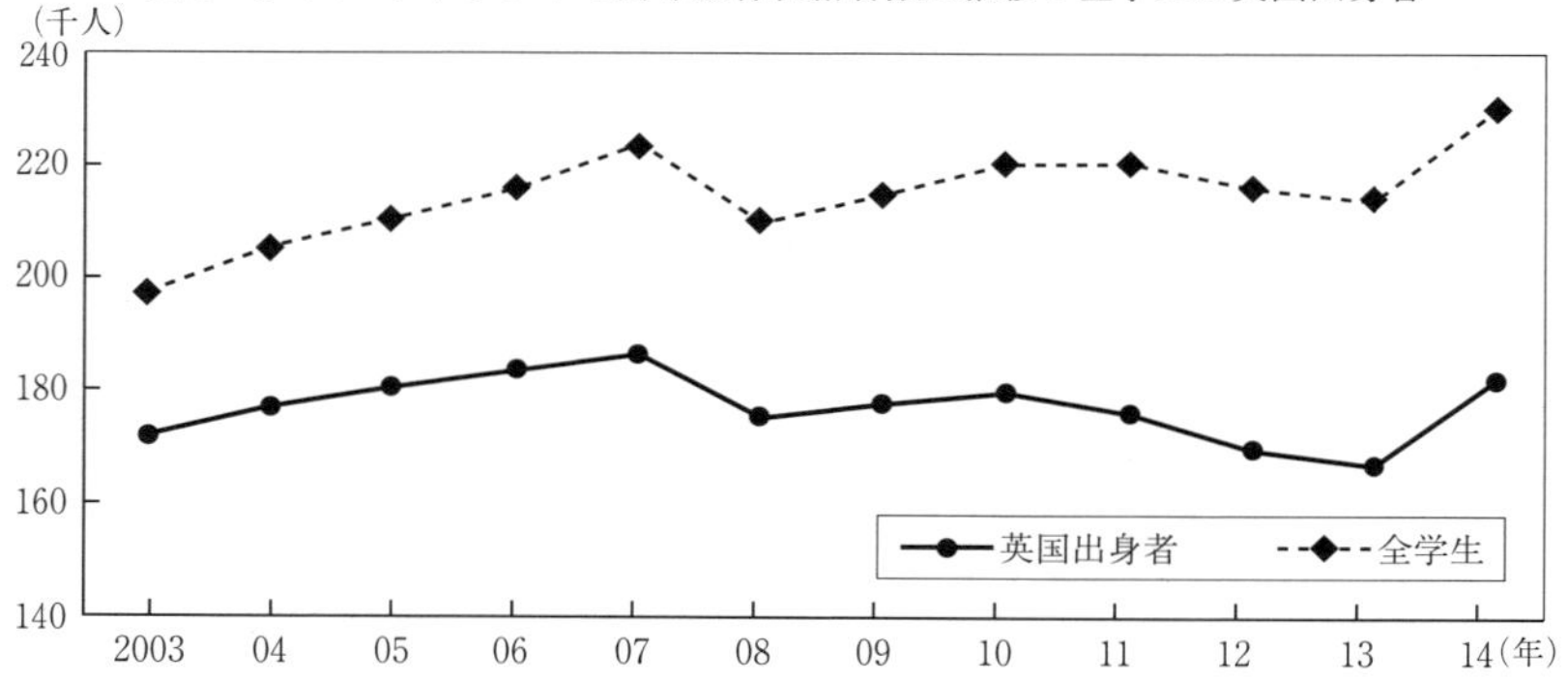

出所　HESA（2004-2015）。

〇〇ポンドの授業料が課される。このようななか、スコットランドは、図1-4に示すように、二〇〇八年から二〇一二年にかけて英国全体でみられたような大きな学生数の上昇はみられなかった一方で、二〇一二年以降英国全体で記録されたような著しい減少もみられていない⑩。

スコットランドでさらに注目すべきは英国外からの留学生の上昇である。図1-5は、スコットランドにおける、EU域内で英国以外から留学している学生と、EU域外諸国から留学している学生数を示すものである。まず目を引くのは、EU域内で英国以外から留学している学生よりも、

図1-5　スコットランドにおけるEU域内他国出身学生数とEU域外出身学生数の推移

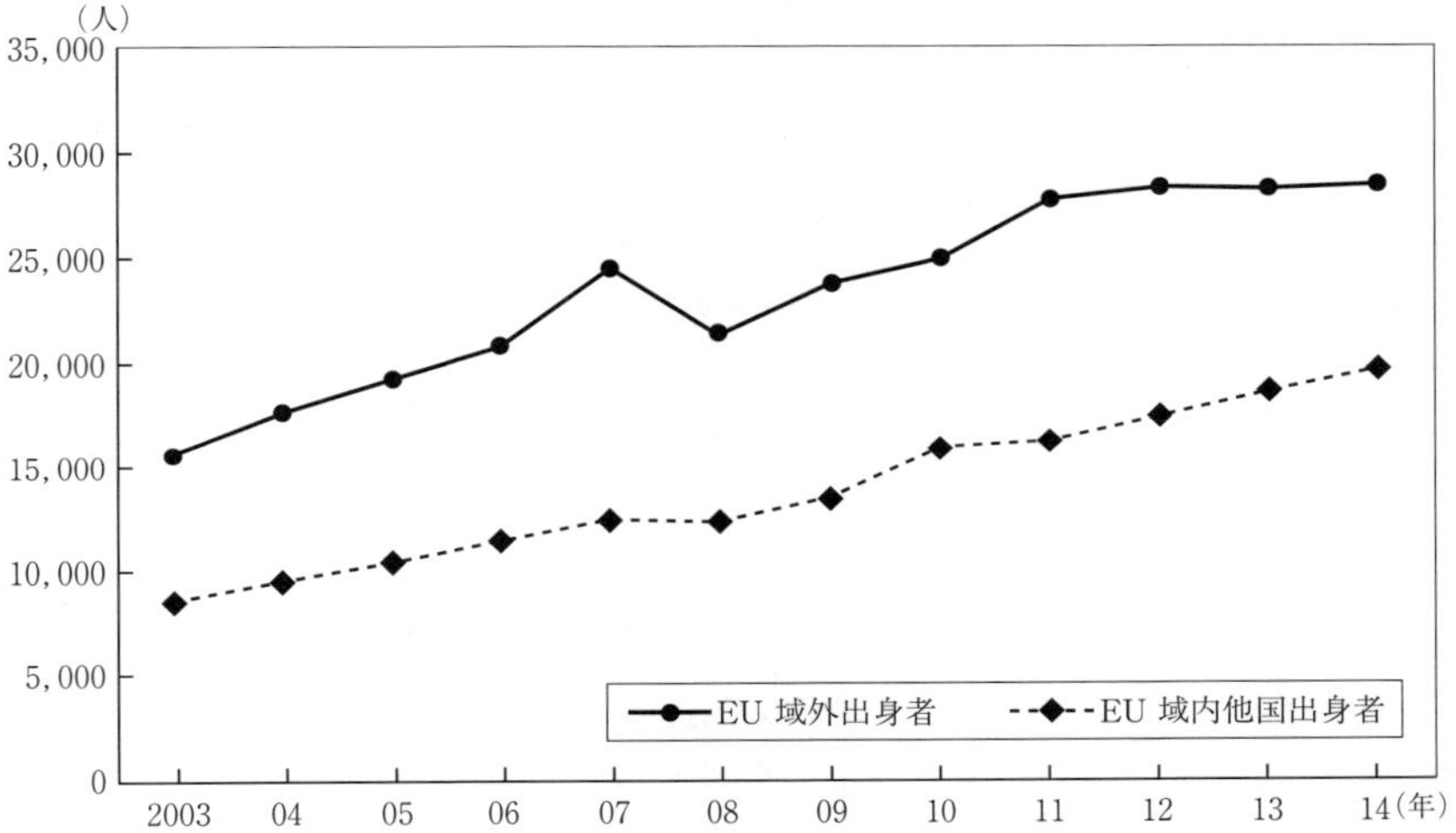

出所　HESA（2004-2015）。

EU域外から留学している学生の方が一貫して多く、またEU域内から留学している学生数と同様、ほぼコンスタントに上昇していることである。二〇一四年以前から遡る一〇年間の推移を集計すると、EU域内で英国以外からスコットランドが受け入れている学生は一万四七五人から一万九七五〇人へと約八九パーセント、EU域外から受け入れている学生は一万九四三〇人から二万八六一〇人へと約四七パーセント上昇しており、留学生数の上昇は域内外ともに確実かつ際立っている。[11]

以下ではこのようなスコットランドの高等教育システムの特徴を考察したうえで、スコットランドのなかでもとりわけ流動化政策を積極的に推し進めている二つの大学を対象に、その背後にある機関レベルの特色を探りたい。

(2) スコットランドの特徴

スコットランドには二〇一四年現在一九件の高等教育機関があり、教育、研究、「第三のミッション」などに関わる大学の財源はスコットランド財政カウンシル（Scottish Funding Council）を通じて各高等教育機関に配分される。

スコットランドの高等教育システムは歴史的にイングラン

ドとは異なっており、課程構成もイングランドは三年である一方、スコットランドは四年である。入学選抜システムや中等教育と高等教育との関係、大学間の研究協力や産学連携への取り組みにおいても、イングランドやその他の英国内の地域とは異なる展開と発展がみられる（Mayes 2014, Huggins and Kitagawa 2012, Kitagawa 2009）。その背景には、自律性をもった「地域」としてスコットランドの高等教育・研究力を強化しようとするスコットランド政府の政策的な取り組みがあり（Arnott and Ozga 2012）、各大学の競争原理に重点を置いているイングランドの高等教育政策とは一線を画して展開されてきたといえる。

国際流動性やモビリティーの促進、そして、学生の経験の国際化についても、スコットランドはイングランドや英国内の他の地域とは異なる独自の政策とイニシアティブをとっており、他の地域と比較して、欧州における高等教育のモビリティー促進の取り組みに、早期からより積極的に関わってきた。たとえば、質保証に関するスコットランド高等教育機関担当の組織（QAA Scotland）は、欧州レベルのボローニャ・プロセスとの連携を強めている。また、スコットランドの学生連盟（National Union of Students Scotland：NUS）はスコットランド政府と協力し、「グローバル市民の育成」という観点から、欧州そして広く域外を対象に国際的モビリティーを促進するイニシアティブや支援プログラムに精力的に関わっている。(12) 全般的にスコットランドは、英国内の他の地域と比較して、欧州域内外に広く目を向けたモビリティーへの取り組み、カリキュラムの国際化、学生経験の国際化を早期から積極的に行ってきたといえる。

しばしば、スコットランド政府の政策と英国政府の政策は軋轢を生む。スコットランド政府は二〇〇五年から「フレッシュタレント・イニシアティブ」という地域移民促進政策を開始した。これは、スコットランドの大学を卒業した外国人に、卒業後二年間滞在・就労の機会を与えて、人材獲得を行おうとするプログラムで、スコットランドの高等教育機関にとっては留学生の獲得のみならず、優秀な人材を雇用者に提供する機会の増大を意味した。しかしながら、前節で述べたように、英国全域における移民政策の厳格化により、このプログラムは二〇一〇年連立政権発足後間もなく廃止されることとなった。

(3) スコットランド最大の都市圏グラスゴーの事例

グラスゴーは人口約六〇万人で、スコットランド最大の都市圏を形成する。エジンバラが政治的中心都市である一方、グラスゴーは歴史的に交易で繁栄し、現在スコットランドのなかで最大の経済圏として機能している。グラスゴーでは、四つの異なるタイプの大学――グラスゴー大学、ストラスクライド大学、グラスゴー・カレドニアン大学、グラスゴー芸術大学 (Glasgow School of Arts) ――が共存し、HESAのデータからも、それぞれの機関の特色を反映した「国際流動性」が観察される。HESAのデータ分析によると、なかでもグラスゴー大学とグラスゴー・カレドニアン大学において、域内外諸国からの留学生受け入れ上昇率が際立って高く、とくに学生のモビリティーが促進されていると解釈することができる。ここでは、これら、大学のタイプは異なるが、流動化促進に際立って積極的である点で共通する二つの大学に注目し、それぞれの大学が国際流動性の向上に取り組む状況を、地域性および組織の戦略や独自性を明らかにしつつ考察したい。

国際的モビリティーに関する在籍学生数と留学生等の統計情報については引き続きHESAのデータに基づくものである。各機関の組織的特徴および戦略については筆者らが二〇一二年に同地を訪問し、当該大学の国際関係部門の代表およびその職員、教員、学生等にインタビューした結果とその後のフォローアップ調査に基づくものである。

(1) グラスゴー大学

グラスゴー大学は、一四五一年に設立され、オックスフォード大学、ケンブリッジ大学、セント・アンドルーズ大学に続く英語圏最古の大学であり、また、ラッセル・グループに属する研究大学である。学生数約二万七〇〇〇人の総合大学で、学部学生が七五パーセントを占める。図1-6が示すように、学生数はとくに二〇〇八年以降順調に上

図1-6　グラスゴー大学：全学生数と英国出身学生数の推移

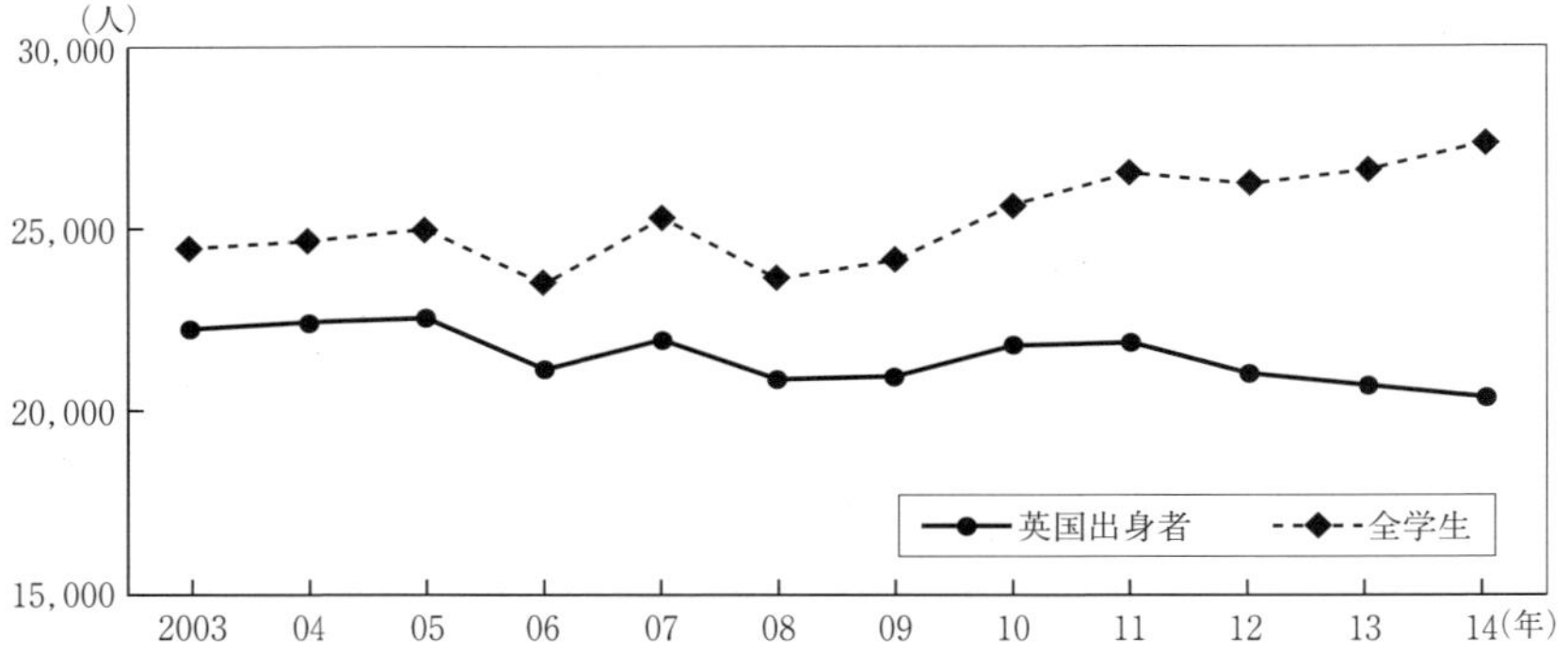

出所　HESA（2004-2015）。

図1-7　グラスゴー大学：EU域内他国出身学生数とEU域外出身学生数

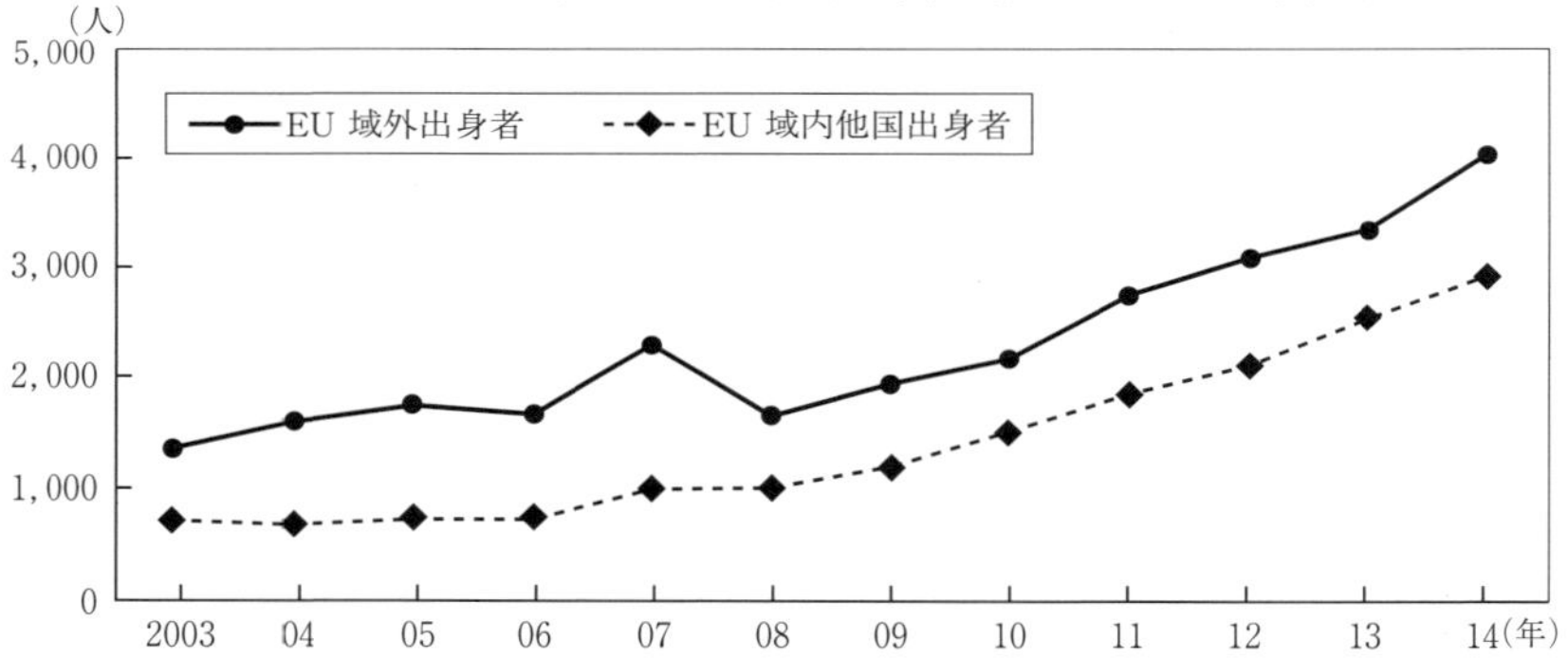

出所　HESA（2004-2015）。

昇している。一方で、英国出身学生数は下降傾向にある。図1-7をみると、上昇している学生数は、EU域内の他の国の学生および、EU域外からくる学生数の増加を反映していることが明白である。課程別でみると、二〇一四年度現在大学院生の三九パーセントがEU域外諸国からの留学生、EU域内諸国からの学生は九パーセントである。学部学生では域内交流が多く、域内他国からの学生が一一パーセント、域外の国々からの学生は約六パーセントとなっている。

　グラスゴー大学は一九九〇年代より教育交流を中心とした教育の国際化と学生の流動化に着手しており、国際担当の責任者は「ここまで成し遂げるのに一五年以上もかかった」と述べていた。とくに二〇〇六年以降は大学全体で減少する学生を、留学者数の上昇によって食い止めていたともいえるが、その背後では段階的かつ周到な体制づくりが行われている。グラスゴー大学は英国の名門大学としては珍しく早期より欧州レベルの交流プログラムであるエラスムス計画を積極的に活用した。二〇一二年の時点で二五〇大学と交流提携を結んでおり、留学奨励金を活用した学生交流は増加の一途を辿っていた。また、大学院レベルのエラスムス・ムンドゥス計画ではロシアや中央アジアを含む多くの欧州域外大学と早期から研究パートナーシップを締結している他、東アジアの大学との研究連携強化、教員のモビリティー促進にも力を入れている。

しかし、この一五年間すべてがスムースに運んだわけではない、と国際関係担当の責任者は述べている。「全学生に在学中になんらかの国際経験を持たせる機会を」――というのが「学生の経験の国際化」の要であった。このこと自体は大学の指針および姿勢として問題となることはなかった。むしろ、学士課程年数がイングランドの三年と異なりスコットランドでは四年であることから、一年間を海外経験にあてる余裕があることも利点としてあげられている。しかしながら、学生の流動化に伴い、教育や学習の内容や質、カリキュラムなどが変わる可能性については学内の反対は少なくなかったという。とくに交流プログラムにおける単位の付与、学位取得の条件、ダブルディグリー等連携学位の整備や調整においては、根気の要する議論と調整が必要であったという。グラスゴー大学のような古い伝統をもつ研究大学において現代的教育改革自体容易ではないことは想像に難くない。その点、国際化を担当する教員や職員は、教員、スタッフ、そして学生の「意識（Awareness）」を高めて「賛同を得る（buying in）」ことが「カギ（key）」になると強調する。このために、学生に対しては、さまざまなソーシャルメディアやイベントを駆使して広報活動を行ったという。教員に対しては、各学部に担当教員を置いて、部局間のコミュニケーションをとりやすくするための体制を段階的に作っていったという。

二〇一〇年に入り、グラスゴー大学は「国際化」をより長期的かつ戦略的に打ち出す「グラスゴー二〇二〇：グローバルヴィジョン」を発表した。国際化のための包括的アプローチが含まれており、①「学生の経験」の国際化、②研究と知の移転、③国際化専門スタッフの充実、④同窓会との連携、⑤国際パートナーシップの拡大、⑥地域コミュニティーとの関係強化、の六題を骨子とする。具体的な重点項目として、学生の経験の向上と併せて留学生の獲得、そして、大学間協定並びに連携関係の拡大があげられており、これらの戦略と実践項目が実を結んだ結果として、その後の五年間EU域内外からの留学生数が上昇したのであろう。

また「グラスゴー二〇二〇：グローバルヴィジョン」では国際化とキャリア開発との確かな連携が重要であることが強調されている。このことは、EUレベルにおける、教育と就職力の強化と生涯教育を一連のものとして位置づける人的資本政策に対応するものであり、「国際化戦略」と「人材開発計画」が一線上に置かれたともいえる。同年八月、グラスゴー大学は組織を大きく改編する。それまでの九学部制を四つの大きな領域に括ってそれぞれをカレッジとし、各カレッジの下に四～七種の学部や研究科を置くかたちとなった。このことが国際化に及んだ影響は明らかにされていない。しかしその後の聞き取り調査では、同校における国際化の順調な経過は、「アカデミックの組織構造が柔軟になったこと」そして、「新しい決定事項において組織的調整が容易になったこと」が貢献していると指摘されている。このことにより、ダブルディグリーの実践やエラスムス・ムンドゥス計画による系統だったモビリティーの実践も可能となったことが伝えられている。

(2)　グラスゴー・カレドニアン大学（GCU）

グラスゴー・カレドニアン大学は一八七五年に設立されたクイーン・カレッジに遡る。一九九三年四月に職業訓練に従事するグラスゴー・ポリテクニックとクイーン・カレッジが合併し、新たに大学として設立された。設立後一〇年余りの間に学生数は増加し、二〇一四年度の学生数は一万七六六六人、八四パーセントを学部学生が占める。地元出身の学生が主体で、成人学生など社会的経済的に多様な学生の受け入れと教育に力を入れており、地域社会への貢献、応用的な領域の訓練を大学の特徴としてきた。その基本方針を維持しつつ、多様な学生のニーズを反映

図1-8　グラスゴー・カレドニアン大学：全学生数と英国出身学生数の推移

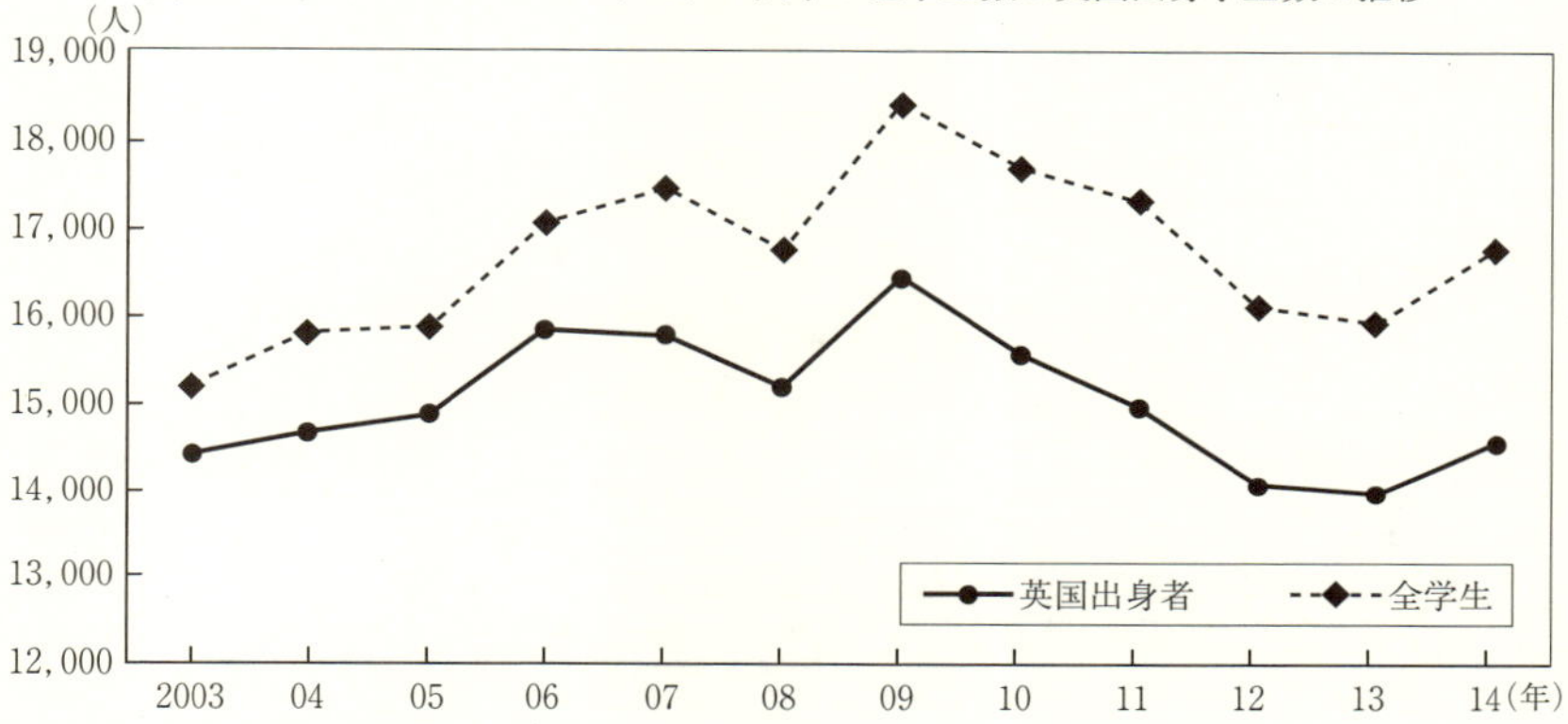

出所　HESA（2004-2015）。

した流動性促進を図っていることが、同校の国際化の特徴といえよう。

図1-8からわかるのは、グラスゴー・カレドニアン大学の学生数の推移は、スコットランド全体の推移とほぼ対応していることである。また、英国出身の学生数は全学生数の上昇および減少と連動している一方で、図1-9では、留学者、とくにEU域外出身学生数の上昇が安定的とはいえないまでも上昇傾向にある。課程別でみると、大学院生の三五パーセントがEU域外諸国からの留学生で、EU内諸国からの学生は七パーセントである。学部生では、四パーセントがEU域外諸国からの留学生でEU内諸国からの留学生は三パーセントとなっている。

グラスゴー・カレドニアン大学は、二〇一三年の留学生調査（International Student Barometer：ISB）で、英国内で留学生の満足度が二位と高い。留学生に対する支援、宿泊の提供やビザに関する支援に関してはスコットランドでトップに位置づけられる。また留学生のみならず、グラスゴー・カレドニアン大学の卒業生の就職率は九六・二パーセントと非常に高く、学生の満足度の大きな要因になっていると考えられる。市内中心部にあるキャンパスで利便の良いロケーションで、ビジネスなどとの連携に優位である。またプログラム構成も産業や雇用市場の需要に応答的に構成されており、建造&自然環境、ビジネス、工学&コンピューティング、ヘルス&ソーシャル・ケア、法

図1-9　グラスゴー・カレドニアン大学：EU域内他国出身者とEU域外出身者

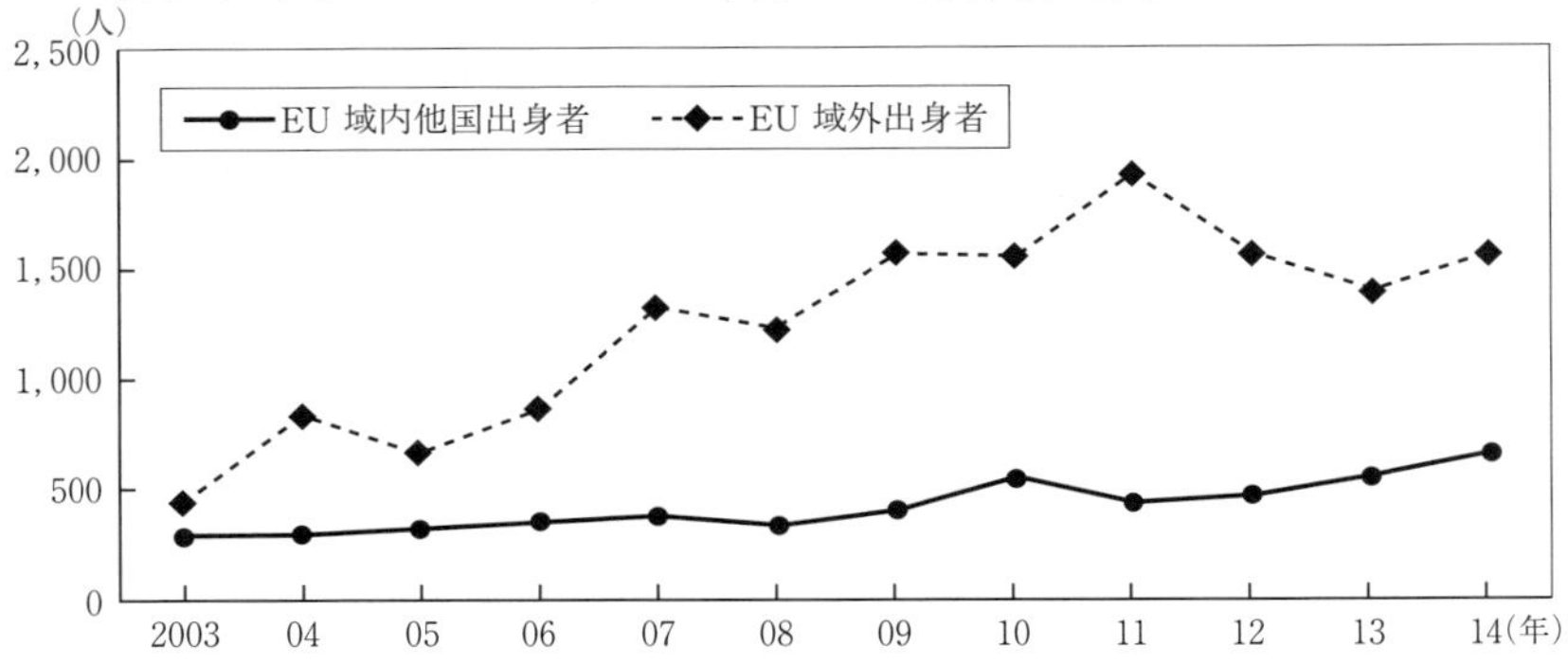

出所　HESA（2004-2015）。

学&社会科学、生命科学、看護学・産経学・コミュニティー・ヘルス、といった分野で、成人教育や職業教育に重点を置いたコースを開講している。グラスゴー・カレドニアン大学は新しい大学として、研究を主体としたグラスゴー大学等と異なる教育プログラムを提供し、異なる学生ニーズを満たしているといえよう。

同校は学生の国際感覚の醸成を重要とみなしており、モビリティーの促進についても受け入れと送り出し両面から積極的に取り組んでいる。とくに二〇〇六年以降の五年間は受け入れにおいて英国で最も急速な伸びを記録しており、また同期間に送り出しは三五人から四倍の一四〇人へと急増している。同校では留学生の受け入れと国際交流を専門的かつ集中的にサポートする執行部主導の体制を設置するとともに、各学部に国際交流を担当する教員を任命している。これら教員は国際関係の部署と連携して、学生の送り出しや受け入れにおいて細やかなケアを行うと同時に、教育交流に伴うカリキュラムや単位の調整についても調査、検討し改革を進めている。歴史が浅くとも急速に発展してきた大学組織からは、独自の柔軟かつ意欲的な姿勢を個々の教員から感じ取ることができたことが印象的であった。

グラスゴー・カレドニアン大学は、柔軟な組織体制、産業ニーズに応答的なプログラム、そして施設の便宜性や学生への細やかなケアを充実させることで世界から学生を呼ぶことができるという好事例であろう。

一方、これらの特徴の故に、たとえばグラスゴー大学のような研究大学とは異なる課題も浮き彫りになっている。すでに述べたように、英国の移民規制政策は留学生もその対象としている。具体的には、海外から成人学生を受け入れることができる受け入れ教育機関の資格制限、ビザ取得にあたっての英語能力要件の厳格化、外国人学生の就労範囲の限定などが提案された。このことは教育から職業への連結強化を特徴としているカレドニアン大学における留学者の受け入れに深刻なダメージを与えたと国際関係担当者は述べている。二〇一一年以降ＥＵ域外出身学生が減退しているのは、このことが少なからず作用しているのだろう。労働市場との近接性が特色である大学であるが故に、このような規制は留学生受け入れに大きな負の影響を及ぼす。個々の大学の特徴や強みが、時に弱みともなり得る例ともいえる。

(3)　グラスゴーの事例からみえてくる大学の共存

ここまで、国際的流動化を積極的に推し進め、また成功を収めてきたといえるグラスゴー大学とグラスゴー・カレドニアン大学の事例を取り上げた。グラスゴーには他に二つの大学、ストラスクライド大学とグラスゴー芸術大学があり、これらの大学についても簡単ではあるがふれておきたい。ストラスクライド大学は一七九六年に設立された、エジンバラ大学とグラスゴー大学に次ぎスコットランドで第三番目の規模を有する大学であり、学生数は約二万人、うち学部生が約七〇パーセントを占める。タイムス・ハイヤー・エデュケーション（Time Higher Education）が選ぶ二〇一三／一四年度英国の「企業的大学（Entrepreneurial University of the Year）」に選ばれ[13]、工学・技術系の応用に強く、産業とのつながりを重視する大学としてその位置づけを確固たるものとしている。国際開発に関するプロジェクト（Vertically Integrated Projects）やボランティア活動への学生の参加を促す取り組み、国際的な研究ネットワークや人道的支援活動も、大学が主体となって取り組んでいる。大学院生の一九パーセントがＥＵ域外諸国からの留学生であり、ＥＵ内諸国からの学生は八パーセントである。学部生では、五パーセントがＥＵ域外諸国から、ＥＵ内諸国からの学生は四パーセントとなっている。

グラスゴー芸術大学は一八六五年に設立された機関で、芸術に関する研究と教育に特化している。学生数は約一七〇〇人（うち七七パーセントが学部学生）と小規模である。学部学生のうち一一パーセントがＥＵ域外諸国からの留学生であり、ＥＵ内諸国からの学生は一〇パーセントを占め、他の三大学よりも高い。さらに大学院レベルでは、三九パーセントがＥＵ域外諸国からの留学生、ＥＵ内諸国からの学生は一四パーセントを占めている。グラスゴー大学やグラスゴー・カレドニアン大学のように国際化を戦略的に推し進めてきたというよりも、芸術大学としての独自性と芸術家や建築家の卵を育てるという知名度が、多くの海外からの学生を引きつけているとみることができる。

グラスゴーにおける四大学の事例を通じて、異なるタイプの大学が、自らの特色を生かしつつ共存している状況がうかがえる。近年はとくに、いずれの大学においても国際化戦略を打ち出し、「学生の経験」として送り出しも積極的に推し進めていることは明らかである。このことは、都市圏としてのグラスゴーにおける留学を中心としたモビリティー戦略という観点からいうと、海外からの学生を獲得してモビリティーを双方向に高めることにより、大学全体として「国際的な都市」としての魅力を高めているという見方もできる。一方、いずれの大学も、それぞれが機関としての特色はあるものの、今後海外からの留学生の獲得をめぐり競合関係が進むものと思われる。競争と協力関係が一都市のなかでどのような力学として働くのかが興味深い点である。

四　モビリティーをめぐる課題と今後の展望

本章では、市場化、多様化、国際化が進行する英国の高等教育環境において、国際流動性（モビリティー）と高等教育機関のあり方をめぐる政策的動向と大学の戦略的対応をいくつかの事例を交えながら考察した。英国の高等教育機関における国際的モビリティーが全般的に「受け入れ中心」であったことを指摘し、近年の動向をＨＥＳＡ

のデータを用いて、EU諸国や近年受け入れの増加が目立つアジア諸国の学生数変動のデータを提示した。次に一九八〇年代以降の国際流動性促進に関する高等教育政策の流れを論じた。すなわち、一九八〇年代、一九九〇年代後半以降、二〇〇〇年代において、「高等教育の市場化」「対外的な高等教育のブランディング戦略」そして、「英国内部の高等教育国際化の戦略的システムの構築」が進んだことを指摘した。二〇一〇年以降は「外向きのモビリティー」を強化し、英国人学生の送り出しを促進しようとする政策的なイニシアティブがみられるようになったことも確認した。

本章の後半では、英国内の高等教育の「地域性」の一例としてスコットランドを取り上げ、地域独自の高等教育システムと政策動向を概観するとともに、モビリティー促進のための先進的な取り組みを紹介した。とくに、EU域内外の各国と積極的に交流を深めるグラスゴー大学とグラスゴー・カレドニアン大学を中心的事例として、異なるタイプの高等教育機関の戦略的実践と共存のあり方を探った。

英国高等教育における国際流動性は国家と世界の政治経済的な文脈のなかで、さまざまな変化を遂げてきた。今後のモビリティーをめぐる課題として、「留学市場」における「受け入れ」は各大学にとって重要な資源となっているが、留学生の授業料に収入の多くを依存している英国の多くの大学にとって、移民政策の厳格化、国際競争の激化など、将来のリスクは軽視できない。一方、「送り出し」に関しては、イングランドの高等教育機関における二〇一二年秋からの英国学部学生に対する授業料の大幅な上昇により、英国内の大学に入学する学生は質量ともに今後変化するであろう。すでに、新たな外向きの「国際流動性」が増加し、欧州域内、域外ともにこれまでとは異なる流動性のダイナミクスが生じている。

一方で、大学教育や国際的な経験を通して、「エンプロイアビリティー」つまり、就職可能性を高めたいという需要が伸び、インターンシップなどを含めたモビリティー機会の増加も見込まれる。学生のモビリティーに関わる経済的コスト負担の軽減、カリキュラム上での接続性、さらに大学のマネジメント、事務担当者や教員間のコミュニケーションなどが今後とくに重要になろう。今後の展望としては、たとえば双方向的な学生のモビリティーのネットワーク化を通して、大学のグローバルなネットワークの構築、カリキュラムや学生の経験のベンチマーキング、同窓会やその他の社会的な国際ネットワークの充実、さらに長期的な寄付金戦略などの、大学機関による戦略的かつ国際的な展開が期待されよう。

これらの新しい試みは、国際的な労働市場における学生の競争性を強化するという目的、学生の語学力を含めたスキル向上や「エンプロイアビリティー」「コンピテンス」「広義の学習」の概念（たとえばKnight and Yorke 2003参照）と強く結びついていると考えられる。インターンシップなどの職場経験やボランティア活動などを含めた広い意味での「モビリティー」の促進と学生の多様な経験、それらの長期的な評価などが今後の課題となろう。

＊　科研費による研究「高等教育改革、人材流動、ブレインドレインの相互作用に関する実証研究」でインタビューに応じたグラスゴー大学、グラスゴー・カレドニアン大学他、訪問調査を受け入れてくださった関係者の方々に感謝申し上げたい。本章は筆者等の見解であり、誤謬等も筆者個々人の責任である。

注

（1）　アメリカ合衆国、英国に次ぐのが、オーストラリア（六パーセント）、フランス（六パーセント）、ドイツ（五パーセント）となっており、日本はロシアと並んで六位（三パーセント）である。

（2）　英国の高等教育機関は歴史的に機関ごとの特色と相違があり、いくつかのグループに分けられる（Scott, 2014）。①古くからあるラッセル・グループ大学（Russell Group Universities）と呼ばれる研究大学、②一九六〇年代以降に設立された大学で、一時「一九九四グループ」と呼ばれた、小規模だが研究志向の強い大学、③一九九二年以降に「大学」としてのステータスを獲得した、職業訓練の機能が強く地域経済と強いつながりをもつ旧ポリテクニック、④二〇〇四年以降にカレッジから昇格した大学、⑤芸術・美術系など特定の分野に機能特化している高等教育機関などがあり、モビリティーを巡る位置づけや戦略性もこれらのグループによって相違がみられる。

（3）英国ではバッキンガム大学が唯一の私立大学として知られていたが、近年の英国の高等教育セクターの規制緩和により、英国に基盤をもち、公的な資金を得る高等教育機関に加え、新たな私立大学や営利大学の設置が増加している。ロンドンには、海外（とくにアメリカ）の学位機関でロンドンにキャンパスをもつ大学、たとえばリッチモンド大学ロンドン、リージェント大学などがあり、これらの機関で学ぶ学生の構成も国際的なものとなっている。

（4）ＨＥＳＡの統計には、各年度に英国の高等教育機関に正規に在籍している学生数を含み、本章で使用しているデータセットは、学部生、大学院生それぞれについて、フル・タイム、パート・タイム、英国出身学生、他のＥＵ諸国出身学生、ＥＵ諸国以外の出身学生に分類されている。これらの数値は課程在籍の学生を対象としており短期間の交換留学生の数は含まれていない。したがって、厳密にすべての「留学生」の定義を網羅して近年活発化する短期留学を含めた国際流動性の全体像を示すに十分ではないことを指摘しておきたい。

（5）British Council Website http://www.britishcouncil.jp/programmes/higher-education/training/inward-mission/pmi [05/01/2014]

（6）チューニング、ディプロマ・サプリメント（Diploma Supplement：学位附属書）や欧州域内単位互換蓄積制度（European Credit Transfer and Accumulation System：ECTS）など、ボローニャ・プロセスの枠組みで進行した制度については、第8章に詳しく述べられている。

（7）英国大学協会と、英国高等教育インターナショナル・ユニットの位置づけ等については、以下のサイトを参照されたい。http://www.universitiesuk.ac.uk/aboutus/AssociatedOrganisations/Pages/UKIEU.aspx [05/01/2014]

（8）英国では一九九七年まで大学の財政はすべて政府予算から拠出されており、授業料は無料であった。その後、大学生数の上昇等に伴い一九九八年に年間一〇〇〇ポンドを上限とする授業料が導入され、同時に給付制の奨学金制度が廃止され奨学支援制度は貸与制のみとなった。その後、二〇〇四年には低所得者向けに給付制の奨学金が復活し、二〇〇六年には所得連動型ローンの適用により低所得者層の進学機会の向上が図られたものの、一方で授業料はそれまでのおよそ三倍の三二九〇ポンドまで上昇した。そして、二〇一二年にはイングランドにおいてさらにその約三倍に及ぶ九〇〇〇ポンドまで授業料の上限が引き上げられる。

（9）　The Guardian http://www.theguardian.com/education/2013/apr/09/ban-university-foreign-students-lifted [05/01/2014]

（10）　二〇一四年の大幅な上昇は、HESAのデータベース上で、これまでイングランドの在籍者数として数えられていたオープン大学という通信制の大学のデータが各地域の登録センターに振り当てられ、スコットランドにおいてもスコットランドオープン大学（Open University in Scotland）の一万五二〇五人が、同地域のデータに加えられたことが大きい。しかしながら、オープン大学の新登録分を除いた場合でも八一五人の上昇が同年にみられている。HESAの二〇一四／一五年におけるオープンユニバーシティーの扱いについては、以下のサイトを参照されたい。https://www.hesa.ac.uk/content/view/2884 [05/01/2014]

（11）　同期間、イングランドでは、EU域内で英国以外から留学している学生の上昇率は二二パーセント、EU域外から留学している学生の上昇率は三七パーセントとなっている。ウェールズでは、EU域外からの留学生は一三二パーセント上昇したものの、EU域内英国以外からの留学生の上昇率は一パーセントに留まっている。北アイルランドでは、EU域外からの留学生が一〇二パーセント上昇したものの、EU域内英国以外からの留学生は三七パーセント減少した。

（12）　NUSにおける国際流動性推進のためのイニシアティブや支援情報は以下のサイトで入手できる。http://www.scotlandgoesglobal.co.uk/about-us/[05/01/2014]

（13）　http://www.strath.ac.uk/about/universityoftheyear/[05/01/2014]

参考文献

奥村圭子（二〇一一）「英国の留学生政策の推移――我が国の大学での留学生受け入れへの示唆」『留学交流』二〇一一年四月号。

田中梓（二〇〇八）「英国留学の魅力とブリティッシュ・カウンシルのプロモーション活動」『留学交流』二〇〇八年一二月号。

山田直（二〇一一）「国際高等教育統計データ――英国高等教育インターナショナル・ユニット作成資料から」。https://scienceportal.jp/reports/england/1103.html [05/01/2014]

Adams, R. (2014), "Tuition Fees Encourage British Students to Study Abroad," *Guardian*, 24 April, 2014.

Arnott, M. and Ozga, J. (2012), "Education, Nationalism and Social Justice," in Scott, G. & Mooney, G. (eds.), *Social Justice and Social Policy : the Politics of Social Policy in Scotland.* Bristol : Policy Press.

Cooke, P. and Kitagawa, F. (2013), "From State to Market via Corruption? : Universities in an Era of Privatization," Roger Sugden, Marcela Valania and Wilson, James R. (eds.), *Leadership and Cooperation in Academia.* Edward Elgar Publishing Limited

European Commission (2011), Erasmus-Facts, Figures & Trends : The European Union Support for Student and Staff Exchanges and University Cooperation in 2009/2010, Luxembourg : Publications Office of the European Union.

Gani, A. (2015), "UK Students Increasingly Opting to Study Abroad," *Guardian*, 28 May 2015.

HESA (2013), Non UK Domicile Students. https://www.hesa.ac.uk/pr184

HESA (2015), HE Students by HE Provider, Level of Study, Mode of Study and Domicile 2013/14. Table 1 : https://www.hesa.ac.uk/component/pubs/?task=show_year&pubId=1&versionId=25&yearId=312

Huggins, R. and Kitagawa, F. (2012), "Devolution and Knowledge Transfer from Universities : Perspectives from Devolved Regions in the UK," *Regional Studies*, 46 (6) June 2012, pp. 817-832.

International Unit (UK Higher Education International Unit) (2013), *UK Strategy for Outward Mobility.* http://www.international.ac.uk/media/1520768/uk-he-international-unit-uk-strategy-for-outward-mobility-version-1-0.pdf [05/01/2014]

Kitagawa, F. (2009), "Creating Critical Mass of Research Excellence in the Region : The Case of Scottish Research Pooling Initiatives," Research Briefing, *European Planning Studies*, Vol. 17, No. 3, pp. 487-495.

Knight, P. and Yorke, M. (2003), Employability : Judging and Communicating Achievements. http://www.qualityresearchinternational.com/esecttools/esectpubs/knightyorkeachievement.pdf [07/21/2014]

Mayes, T. (2014), 10 Years of the Scottish Higher Education Enhancement Themes 2003-2013. http://www.enhancementthemes.ac.uk/docs/publications/10-years-of-enhancement-themes-print-friendly-version.pdf?sfvrsn=8 [05/05/2014]

Organisation for Economic Co-operation and Development (OECD) (2002), *International Mobility of the Highly Skilled.* OECD : Paris.

Organisation for Economic Co-operation and Development (OECD) (2008), *The Global Competition for Talent : Mobility for the Highly Skilled.* OECD : Paris.

Organisation for Economic Co-operation and Development (OECD) (2015), *Education at a Glance 2015 : OECD Indicators.* OECD Publishing.　http://dx.doi.org/10.1787/eag-2015-en

Scott, P. (2014), "The Reform of English Higher Education : Universities in Global, National and Regional Contexts," Cambridge Journal of Regions, Economy and Society. 7 (2), pp. 217-231.

She, Q. and Wotherspoon, T. (2013), "International Student Mobility and Highly Skilled Migration : a Comparative Study of Canada, the United States, and the United Kingdom," *SpringerPlus*, 2013, 2, p. 132.

Sweeney, S. (2012), *Going Mobile : Internationalisation and Mobility in the European Higher Education Area.* http://www.britishcouncil.org/going_mobile_brochure_final_.pdf [05/01/2014]

第2章　フランス
——高等教育の国際化の特色と課題——

大場　淳

一　フランスの高等教育と世界におけるその位置

フランスは西欧主要国のひとつである。西欧では最も国土が広く、人口はドイツに次いで多い。国内総生産（GDP）はドイツ、英国に次ぐ第三位である。出生率低下によって人口減少が続く西欧諸国のなかでフランスの合計特殊出生率は二であり、移民流入と併せて、今後とも国内からの高等教育への潜在的進学者の増加が見込める国である。

高等教育機関に在籍する学生数は二四七万人であり（二〇一四／一五年度）、そのうちの一五三万人（六二パーセント）が大学で学んでいる。高等教育機関は中等後教育機関のすべてであるが[1]、大別して大学とグランド・ゼコール等のその他の高等教育機関に区分される。無選抜である大学が高等教育大衆化を一手に引き受けた一方で、選抜性の高い一部のグランド・ゼコールがエリート養成機能を担っていることはよく知られている。大学はすべて国立であって学費はほぼ無償であるが、近年は私立高等教育機関に在籍する者が増えて全体に占める割合が拡大している。とはいえ、今日でも高等教育の経費の多くは公的資金で担われており、私立高等教育機関に在籍する者は四四万人（一八パーセント）に止まっている。

フランスは留学生受け入れ大国である。ユネスコのデータ（UNESCO Institute for Statistics：ＵＩＳ）によれば、二〇一二年現在、フランスは全世界の留学生の七パーセントを受け入れており、それはアメリカ合衆国（一八パーセント）、英国（一一パーセント）に次いで大きい割合である。(2) しかしながら、フランスの高等教育制度は、伝統的に国内事情あるいは仏語圏との交流を重視した制度運営がなされており、(3) 受け入れる留学生の数は多いものの、その多くは旧植民地を中心とする仏語圏諸国の出身者である。また、世界に占める割合は二〇〇五年に八パーセントであったことに比較すれば減少している(4)（Charles et Delpech 2015）。他方フランスから外国に留学する学生は受け入れる留学生に比べれば多くなく、受け入れ数の三分の一以下である。近年では、グローバル化が進むなかで高等教育の一層の国際化が不可欠と受け止められ、自国学生の留学拡大や高等教育機関の魅力向上等に向けた高等教育国際化政策が数多く打ち出されるようになっている。

本章は、フランスにおける学生の流動（受け入れおよび派遣）の概要並びに関連する政策や高等教育機関の取り組みを概観するものである。次節では同国の高等教育国際化の状況を概観し、続く第三節から第五節で留学生の受け入れおよび派遣並びにそれ以外の国際流動をそれぞれ取り上げる。第六節では訪問調査結果を用いつつ大学における留学生に関する取り組み等を概観し、最後にフランスにおける高等教育国際化についての課題をまとめることとする。

本章執筆に際しては、フランス政府（高等教育省）(5) の各種統計資料、同国の高等教育国際化に関する報告書・論文等を参照した。また、二〇一二年二〜三月に五大学を訪問調査し、その結果も活用した。

二　高等教育の国際化をめぐるフランスの動向

フランスにおいては、従来より高等教育の国際化は重要政策課題である。その高等教育国際化に関する戦略は、

図2-1　フランスの大学の外国人学生数

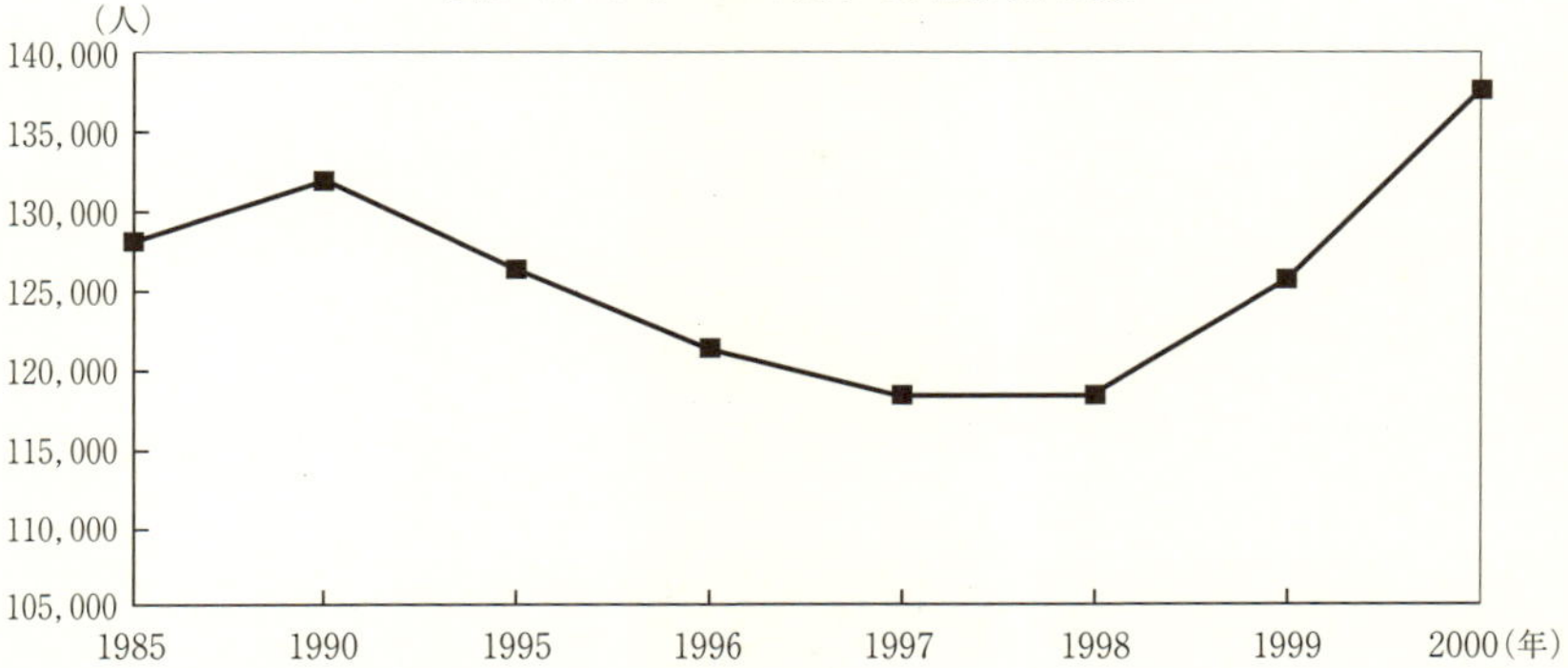

出所　高等教育省の統計を基に作成。

伝統的には影響力と協力の論理（logique d'influence et de coopération）に基づいてきたといわれる。比較的最近になって、質の高い労働者獲得が目的に加わるようになった。アングロ＝サクソン諸国が採用する市場主義（商業の論理）やドイツで近年重視されるようになってきている質向上の論理は、フランスにおいてはあまり考慮されてこなかった（Charles et Delpech 2015）。

フランスが高等教育国際化を重視していたことは、ボローニャ・プロセスの発端となる一九九八年のソルボンヌ会合を主催し、翌年から始まるボローニャ・プロセスを主導したこと（Attali *et al.* 1998）に端的に現れている。その意味において、一九九〇年代末以降、フランスは高等教育の国際化に欧州で最も率先して取り組んだ国のひとつである。その背景には、一九九〇年代に、来仏する留学生が継続的に減少したこと（図2-1）、グローバル化や欧州統合（européanisation）の進展への対応が求められたこと、知識経済・社会への転換への対応が求められたことといった事情があった。

二〇〇二年にフランスは、欧州のなかでもいち早く、ボローニャ・プロセスに対応した学士・修士・博士の学位構造であるＬＭＤ（licence-master-doctorat）を導入した。その後、共同学位制度の導入（政令第二〇〇五-四五〇号）、大学の欧州高等教育圏建設への参加の法制化（二〇〇七年大学の自由と責任に関する法律[6]）、大学での教授言語への外国語使用制限の撤廃（二〇一三年高等教育・研究法、以下「二〇一三年法」）等によって、高等教育の国際化の推進に向けた制度整備を図ってきた。

今日、従来以上に高等教育の国際化は政府の重要課題となっており、二〇一五年に策定された高等教育国家戦略（Stratégie nationale de l'enseignement supérieur：ＳｔｒａＮＥＳ）において、五重点戦略のひとつに高等教育国際化が位置づけられた（Comité pour la stratégie nationale de l'enseignement supérieur 2015）。政府は、高等教育の国際化が文化・経済・学術における大国としてのフランスの地位を強化するのに不可欠であるという（MESR 2015a）。研究の質、創造性、経済改革のために優れた者を惹きつけることが必要とされ、高等教育省は大学およびその他の高等教育機関間の連携・統合による国際的認知度（visibilité internationale）の向上、国内での受け入れ体制や国外キャンパスの整備、ＭＯＯＣ(ｓ)等による遠隔教育の充実等を積極的に進めてきた。連携・統合については、二〇一五年までに二五の集合体（regroupement）(7)が設置されるとともに、六地区で大学の統合が行われた。また、グローバル化に対応して、異文化理解および外国語に関する能力や指標となるものを自国学生に身につけさせることとしている。高等教育国際化の推進は、従来の留学生交流に止まらず、多様な形態の流動を拡大することが重要であると指摘されており（Charles et Delpech 2015）、二〇一三年には政府によってＭＯＯＣ(ｓ)の提供基盤となるフランスデジタル大学（France université numérique：ＦＵＮ）が設置された。

前述の通りフランスは、アメリカおよび英国に次いで、留学生受け入れにおいて世界第三位の位置を占める。アメリカや英国、それに加えて豪州やニュージーランド等のアングロ＝サクソン諸国の多くが高額の学生納付金を徴収する市場型の高等教育国際化を推進しているのに対して、フランスはそうした取り組みには否定的である。一部の商業学校（ビジネス・スクール、仏語では école de commerce）は非常に高額な授業料を徴収しているものの、政府の戦略であるＳｔｒａＮＥＳは、「高等教育の世界市場への商業的な参入を推奨するものではない」と述べて市場型の取り組みを否定しつつ、「大学・研究機関間の国際協力についての異なった概念の枠組みのもとで交流の質を重視する」としている。このような考え方は広く学生団体等の支持を受けているが（Comité pour la stratégie nationale de l'enseignement supérieur 2015）、市場型の対応を求める考えも存在する。たとえばＳｔｒａＮＥＳの少し前に出されたFrance Stratégieの報告書[8]（Charles et Delpech 2015）は、博士課程の学生を除いて欧州連合（ＥＵ）外学生に経費に見合う学費を課すことを提言している。

英語での教育は、二重・共同学位等の国際プログラムを除けば、大学については二〇一三年法によって初めて認められたものである。二〇一三年法制定時には国会審議等で大きな議論があり、紆余曲折を経て決められた。ＳｔｒａＮＥＳは英語での大学教育の提供について、高等教育の国際市場に参入するものではなく、英語での教育と外国人向け仏語教育（français langue étrangère：ＦＬＥ）を組み合わせて異文化間の出会いを促しつつ、フランスの文化と言語の振興を図ることを目的とすると説明する。

三　国際流動性の動向（受け入れ）

（1）全般的傾向等

二〇一四／一五年度現在、大学を含む全高等教育機関[9]に二九万八九〇二人の留学生（外国人学生、定義については後述）が在籍している。一九九〇年代に減少してきた留学生数は、一九九〇年代末から二〇〇〇年代中頃にかけて大幅に増加し、二〇〇〇年代後半に一時停滞したものの、その後再び増加している（図２-２）。留学生の伸びはフランス人学生のそれよりも一般に高く、学生全体に占める留学生の割合はおおむね増加傾向にある。一九九〇年代末には七パーセントであった留学生の比率は、二〇〇九年以降一二パーセント台で推移している。留学生比率の増加はとくに上級課程で著しく、博士課程においては四割に達している（Comité pour la stratégie nationale de l'enseignement supérieur 2015）。

図２－２　フランスの留学生（外国人学生数）および全体に占める比率

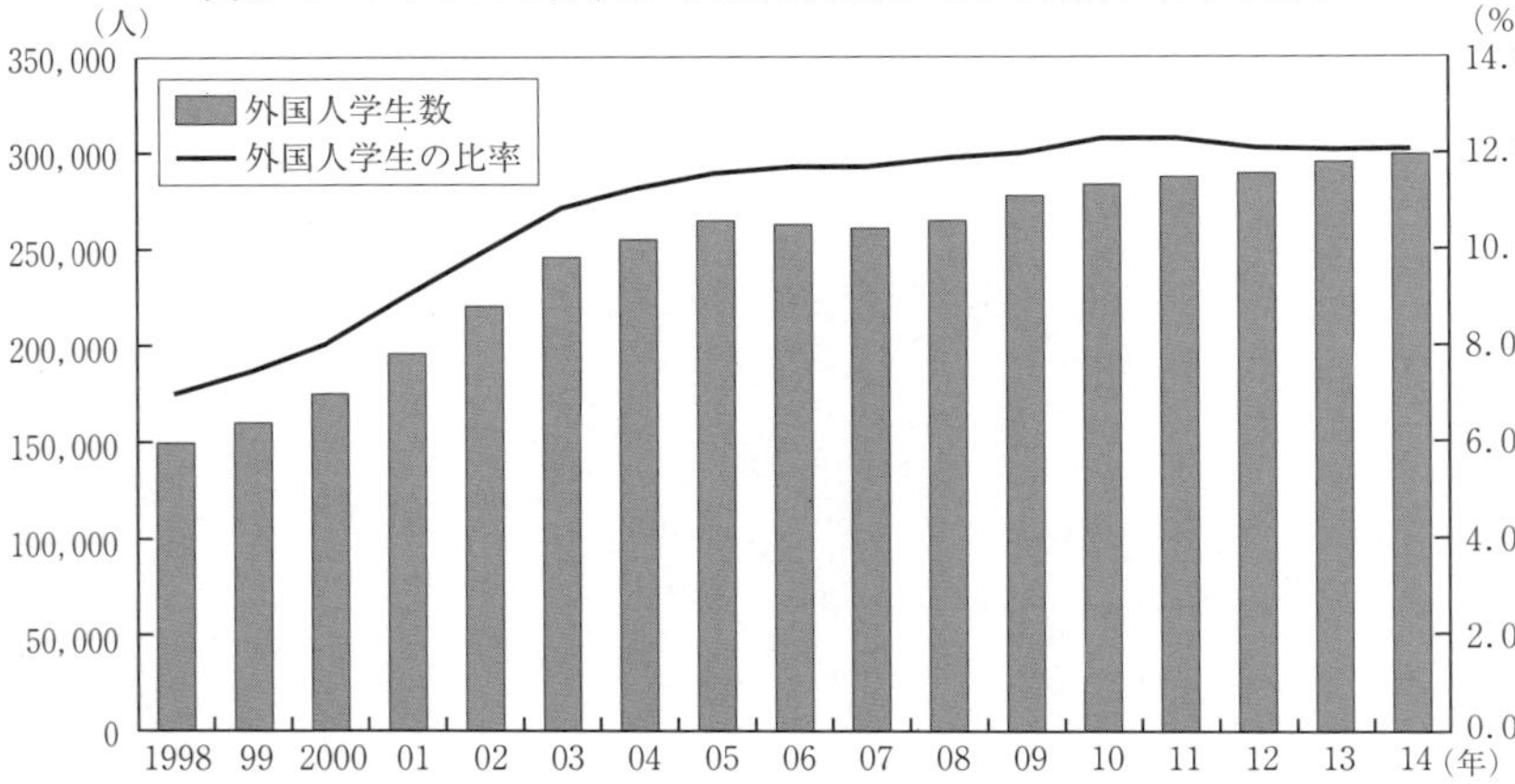

出所　高等教育省の資料を基に作成。

留学生の統計には留意が必要である。国際流動性の指標として利用されている数値は、フランス国籍をもたない「外国人学生（étudiants étrangers)」で一年以上在籍する者の数値である。すなわち中等教育をフランスで受けた外国人（主として移民の子ども）を含む点で過大になっている反面、短期滞在者を除外する点で過小になっている（Comité pour la stratégie nationale de l'enseignement supérieur 2015)。この数値はＵＩＳにおけるフランスの「留学生」（同サイトの英語表記は "mobile students"、仏語表記は "étudiants internationaux"）は同国の「外国人学生数」とほぼ同数で、二〇一二年では前者が二八万九二七四人に対して後者は二七万一三九九人である。移民等を除外した外国人学生の統計はないが、大学についてはおおむねそれに相当する「バカロレアを取得していない学生」の数が公表されており、その数は外国人学生数の約四分の三である（Fabre and Tomasini 2006)。

留学生受け入れに市場型の取り組みを原則として採用していないフランスであるが、その費用と収益についての検討は行われている。二〇一四年、留学生の経済効果についての初めての調査研究結果が公表された（Campus France 2014a)。Campus France（後述）と民間調査機関であるＢＶＡによって行われたこの調査研究[10]は、来仏留学生を対象としたフランス政府の支出が約三〇億ユーロであるのに対して、これらの学生がフランス経済にもたらす額は約四六・五億ユーロで、大学等の準無償制にもかかわらず、短期的な経済効果だけでも留学生受け入れは政府の財政負担を大幅に上回っていると報告している。報告書によれば、留学生一人当たりの平均支出額は九二〇・六六ユーロ／月で、その内訳は表2－1の通りである。

表2－1　来仏留学生の平均支出（ユーロ／月）

項　　目	月間支出（ユーロ）	割合（%）
住居関係経費（家賃，諸経費）	383.15	41.6
日常生活費（大学食堂を除く食費，衣類等）	202.84	22.0
交際費・遊戯費（スポーツ，外出等）	100.07	10.9
交通費	60.08	6.5
大学食堂	55.99	6.1
通信費（電話，インターネット等）	29.34	3.2
保険	25.90	2.8
健康関係経費（保険を除く）	17.32	1.9
その他の諸経費	45.97	5.0
合　　計	920.66	100.0

出所　Campus France (2014a).

（2）地理的在籍状況

首都であるパリおよびその近郊で構成されるイル＝ド＝フランス、ドイツ国境に位置するアルザス（ストラスブール等）、イタリアに隣接する南仏のコット＝ダジュール（マルセイユ、ニース等）で留学生の比率が高い（一四パーセント以上）（図2－3）。留学生拡大期に増えた地域は、ベルギー国境に位置する北部のパ＝ド＝カレ（リル等）および内陸部のオベールニュ（クレールモン＝フェラン等）である。ただし、前者の外国人比率は低い（図2－4）。

（3）出身地別の動向

フランスへの留学生は、その歴史を背景として、旧植民地を中心とした仏語圏アフリカからの学生が多い。近年、EUおよび南北アメリカからの留学生は着実に増加しているが、アジアからの留学生が急速に増加し、欧州を上回っている（図2－5）。

全体に占める割合では、アジアおよびアメリカが増加している。とくにアジア、なかでも中国の伸びが著しく、中国人学生は一九九八年

図２-３　大学区別外国人学生の比率（2011年）

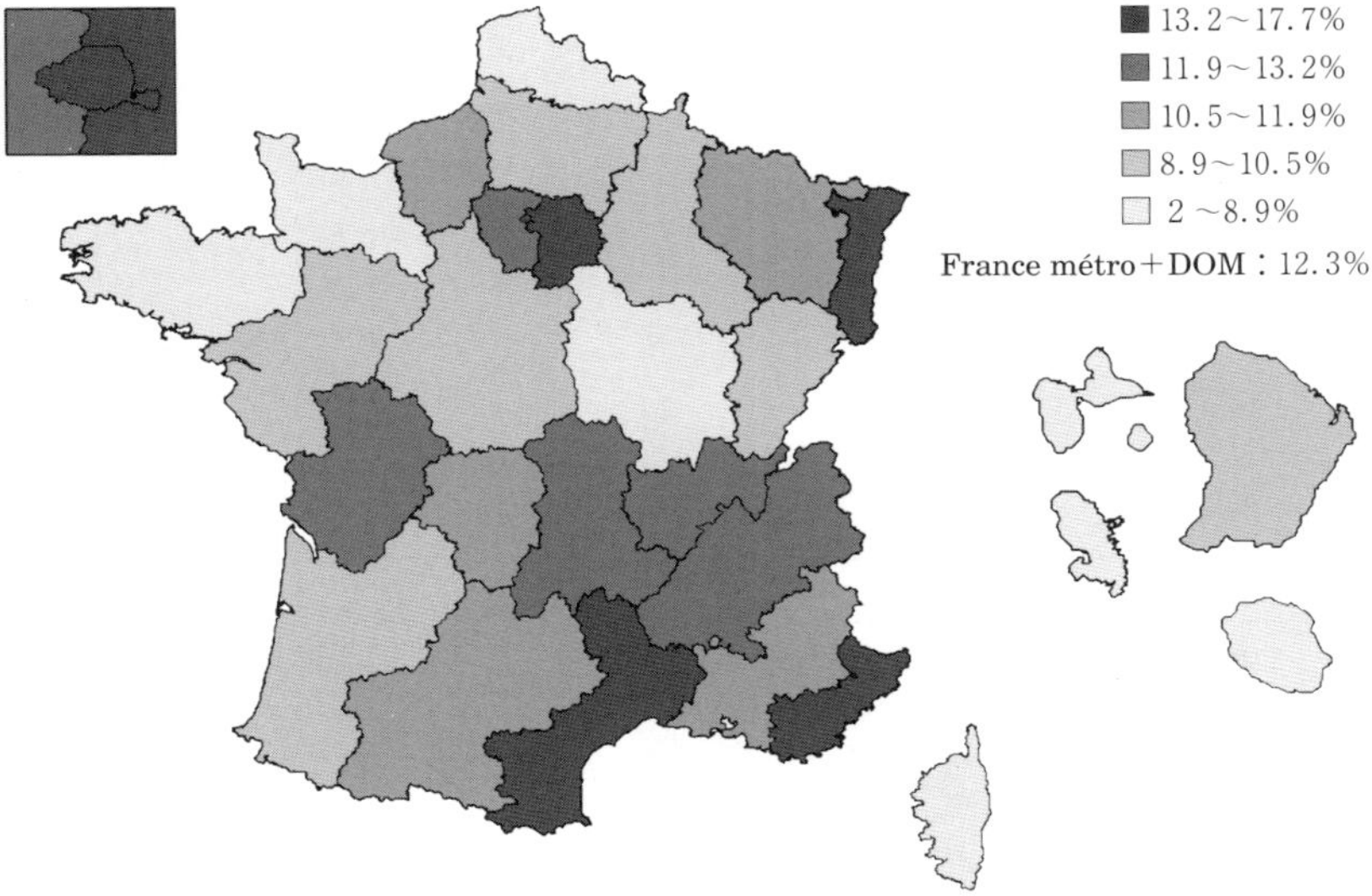

出所：Note d'information Enseignement supérieur & Recherche 12.14, décembre 2012.

図２-４　大学区別の外国人学生規模と1998・2003年間の増加率（大学のみ）

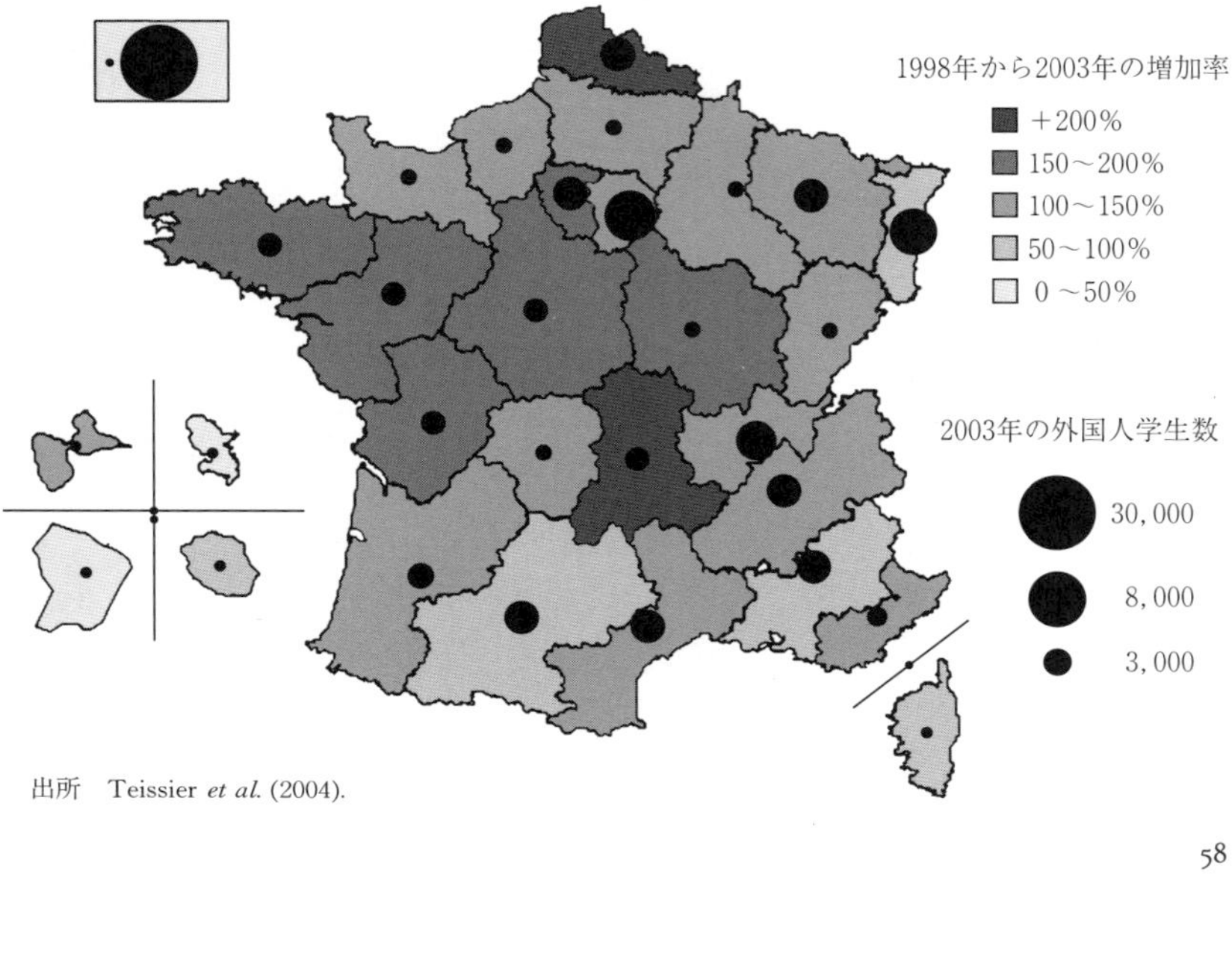

出所　Teissier *et al.* (2004).

図２－５　出身地別の大学の外国人学生数（2000・2004・2011の各年）

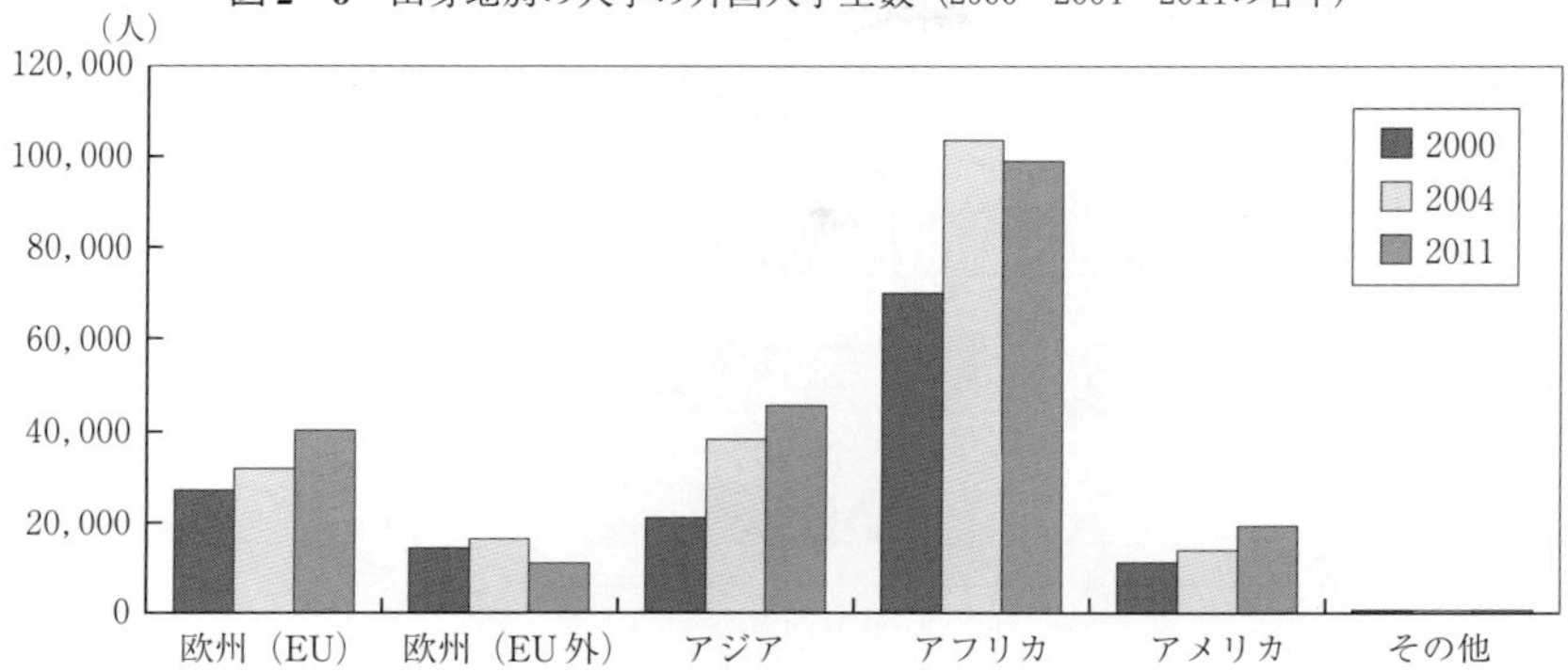

出所　高等教育省の資料を基に作成。

図２－６　出身地別の外国人学生の割合（2002・2011の各年）

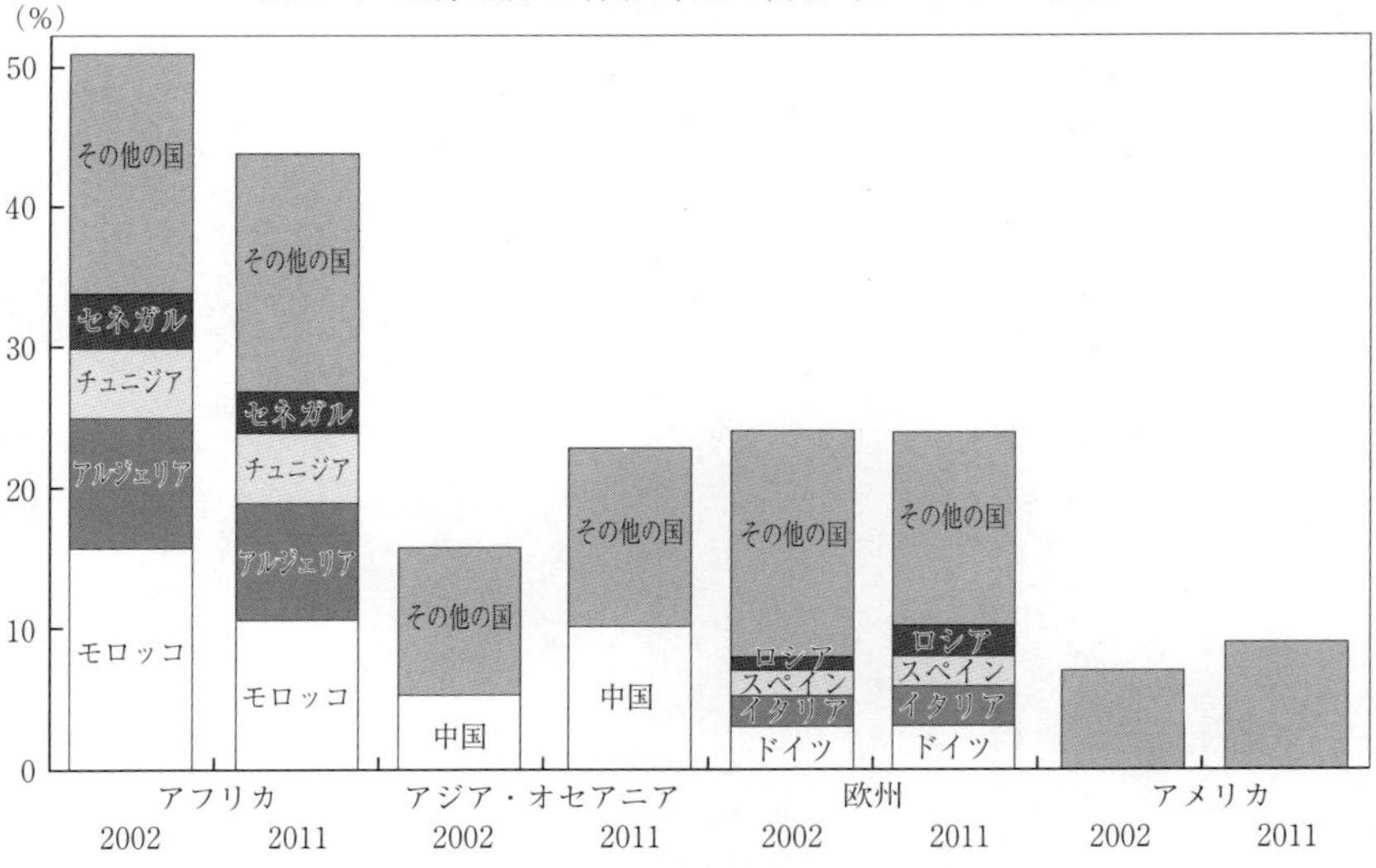

出所　Note d'information Enseignement supérieur & Recherche 12.14, décembre 2012.

図2-7　留学先の選択状況（フランスと他の国の間で）

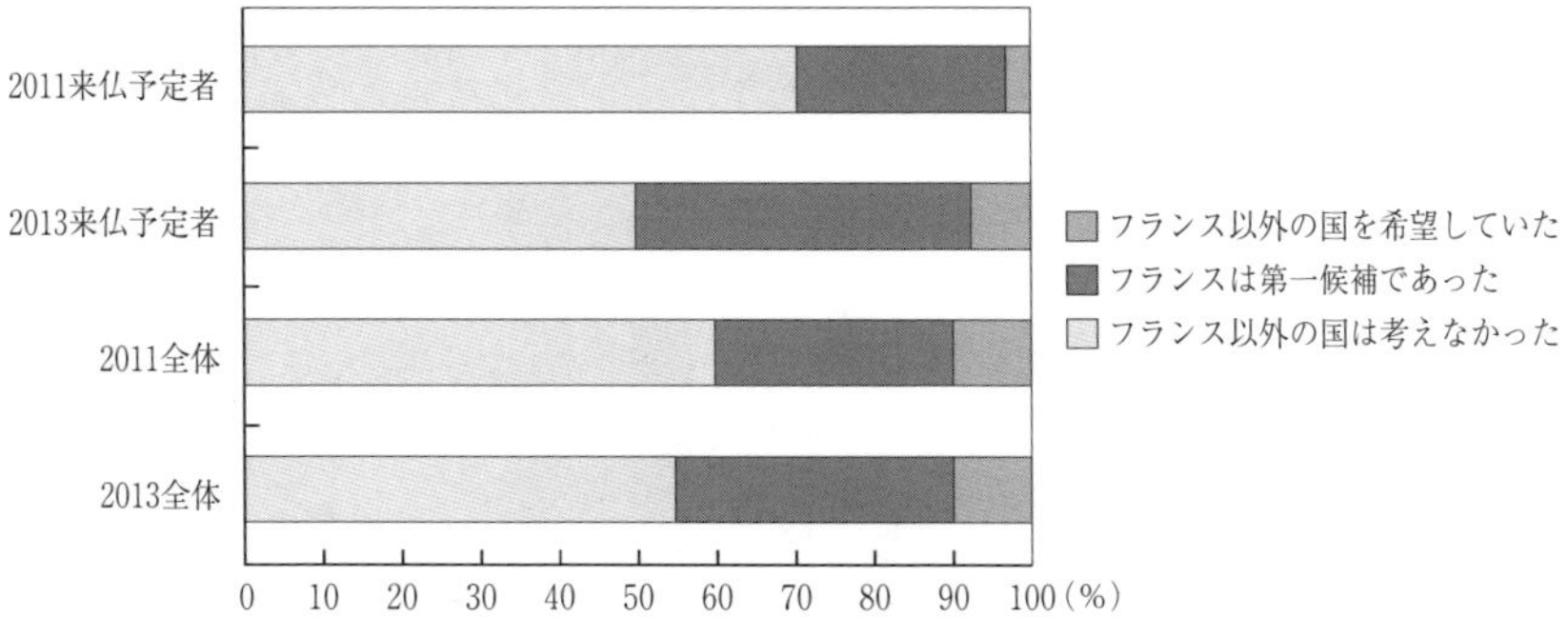

出所　Campus France (2014b).

から二〇〇三年の五年間に八倍も増えた（Fabre et Tomasini 2006）。アフリカの割合は依然として高いものの減少傾向にあり、とくにモロッコからの留学生の割合が減少している。欧州全体では変化はないが、近隣のドイツ、イタリア、スペイン並びにロシアが増加している。他方、その他の地域の割合は減少している（図2-6）。

学問領域別では、欧州出身の学生は人文科学系に多く在籍し、北アフリカの学生は理系に多く在籍する傾向が認められる。

（4）留学生募集活動

世界から留学生を獲得するため、フランス政府はCampus France（CF）を設置し、全世界一一七国に一五二事務所（espace）および七七出張所（antenne）を設置して、自国の高等教育についての広報活動や招聘事業等を展開している（Campus France 2015）。二〇一四年の予算は二億七七〇〇万ユーロである。CFの主な広報活動は、フランス高等教育についての会議・セミナー等の開催、フランスの高等教育機関の参加を得ての説明会の開催、教育プログラムの冊子・ウェブサイトによる紹介である。英語によるプログラムの紹介も行われており、二〇一四年末現在で九一七プログラム（うち七二二は英語のみ）がウェブサイトに掲示されていた。また、CFはフランスへの学生・研究者等の招聘事業を管理している。現地のフランス大使館等と連携して事業を展開しており、二〇一四年、三万五五〇〇

図２－８　フランスへの留学の動機（2013年）

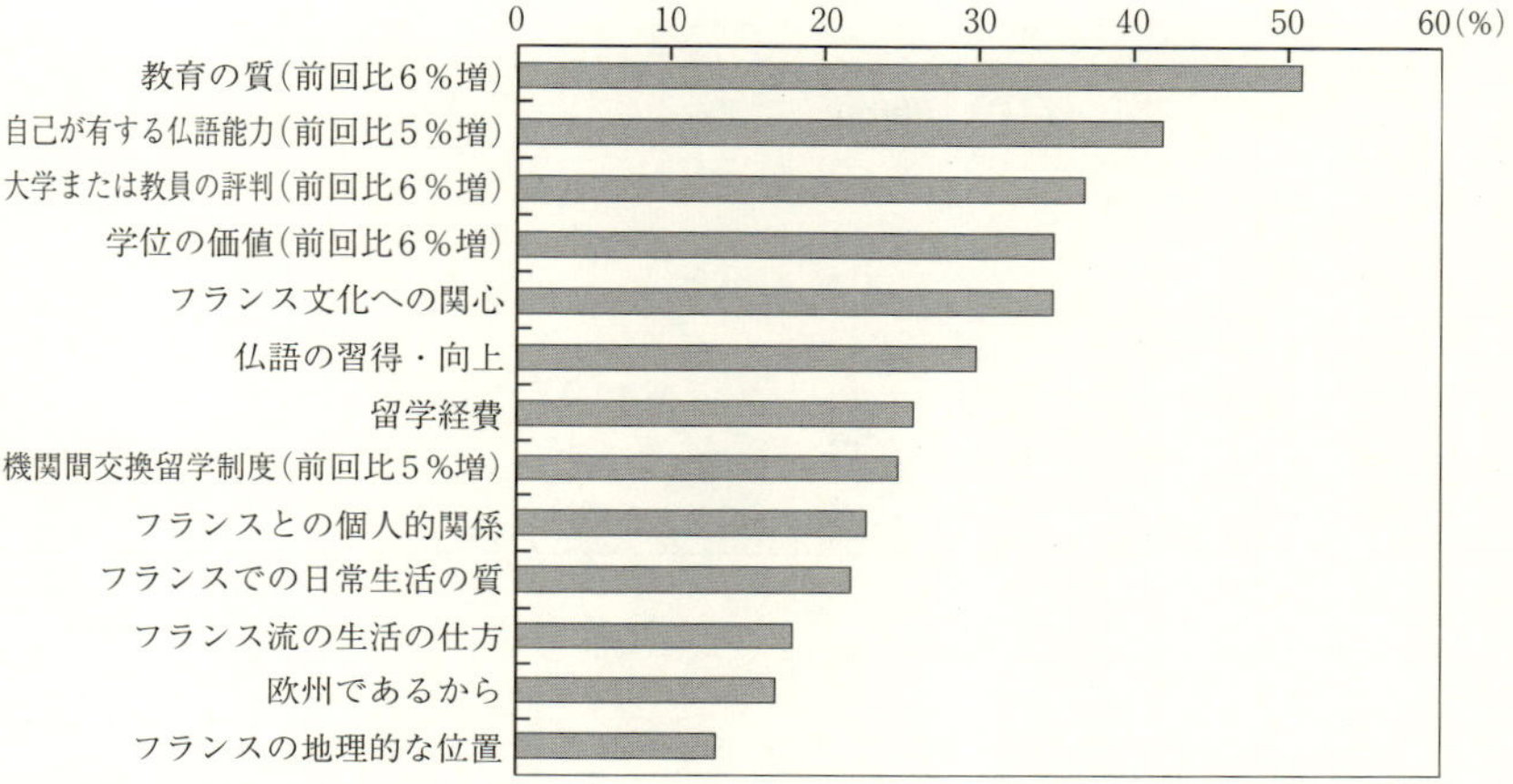

出所　Campus France (2014b).

件の受け入れ活動を行った。

ＣＦは、定期的に留学生を対象とした調査を行っている。二〇一三年の調査報告書（Campus France 2014b）によれば、フランスへの留学者（含予定者）の大多数はフランス以外の国を考慮しなかったかあるいは第一候補であった。しかしながら、前回調査（二〇一一年実施）と比較してフランス以外の国を考えなかった者は減少しており、フランス以外の国を希望をしていた者あるいは第一候補とする者（すなわち他の国も考えた者）の割合が増加している（図２－７）。フランスへの留学動機で最も多いのは教育の質である。この動機は前回調査と比較して六ポイント上昇している（図２－８）。これ以外に上昇した動機は、仏語能力（自己の）、大学または教員の評判、機関間交換留学制度であり、逆に減少している動機は学位の価値である。本調査は、留学生の満足度も対象としており、留学中の者、留学終了後の者のいずれも、一〇人中九人がフランス留学について「非常に満足」または「どちらかといえば満足」と回答している。また、留学に関する課題として、終了後の就職可能性、住居費、宿舎整備、行政手続、生活費を指摘する者が多い。

図2-9　フランス人学生の主要留学先（2008/09年度，全体に占める割合）

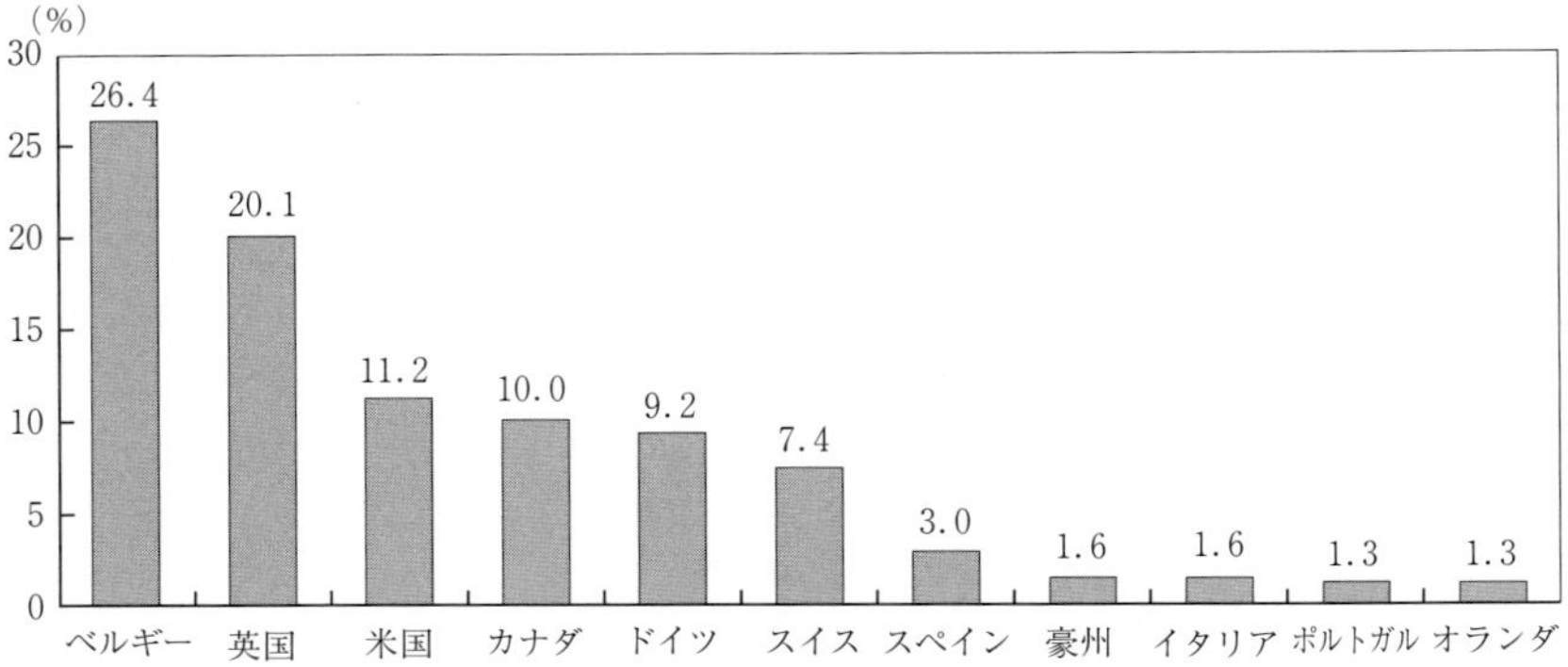

出所　Note d'information Enseignement supérieur & Recherche 11.11, juillet 2011.

四　国際流動性の動向（派遣）

フランスは留学生の受け入れ大国ではあるが、同国の学生の多くは外国で学ぶことに関心が薄かったといわれる。二〇一五年の Uniplaces の調査[11]によれば、四一パーセントのフランス人学生が留学を希望しているものの、その数値は欧州平均の六六パーセントを下回り、隣国のスペイン（七八パーセント）およびイタリア（七六パーセント）よりも遥かに低い。何らかのかたちで学業に関連して国外滞在を経験する学生は二五パーセントと見積もられている（MESR 2015a）。留学支援のための主要な方策は欧州連合のエラスムス事業であるが、二〇〇七／〇八年度にフランスで用意された二万七〇〇〇人分の奨学金のうち四〇〇〇件は利用されなかった[12]。UISによれば、二〇一二年フランスから留学した学生の数は六万二四一六人である。その数は同年に日本から派遣された留学生の数（六万一三八人）を上回るものの、同国の受け入れ数（二七万一三九九人）を大幅に下回っている。高等教育省は国外留学のための事業の充実を図るとともに、「留学する学生はそうでない学生と比較して職を得る確率が六割多い」と広報するなどして国外留学を促している（MESR 2015a）。

伝統的に留学先の選択は、地理的条件と言語に大きく左右されてきた（Fabre et Tomasini 2006）。二〇〇八／〇九年度において、留学先としてフランス人学生の多くが選択した国は、順にベルギー（二六・四パーセント）、英国（二〇・一パーセント）、アメリカ合衆国（一一・二パーセント）、カナダ（九・二パーセント）、スイス（七・四パーセント）、スペイン（三・〇パーセント）である（図2-9）。隣国であるか公用語が仏語または英語であることが選択の重要な要件となっていることがみてとれる。留学先として最も選択されるベルギーは隣国であり南部の公用語は仏語である。それに続く英国も隣国で公用語は英語であり、第四位のカナダの公用語は英語・仏語である。次いで、オーストラリア、イタリア、ポルトガルが位置するが、それぞれの国を選ぶ学生は留学する学生全体の一パーセント台に止まり、これらの国以外を選ぶ学生はごく少数であった。

この傾向は今日でも大きく変わらないが、世界の経済状況等の変化を反映して、異なった動きもみられる。グランド・ゼコールの学生に限ったものであるが、二〇一三／一四年度のグランド・ゼコール会議の調査（Conférence des Grandes Écoles 2015）によれば、希望留学先として選ばれた国の第一位は英国（二六九三人）であるものの、第二位は中国（二五三一人）で両者の差は小さく、中国への留学希望者はアメリカ（二三六六人）およびカナダ（二三一七人）への留学希望者よりも多い。これは希望であるので実際に留学する際には地理的条件等が影響するであろうが、中国への留学希望者は二〇一一／一二年度に行われた前回調査比で八四・六パーセント上昇しており、同国への留学生増加が見込まれる。

留学先の選択は地理的条件や言語に大きく影響されるが、実際の機関選定に際しては教育プログラムも重要な要素である。欧州内では、ベルギーおよび英国への留学は短期プログラムへの登録が多い。他方、スペイン、ドイツ、スイス、スウェーデンへの留学者は、長期のプログラムでの履修が多い。遠距離の場合は長期プログラムへの履修が大半を占め、たとえば日本への留学者で短期プログラムで学ぶ者は一パーセントにも満たず、豪州への留学者はすべて長期である（Fabre et Tomasini 2006）。

五　留学以外の国際流動

フランスは比較的早い段階から高等教育提供手段の多様化を進めており、とくに仏語圏諸国を中心とした国々で高等教育の国外展開を進めてきた。国外で提供される高等教育に関する調査（外務省および仏語圏大学機構実施）[13]によれば、二〇〇六年現在、二六国で二四二のプログラムが提供され、合計で約四万人が学んでいた（Charles et Delpech 2015）。国外での良質な教育提供等を目的として、二〇〇九年、大学間団体関係者等によって「フランス高等教育機関によって国外で実施される教育に適用される優良実践に関する憲章」が採択された（Groupe sur les formations françaises à l'étranger 2009）。本憲章は、プログラムの準備段階、実施段階、財務管理、評価手段について、高等教育機関が配慮すべきことについて取りまとめている。

高等教育省は、二〇〇五年、それまで実施されてきた二重学位（double diplôme）制度に加えて、新たに共同学位（diplôme conjoint）制度を設けた（政令第二〇〇五-四五〇号の制定）。フランスの高等教育機関が学位を出す場合、事前に高等教育省の認証（habilitation）が必要であるが、共同学位のための手続が存在していなかった。政令第二〇〇五-四五〇号は、高等教育省の認証を受けたフランスの高等教育機関が外国の高等教育機関と連携して共同学位プログラムを設置することが可能であるとし、高等教育省が事後的に当該外国機関の評価を行うことと定めた。事後的評価で足りるとする本制度は、学位について事前評価を原則とするフランスの従来の制度から逸脱するものであるが、これについて高等教育省は各国の質保証制度への信頼に基づくものであると説明している（MESR 2005）。

インターネットを用いた高等教育の提供も拡大している。フランス政府は二〇一三年、主として仏語でのＭＯＯＣ（ｓ）の提供基盤となるフランスデジタル大学（France université numérique：ＦＵＮ）を立ち上げた。ＦＵＮの目的として、⑴双方向的教授法によって学生の進級・修了を改善する、⑵知識を幅広く人々に開放する、⑶世界における高等教育機関の文化的展開を促すことの三点があげられており、第三点については当面仏語圏の国々を対象としている（MESR 2014）。ＭＯＯＣ（s）による講義は二〇一四年一月から提供され始め、これまで六二機関（うち四機関は外国の大学）によって二一二の講義が提供され、一二八万五〇〇〇人が受講登録を行った（MESR 2015b）。ＦＵＮは国の予算で運営されており、当初の予算は八〇〇万ユーロで、加えて未来への投資（Investissement d'avenir）事業[14]による一二〇〇万ユーロが予定されていた（Rauline 2014）。ＦＵＮには誰でも登録することができ、その講義は登録をした者に無料で提供されている。二〇一五年以降、ＦＵＮの運営は公的利益団体（groupement d'intérêt public：ＧＩＰ）である GIP FUN MOOC が行っている。

六　大学における国際流動に関する取り組み

本節では、二〇一二年二月から三月にかけてフランスの五大学を対象に行った訪問調査結果を用いつつ、大学における国際流動に関する取り組みを概観する。そして、フランスにおける学生の国際流動についての課題をまとめる。

（1）対象大学

フランスには数十の大学があるが[15]、調査対象としたのは五大学である。対象大学の選定は二つの基準に基づいた。第一は、在籍する外国人学生の比率が高い地域（上位三箇所）にある大学である（二以上ある場合は、最も高い大学）。なお、ストラスブールでは選定された大学が統合の対象となったため、訪問先は統合後の大学となった。選ばれた三大学の名称とその特徴は以下の通りである。フランスにあるすべての大学の特徴を網羅するものではないが、異なる特徴を有する大学が選定された。調査対象は大学本部の国際関係部門である。

・パリ第八大学（首都であるパリにある大学）
・ストラスブール大学（地方中核的都市にある大規模大学）
・ペルピニャン大学（地方小規模都市にある小規模大学）

第二の基準は、教育プログラムの収斂をめざした協働活動であるチューニングに参加した者が在籍する大学である。以下の二箇所が選定された[16]。前述の大学とは異なる地理的条件を有し、併せてよりフランスの多様性を反映させる調査が可能となった。調査対象はチューニング担当者である。

・リル第一大学（ベルギー国境に近いフランス北部の大学）
・リヨン第二大学（経済的にも発展した地方大都市の大学）

（2）国際流動についての大学の取り組み

学生の国際流動性についての大学の戦略は、機関が置かれた環境で少なからぬ相違が認められた。パリ、ストラスブール、ペルピニャンの大学では募集に関する戦略が乏しい。これらの大学はすでに多くの留学生を受け入れており、数の観点からは積極的に募集活動を行う必要性が少ない。これらの大学に留学生が多いのは、大学固有の要因ではなく、首都であり国際的にも魅力の高いとされるパリ[17]、欧州議会等の複数の国際機関が位置して欧州の一中心であってかつドイツ国境に近いストラスブール、スペイン国境に近く地中海沿岸の温暖な気候に恵まれたペルピニャンといった都市に位置していることが大きく寄与している。

大学が国境に近いことが留学生募集に有利に働くかについては、必ずしもそうではないようである。たとえばリル第一大学はベルギー国境近くに位置しているが[18]、留学生は多くない。その理由として、同学が位置するリルは国際的な知名度が低く、また北部の必ずしも気候的に恵まれない地域にあることがあげられる。リル第一大学は留学生募集に積極的に取り組む方針を打ち出しており、その背景について訪問調査に応えてベアトリス・デルプーブ

(Béatrice Delpouve) 氏（国際関係部国際開発主幹[19]）は、「今日、エラスムス・ムンドゥスによって、大学は世界に向けて学生募集を行い、惹きつける財源を有するようになった。教員も大きな関心を有している」と述べる。

留学生募集については大学間で大きな温度差が認められたが、留学生の派遣については各大学とも積極的な姿勢を示した。これは伝統的にフランス人学生が留学に消極的であることから、政府がそれを強く推進してきたことが理由のひとつであるが、根本的には欧州統合やグローバル化が進むなかで、その必要性が強く認識されていることが背景にある。パリ第八大学の教員で国際関係評議会（Conseil des relations internationales）委員[20]ジャン＝ジャック・ブルダン（Jean-Jacques Bourdin）氏は、インタビューに応えて次のように述べている。

> 今日、我々は可能な限り多様な場所へ、可能な限り多くの学生流動が実現するよう努めている。……学生が外国に行くごとに、彼らはより豊かになって帰って来る。彼らは多くの興味深いことを学んで来て、大学全体がその利益を享受する。さらに、そのことは大学評価で高く評価される。もっとも、それはさほど重要ではない。

また、従来とは異なる留学生、たとえば中国やインド、ブラジル等からの留学生を重視するようになっていることも概ね共通していた。ブラジルとの研究交流を進めているパリ第八大学教員のリダ・エナファ（Ridha Ennaffaa）氏（比較教育学）によれば、ブラジルは理工系を中心とした八万人の博士を必要とし、積極的に留学生を外国に送り出していてフランスへの留学生も増えている。多くの留学生がフランスに残ろうとするか、あるいは自国に戻るか迷うなかで、例外的にブラジル人学生は博士号取得後自国に帰る傾向があると同氏はいう。

非伝統的な国々からの学生には異なった対応が必要であることが指摘される。たとえば、中国からの留学生が近年大幅に拡大したペルピニャン大学の国際担当副学長パトリック・ベルガルド（Patrick Bellegarde）氏は、その受け入れについて次のように述べている。これは一例であるが、各大学で取り組みが進められている様子がうかがえる。

ここ三〜四年の間に、大学の戦略が変わってきた。留学生を多数獲得する戦略はある程度成果をあげたが、同時に幾つかの問題、特に応募が非常に多い中国人学生の募集について問題を生じている。ひとつには、効率的な受け入れ体制の整備であり、もう一つは適切な教育の提供である。……一五年余り前から中国人学生を受け入れ始めているが、彼らの多くが講義についていくことが困難であった。そこで、学生の選抜と（特別な）講義制度を設けた。……たとえば、言語センターを設置した。

（3）チューニングへの対応

欧州委員会の支援を受けた大学関係者の活動であるチューニング[21]には、フランスからも複数の者が参加してきた。チューニングの資質能力（compétences）を基礎とした考え方は、フランスにおいて職業教育の編成においては普及した手法ではあるが、伝統的な学問領域の教員のなかには抵抗感を示す者が少なくなかった。Fave-Bonnet（2011）は、かかる抵抗感の原因として、(1)取り組みに時間がかかること、(2)資質能力の定義自体が確定されず、不安定要素が大きいこと、(3)職業教育課程以外において、各学問領域の職能や職務の急速な変化に対応することが難しいこと、以上の三点をあげる。欧州のチューニング活動に参加したリヨン第二大学の教員ジャン＝リュック・ランボレ（Jean-Luc Lamboley）氏は、チューニングについて次のように述べている。

チューニングは、全面的に学生を基礎とした取り組みである。それ故、フランスではコペルニクス的転換といわれる。それは未知のものである。教員を基礎とした取り組みから学生を基礎とした取り組みへの転換は、フランスでは非常に受け入れ難い。最近の取り組みであるチューニングは余り知られておらず、受け入れられていない。……チューニング事業にはフランスから七人の教員が参加したが、……希望者を募るのが非常に難しかった。……私は〝犠牲者〟であった。

しかしながら、ボローニャ・プロセスで採用された学習成果を見据えた教育のあり方は、フランスでも次第に受け入れられている。チューニングについても、二〇〇八年、大学長会議（Conférence des Présidents d'Université：CPU）とリヨン第一大学の主催で「フランスにおけるチューニング：資質能力を基礎とする教育における欧州の取り組み」と題する全国会議が開催され、その普及が図られた。ランボレ氏は、高等教育省は資質能力に基づく取り組みをすでに受け入れており、それは教育プログラム編成の基準となる「参照基準（référentiels）」というかたちで取り入れられたという。(22)同様に欧州のチューニング活動に参加したリル第一大学のデルプーブ氏（前述）は次のように述べるが、チューニングの原則は高等教育省の参照基準を通してフランスの大学教育にも普及しているといえよう。

今日フランスでは、チューニングはよく知られていない。しかし、資質能力あるいは新しい参照基準についていえば、多くの者がフランス政府が汎用的資質能力を規定したことを承知している。実際、チューニングとは呼称こそ異なっているものの、両者の考え方は共通している。

七　課題と展望

フランスは多くの留学生を受け入れ、今日でも多くの外国人が同国の大学等で学んでいる。しかしながら、留学生の受け入れには世界各国が積極的に取り組んでおり、その結果受け入れ国の多極化が進んでいる。フランスへの留学生は増えているものの、世界のなかでフランスが占める割合は下がっている。同国政府は、世界の留学生が二〇二五年までに倍増すると見込まれることに対応して、その地位を維持すべく、高等教育国家戦略（ＳｔｒａＮＥＳ）において同国で受け入れる留学生の数を現在の約二倍の六〇万人に増加する目標を掲げた。並行して、高等教

表２－２　StraNESにおける高等教育国際化に関する提言[1]

提言６	優秀な外国人を惹きつけるため投資する
	•2025年までに，受け入れる学生の質とその成功条件を担保しつつ，外国人学生の数を倍増する。
	•全関係者・省庁の役割を示した活動計画の枠組みの下で，優秀な外国人に対しての「歓迎の文化（culture de la bienvenue）」を醸成する。
提言７	国際化された教育の開発・多様化・質保証を進める
提言８	学生・教職員の流動を促し，外国人教員の受け入れを容易にする
	•2025年までに，資金面で困難な学生への支援にとくに配慮しつつ，フランスから留学する学生を倍増する。
	•ブラジルの事例を参考にしつつ，エラスムスと併せて利用可能で社会経済的基準に基づく大型の奨学金事業を開始する。事業は高等教育省の既存事業を拡大するとともに，他の関係機関（他省庁，地方公共団体，高等教育機関）と連携して実施する。
提言９	学生の言語能力を向上し，異文化間交流を進める
	•学士課程でB2水準，修士課程でC2水準を実現するため[2]，学生の外国語能力を向上するための行動計画を策定する。
提言10	国際協力活動を再編する（とくに欧州において）

注（1）提言は詳細に書かれているが，表題，数値目標，主要施策（mesure centrale）のみ掲載した。
（2）B2/C2は，欧州委員会が定めた言語能力水準の枠組み（Cadre Européen Commun de Référence pour les Langues）で定められた水準である。

育の魅力の向上、受け入れ手続・体制の簡素化・充実、広報活動等の拡大、高等教育機関の国際的認知度の向上等を図ってきている。これまでは関係の薄かった国々への市場調査・普及活動がとくに求められ（Mercier 2015）、また、現地での活動を円滑に推進するため関係機関の一層の協力が必要であることが指摘されている（Forgeron *et al.* 2014）。ＳｔｒａＮＥＳは、高等教育国際化の推進のため、表２－２のような提言を行っている。

　高等教育国際化に向けた取り組みの多くは経費を要するものであるが、日本同様に財政難にある政府がすべてを負担することは期待し難い。他方において授業料値上げは学生の反発が大きく政治的に選択することが困難である。高等教育国際化の市場化モデルを採用することには否定的な見解が強いが、全経費に等しい学費を徴収すべきとの意見も存在する。たとえば二〇一五年のFrance Stratégieの前述報告書（Charles and Delpech 2015）は、国際化を推進するためにEU外学生からフルコスト学費を徴収すべきことを主張する（博士課程を除く）。それによって八

表2-3　France Stratégie が提唱する今後5年間の行動計画

目的	方　　策	予算（百万ユーロ）	%
公平	①奨学金政策の見直し（主として仏語圏アフリカ諸国対象，3万人）	440	51.8
質	②留学生の待遇改善（各種支援の充実）	280	32.9
魅力	③高等教育機関国際化の支援（国外での教育提供等）	52.5	6.2
	④教育提供の電子化への支援（MOOC(s)等）	70	8.2
	⑤誘致・広報活動への支援（ブランド戦略等）	7.5	0.9
EU 外の学生（除博士課程）へのフルコスト学費徴収による収入総額		850	100.0

億五〇〇〇万ユーロの追加的収入が見込まれるとし、その収入で公平・質・魅力の担保・向上を目的とする表2-3にあるような政策を実施することを提言している。かかる高学費政策は、フランスの高等教育機関が伝統的に旧植民地からの学生を事実上無償で多く受け入れてきた方針を覆し、フランスの言語・文化を普及するといった国家戦略に相反するものであるが、France Stratégie の報告書は、彼らを対象とした奨学金を幅広く提供することによって、高学費政策から生じる問題（留学生の減少等）を解消することが可能との考えを示している。しかしながら、用意される奨学金は三万人分のみであり、フランスが現在受け入れている留学生（大半は仏語圏アフリカから）数の一〇分の一程度であることから、留学生減少を回避するには不十分と思われる。

ＳｔｒａＮＥＳは、France Stratégie の提言（Charles et Delpech 2015）も検討したうえで、学生納付金の額が高等教育の国際市場において「質のシグナル（signal qualité）」と受け取られる傾向――とくに裕福な家庭の学生にとって――があることに考慮しつつ、フルコスト学費徴収も一考に値するとする。しかしながら、それがもたらす来仏留学生の減少や教育活動の商業化といった負の側面が大きいことに鑑みて、そうした政策ではなく、現在の制度を維持しつつ、準無償制が世界の学生を対象とした「収入に関係ない奨学金」であることを幅広く訴えるべきであると結論づける（Comité pour la stratégie nationale de l'enseignement supérieur 2015）。

欧州においては、昨今、相次ぐ難民来訪やテロ行為が高等教育の国際化に少な

図２-10　両国首脳立ち会いの下の日仏協定調印式
（仏大統領府にて）

からぬ影響を与えている。とくにフランスは、二〇一五年一一月一三日にパリおよびその周辺で実行された無差別殺人事件において学生・教員も含めて多数が被害に遭っており、移民排斥等を訴える極右政党の国民戦線（Front National：ＦＮ）への支持が拡大していると伝えられている。このような環境のもと、入国管理当局が留学生や研究者の受け入れに従前以上に慎重になり、また、フランス外の学生にとっては留学先選択に否定的に影響することも避けられないであろう。それにもかかわらず、二〇一五年一二月、ＥＵ（法務・内務大臣会合）は留学生・研究者の入国・滞在手続を簡素化することを決定した（O'Malley 2015）。排外的な動きがみられるなかで、このように高等教育の国際交流をさらに推進する意向を示したことは、高等教育にとって明るい話題といえよう。

グローバル化が進む今日、高等教育の国際化はテロ事件によって減速することはあっても、後退することはないであろう。フランスと日本の間には、二〇一四年五月、安倍首相・オランド大統領のもとで日本の国立大学協会およびフランスの大学長会議（ＣＰＵ）・技師学校長会議（ＣＤＥＦＩ）間で「日本国とフランス共和国の高等教育機関における履修継続のための履修、学位および単位の相互認証に関する協定（Convention de reconnaissance mutuelle des études, des diplômes et des crédits en vue d'une poursuite d'études dans les établissements d'enseignement supérieur du Japon et de la République française）」が締結されており、一層の交流推進が期待される。フランスは欧州のなかで最も日本に留学生を送り出している国であり、また、非英語圏の国として高等教育国際化について日本とも共通する課題を抱える国でもある。今後とも同国の動向は注視するに値しよう。

注

(1) 高等教育機関の定義については大場・夏目（二〇一〇）参照。

(2) http://www.uis.unesco.org/Education/Pages/international-student-flow-viz.aspx [12/01/2015]。ちなみに日本は四パーセントを受け入れており、豪州、独、露に次いで第七位である。

(3) たとえば Cytermann（2006）は、一九九八年までの大学配置は専ら国内事情（学生数、地域発展等）を考慮して決められてきたが、それ以降は国際競争を意識した地域の認知度等が重視されるようになったという。

(4) より詳細には八・四パーセントから六・八パーセントに減少した。

(5) フランスでは内閣が代わるごとに省庁構成が変わるため、高等教育行政を所管する省の名前が一定しない。本章では、便宜上高等教育行政所管省を「高等教育省」と記する。

(6) 国際協力については一九八四年高等教育法で盛り込み済み。

(7) 二〇一三年法で規定された集合体には、連結の緩い連盟体（association）と連結の強固な大学・高等教育機関共同体（communauté d'universites et établissements：ＣＯＭＵＥ）の二種類がある。それぞれの詳細については大場（二〇一五）参照。

(8) 内閣の調査研究組織。

(9) 二〇〇〇年代以降に幾度かの制度変更があり、大学について暦年統計の一貫性がとれないことから、高等教育機関全体の外国人学生数を示した。以下、断りがない限り、高等教育機関全体についての数値である。

(10) 調査は二〇一四年の九月から一〇月にかけて、過去三年以内に三月以上在籍した者を対象として仏・英・西・中の四言語で行われ、四二〇〇件の代表的サンプルを対象として分析が行われた。

(11) "Plus de 60% des étudiants français prêts à s'expatrier pour travailler" *Le Figaro Étudiant* daté du 1er décembre 2015.

(12) "Universités : le programme Erasmus s'essouffle" *Le Figaro* daté du 4 novembre 2009.

(13) 仏語圏大学機構（Agence universitaire de la Francophonie：ＡＵＦ）は、教授言語に仏語を用いる大学の協会組織。本部はモントリオール（カナダ）。

(14) 経済危機への対策として二〇一〇年に始められた政府の投資計画。卓越した高等教育拠点の整備は最優先事項のひとつ。

(15) 二〇〇九年のストラスブール大学設置以降各地で大学の統合が進められており、また、地位変更に伴って法的地位が大学でなくなる機関があることから、近年、大学数は減少している。
(16) 大学の選択は、チューニング担当者で唯一の高等教育研究者であるマリ＝フランソワーズ・ファブ＝ボネ（Marie-Françoise Fave-Bonnet）氏の推薦に基づいた。
(17) 必ずしも学生による人気を客観的に示すものではないが、二〇一五年に公表された QS Best Student Cities 2016 ではパリは第一位であった。
(18) ベルギーの公用語は仏語と蘭語であるが、リルが接するベルギーの領域は蘭語圏である。
(19) Responsable du développement international, Service des Relations Internaitonales.
(20) 訪問当時パリ第八大学には国際担当副学長が置かれておらず、国際関係業務については合議組織と事務局の国際関係部で対応していた。国際関係評議会の議長は学長。
(21) チューニングについては、第8章でローベルト・ワーヘナールが詳述している。
(22) フランスの参照基準については夏目（二〇一五）が詳しい。

参考文献

大場淳（二〇一五）「フランスにおける大学・高等教育機関共同体（communauté d'universités et établissements：COMUE）の設置——大学の統合・連携を巡る政策の形成とその背景」『広島大学高等教育研究開発センター戦略的研究プロジェクトシリーズ』X、三一～五〇頁。

大場淳・夏目達也（二〇一〇）「フランスの大学・学位制度」大学評価・学位授与機構編『学位と大学（大学評価・学位授与機構研究報告第一号）』大学評価・学位授与機構、九三～一五九頁。

夏目達也（二〇一五）「フランスにおける学士課程改革と学習成果アセスメント」深堀聰子編『アウトカムに基づく大学教育の質保証——チューニングとアセスメントにみる世界の動向』東信堂、六一～八三頁。

Attali, J. *et al.* (1998), *Pour un modèle européen d'enseignement supérieur*. Paris : MEN.

Campus France (2014a), "Au-delà de l'influence : l'apport économique des étudiants étrangers en France," *Les notes de Campus*

France, 45, pp. 1-15.

Campus France (2014b), "Image et attractivité de la France auprès des étudiants étrangers : principaux résultats du baromètre Campus France," *Les notes de Campus France*, 42, pp. 1-11.

Campus France (2015), *Rapport d'activités 2014*. Paris : Campus France.

Charles, N. et Delpech, Q. (2015), *Investir dans l'internationalisation de l'enseignement supérieur*. Paris : France Stratégie.

Comité pour la stratégie nationale de l'enseignement supérieur (2015), *Pour une société apprenante : propositions pour une stratégie nationale de l'enseignement supérieur*. Paris : MESR.

Conférence des Grandes Écoles (2015), *Les grandes écoles sur la scène internationale-Enquête mobilité 2015*. Paris : CGE.

Cytermann, J.-R. (2006), *Les transformations de la carte de l'enseignement supérieur et de la recherche en France : Raisons internes ou influences internationales*. Communication présentée au colloque « Mutations de l'enseignement supérieur : influences internationales », les 20-22 novembre 2006 à l'Université du Littoral.

Fabre, J. et Tomasini, M. (2006), "Les étudiants étrangers en France et français à l'étranger," In INSEE (Ed.), *Données sociales : La société française-Édition 2006* (pp. 109-116). Paris : INSEE.

Fave-Bonnet, M.-F. (2011), "Professionnalisation et compétences : une approche européenne, le projet TUNING," In Comité d'organisation (Ed.), *Actes du colloque « Le courant de la professionnalisation : enjeux, attentes, changements »* (pp. 699-705). Angers : Comité d'organisation de QPES 2011.

Forgeron, L., Lanapats, P., Kallenbach, S., Cervel, J.-F., Champion, P. et de Saint-Guilhem, J. (2014), *La coordination de l'action internationale en matière d'enseignement supérieur et de recherche*. Paris : IAE-IGAENR.

Groupe sur les formations françaises à l'étranger (2009), *Charte des bonnes pratiques applicables aux formations mises en œuvres à l'étranger par les établissements d'enseignement supérieur français*. Paris : CPU.

Mercier, S. (2015), "Accueillir 600 000 étudiants étrangers en 2025, mission impossible?" *EducPros.fr*, le 10 décembre.

MESR (2005), *Les diplômes conjoints : la nouvelle politique française*. Document présenté à la conférence de Bergen 19 et 20 mai.

MESR (2014), *La révolution numérique est en marche : octobre 2013-octobre 2014, FUN un an après*. Paris : MESR.

MESR (2015a), *Rentrée universitaire 2015 : des résultats, des défis*. Paris : Dossier de presse du 19 septembre.

MESR (2015b), *Présentation de la nouvelle plateforme FUN-dossier de presse mercredi 2 décembre 2015*. Paris : MESR.

O'Malley, B. (2015), "EU to ease entry rules for researchers, students," *University World News*, 4 December.

Rauline, N. (2014), "Éducation : la difficile équation économique des MOOC," *Les Echos*, 18/2.

Teissier, C., Theulière, M. et Tomasini, M. (2004), *Les ètudiants ètrangers en France*. Dossier 153, Paris : MEN.

第3章　ポーランド

――エラスムス計画の拡大と検証――

アガタ・ピエルシチェニャク／松塚ゆかり

一　エラスムス計画の展開

リスボン戦略というアクションプランがある。二〇〇〇年三月に開催された欧州理事会（リスボンサミット）において採択された経済・社会政策であり、知識基盤社会に向けた教育と訓練、積極的な雇用政策、社会保障制度改革、社会的排除の解消をめざすなど、「人的資源」の重要性が強調されたことが特徴といえる。欧州連合（ＥＵ）加盟各国はリスボン戦略を遂行するために「国家改革プログラム」を進めるよう要請された。しかし、その後リーマンショックによる金融・経済危機がそれまでの改革の成果を消し去り、ＥＵが抱える内在的弱点をさらすこととなった。欧州理事会はさらなる変革の必要性に迫られ、二〇一〇年、社会的統合を促進する知的で持続性ある発展のための新たな中期成長戦略、「欧州二〇二〇」を採択した。

「欧州二〇二〇」は二〇一〇年から二〇二〇年をターゲットに、三つの戦略的優先事項として「知識基盤型開発とイノベーション」「持続可能な経済」「高雇用と社会的包括」を設定している。そのなかの「知識基盤型開発とイノベーション」の展望のもとに、二〇一四年から二〇二〇年までの教育分野における欧州統合政策が定められた。そ

図3-1　デジデリウス・エラスムス

してそれまでの高等教育関連の諸計画は「エラスムス・プラス計画」に集約されることとなる。エラスムス・プラス計画は、エラスムス、レオナルド・ダ・ヴィンチ、コメニウス、グルントヴィ計画を傘下におく「生涯学習計画」、ジャン・モネ・アクション計画、「青少年行動計画」、エラスムス・ムンドゥス計画やテンプス計画を含むその他先行していた諸計画に代わって、二〇一四年一月一日から施行されることとなった。EU教育プログラム史上はじめてスポーツに関連したイニシアティブにもまた資金が提供されている[1]。「エラスムス」という名においてすべての高等教育プログラムを包括しそこに資金が集約されることは、それまでに実践されてきたエラスムス関連のプログラムが一定の成功をおさめたことを物語っている。エラスムス計画の発足は一九八七年に遡る。正式名は European Region Action Scheme for the Mobility of University Students であるが、その呼称は一五世紀から一六世紀にかけて欧州各地を訪問して研究を続け、当時活躍していたほとんどの知識人と交流したといわれるオランダの人文主義者、デジデリウス・エラスムス（Desiderius Erasmus Roterodamus）に由来する。エラスムス計画は、EUの大学間で学生や教員の流動化をはかり、協力関係を強化することを目的に発足した。エラスムス計画自体は学士課程を対象とした計画であったが、二〇〇四年には、修士課程以上を対象とするエラスムス・ムンドゥス計画が発足する。「ムンドゥス（mundus）」はラテン語で、世界あるいは宇宙をさす。これは、文字通り、エラスムス計画の世界展開を計画したものであり、修士課程以上の学生を対象に、欧州域内外でより自由に他の地域の大学の教育を受け、学位を

獲得することを可能とすることがめざされた。つまりエラスムス関連計画は、「欧州二〇二〇」のもとで運用される時点ですでに実質的な流動化計画として展開されていたといえる。また、エラスムス計画は一九九九年に「欧州高等教育圏」の構築をめざしてEU加盟国の教育大臣が締結した「ボローニャ・プロセス」を実現するうえで、交流実践を担う中心的な役割を担っていた(2)。

二　ポーランドとエラスムス計画

(1) 高等教育機関変革の源

ポーランドにおいてエラスムス計画は、EUの教育支援制度のなかでも最も人気が高く、しかも顕著な成果が出ていることが報告されている。ポーランドは二〇〇四年五月にEUの完全加盟国となって以後、積極的にEU資金を活用し、域内先進国に匹敵する高等教育インフラの整備を目標に大学改革を推し進めてきた (Ministry of Sciences and Higher Education 2011)。なかでもエラスムス計画への参加は予算の面でもまた参加件数の面からも際立っており、その実績は次の項で具体的に述べる。

エラスムス計画への参加は国の指定ではなく個々の大学が任意に決めることができた。このことは、大学自体を改革へと向ける原動力ともなった。大学の自由意思による参加を募る、という方法は、結局は「会員カード」を得ようとするインセンティブへとつながったからである。「会員カード」を獲得するためには、大学は自ら戦略的に計画をたて、明瞭かつ十分に練られた諸活動を遂行していかなければならない。ポーランドは、リスボン戦略やボローニャ宣言が推奨する人的資本政策に賛同する意向を表明し、高等教育改革を積極的に推し進める路線をとった。中央政府を中心に諸々の手続きを制度化すると同時に、ボローニャ・プロセスに伴う実践を毎年評価することを国レベルで義務化したのである。その評価結果は、エラスムス計画を中心とした教育改革プログラムの改善に寄与しただけでなく、計画を申請し運営する大学等高等教育機関自体における変革の源となったのである。

（2）学生流動の推移

ポーランドの大学にとって、エラスムス計画は機会であると同時に挑戦であった。学生を勉強や実習のために、また教員を教育・訓練あるいは研修のために他国の大学に送り出す機会を得ることは、大学の威信を高めるうえで重要であると判断された。また、ポーランドで外国人留学生が学習し、外国人教員と知識を分かちあうことは、ポーランドの大学にとって学習計画の改善、組織改革、研究者間の公開性と寛容性の向上につながる。これらすべてに必要なのは時間と、そして学術関係者による変革への積極的姿勢であり、そのような積極的姿勢を募るためには、EUによる支援が不可欠であると認識された。逆にいうと、継続的に支援を受けるために、ポーランドの諸大学は、エラスムス計画のさまざまなイニシアティブを順当に遂行し、教育、研究、組織の分野にその成果が出ていることを示さなくてはならない。

まずエラスムス計画への参加状況を概観してみよう[3]。同計画へのポーランドの大学の参加件数は年々増加しており、参加数という観点では今後も有望と判断できる。流動化増進のために具体的財政支援を申請した大学は二〇一一年には二六〇件に達し、そのうち二五五件が大学間協定の締結に成功し、学生移動を組織化し実践した大学数は二四七件に達した。「会員カード」を獲得したポーランドの大学数が年々増大しているということの表れであり、計画の魅力が拡大していることを確認できる（図3-2参照）。

次に、エラスムス計画への参加学生についてみてみたい。図3-3に示すように、エラスムス計画にポーランドが参加した一九九八年から計画に参加する学生数は一定して増大化し、二〇一二年までに一二万三〇〇〇人を超えるポーランド人学生が、その恩恵を受け、学習や実習のために渡航した。

ポーランドのみならず、一九九〇年代にEUに加盟した旧東側諸国は流動化計画において送り出しを主体とし、

図3-2　エラスムス計画に参加資格のあるポーランドの大学等高等教育機関数
(1998/99～2012/13)

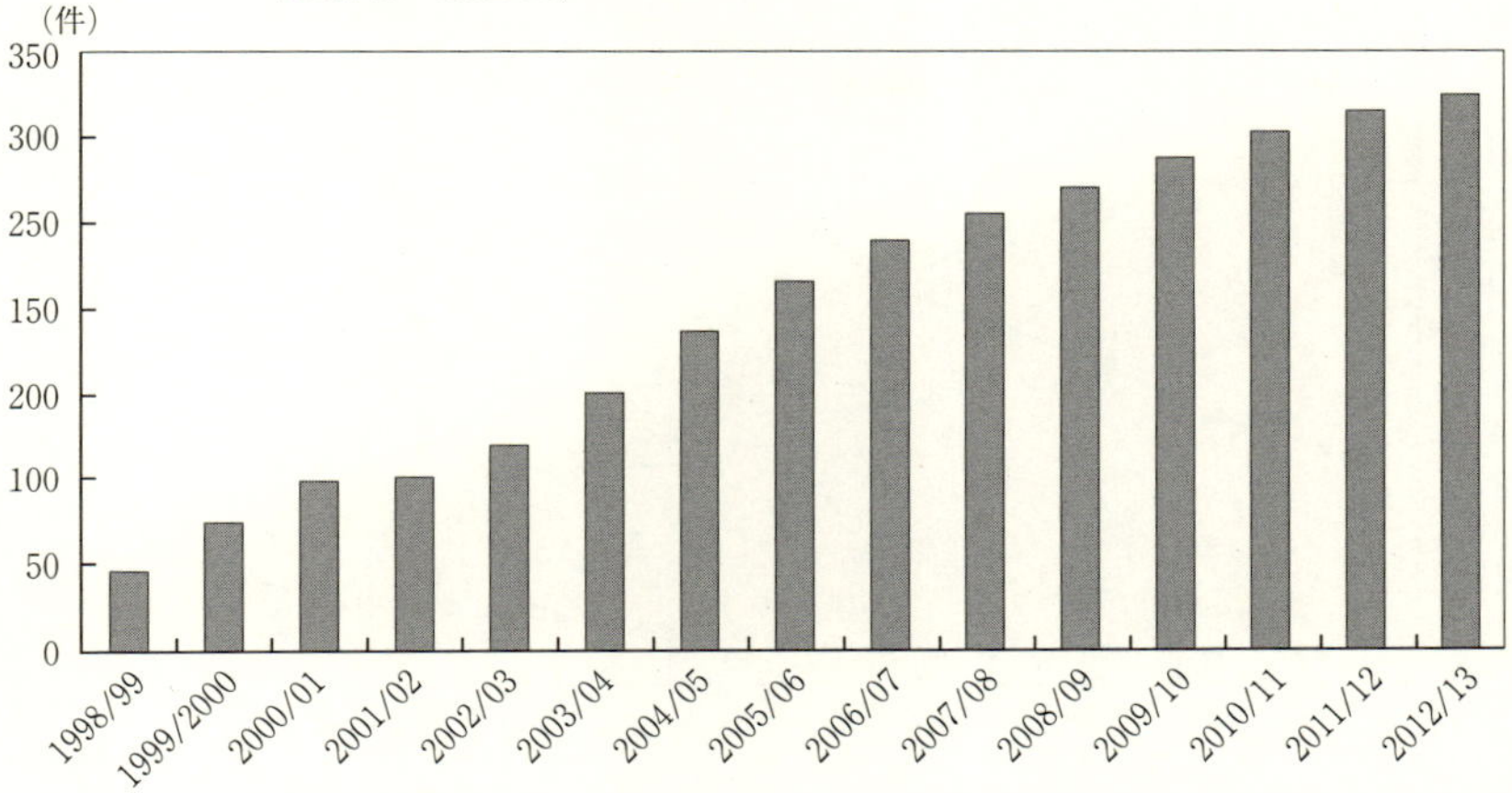

出所　Członkowska-Naumiuk, M. (ed.), *Erasmus w Polsce w roku akademickim 2012/2013*. Fundacja Rozwoju Systemu Edukacji & Narodowa Agencja Programu Erasmus+, Warszawa 2014. http://www.erasmus.org.pl/sites/erasmus.org.pl/files/Erasmus_2012-13.pdf [04/01/2015]

図3-3　エラスムス計画で海外学習・実習旅行を行ったポーランド学生数
(1998/99～2012/13年)

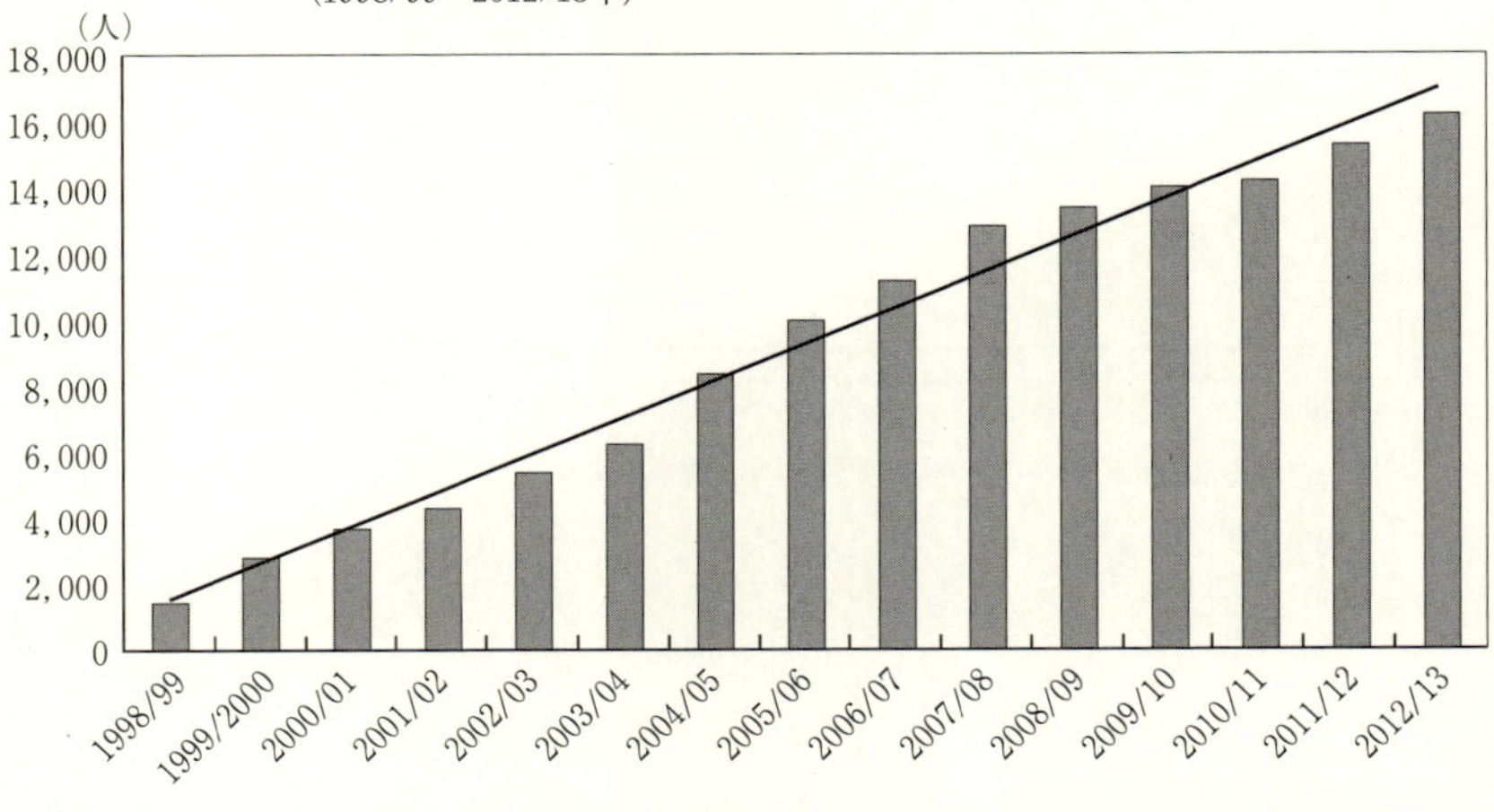

出所　Członkowska-Naumiuk, M. (ed.), *Erasmus w Polsce w roku akademickim 2012/2013*. Fundacja Rozwoju Systemu Edukacji & Narodowa Agencja Programu Erasmus+, Warszawa 2014. http://www.erasmus.org.pl/sites/erasmus.org.pl/files/Erasmus_2012-13.pdf [04/01/2015]

図 3 - 4　ポーランドと英国における学生の送り出しと受け入れの推移

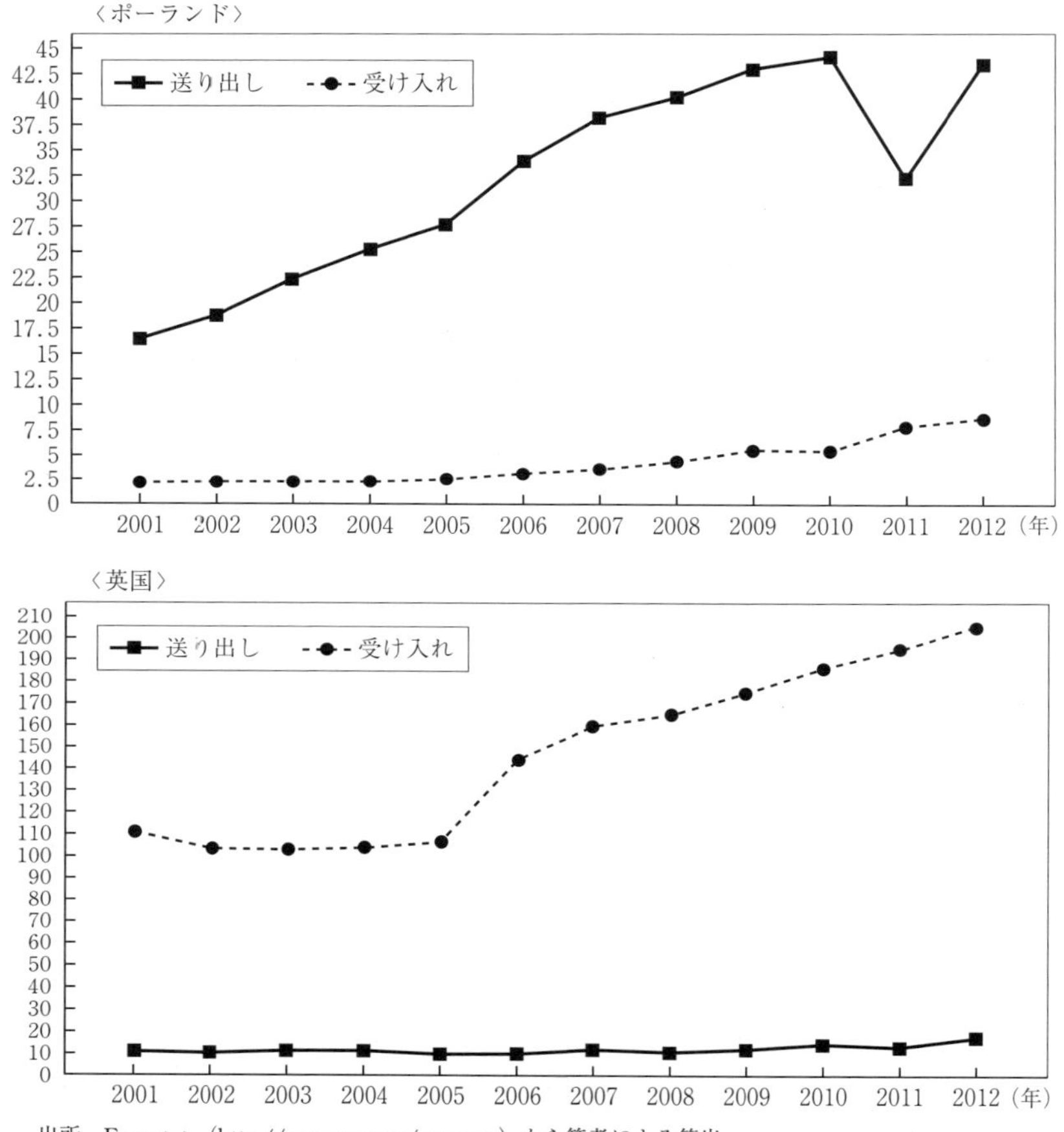

出所　Eurostat（http://ec.europa.eu/eurostat）から筆者による算出。

また先行させていた。

図3-4はポーランドの高等教育における送り出しと受け入れの学生数の推移を示したもので、送り出しと受け入れの数が非常に異なる傾向を示す英国と対比させている。全体的にいえることは、ポーランドの学生の流動性においては送り出しの占める割合がきわめて高いということである。しかしながら、受け入れの件数も、二〇〇五年以降は一貫して増加する傾向をみせている。

とくにエラスムス計画における流動性に着

図3-5　エラスムス計画でポーランドが受け入れた学生数の推移　（単位：人）

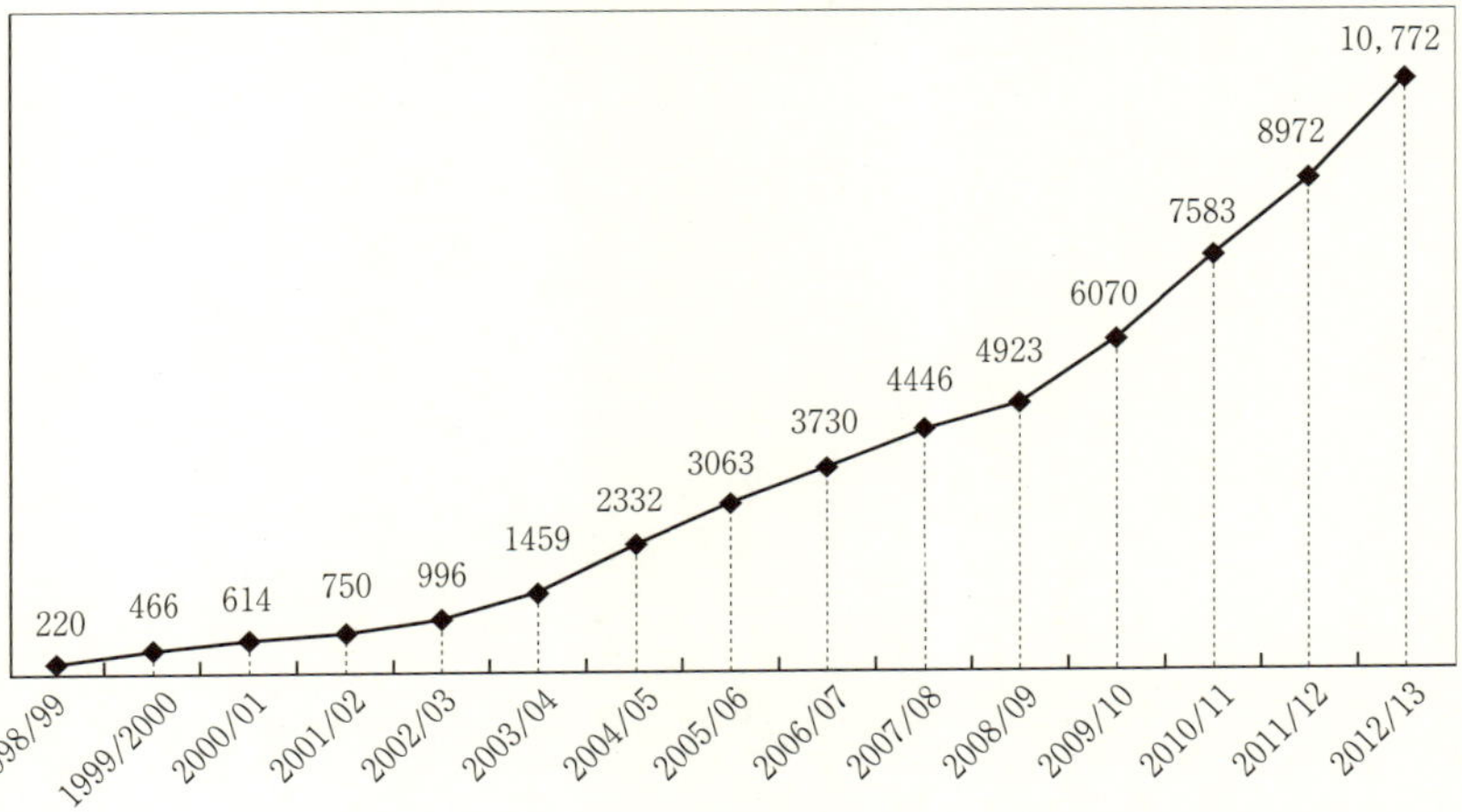

出所　Członkowska-Naumiuk, M (ed.), *Erasmus w Polsce w roku akademickim 2012/2013*. Fundacja Rozwoju Systemu Edukacji & Narodowa Agencja Programu Erasmus＋, Warszawa 2014, p. 37. http://www.erasmus.org.pl/sites/erasmus.org.pl/files/Erasmus_2012-13.pdf

目すると、ポーランドの学生の受け入れは近年大きな成長をみせていることがわかる。図3-5はエラスムス計画の枠組みでポーランドが受け入れた学生数の推移を追ったものである。上述した、一九九八年以降急増している受け入れ件数の背景には、エラスムス計画によって受け入れた学生数の急増が影響していることがうかがえる。とくに現段階で統計が入手可能な二〇一三年までの一〇年間の上昇は著しく、一四五九人から一万七七二人へと数自体は多くはないものの、七・四倍の増加は注目すべきであろう。

このようにエラスムス計画への参加数が増えているのは、これまで学生や教員たちを送り出すばかりであった私立大学を中心とする比較的小規模な大学が、受け入れも含めて計画に参画するようになったためである。それまで小規模大学は、他国からの学生を受け入れる十分な態勢をもっていなかった。最も大きな障害は、英語で教える学習プログラムあるいは科目を提供していないことだった。これに対して大学によっては、教育プログラムとしてではなく、いくつかの科目群を英語で提供することで、この問題に対応することに成功した。それら科目群にエラスムス計画の枠組みにおいて、欧州単位互換制度（ＥＣＴＳ）を適用し、単位の比較可能性と互換性を高めている。

（３）エラスムス計画における流動性の特徴

ここで、最近の五年間に着目して、エラスムス計画における流動性の特徴を学生と教職員の両方を対象にみてみたい。(4) 二〇〇九年度に一万四〇〇〇人を超えるポーランド人大学生がエラスムス計画を利用して数か月または一年間の学習・実習旅行を経験している。二〇〇八年度と比較すると四・六パーセント増加しているが、その上昇は実習旅行が四九パーセントと急上昇したことに起因する。同時期の学習旅行は一・四パーセント減少した。二〇一〇年度の学習・実習旅行件数は、前年比一・五パーセントの増加であった。増加理由は引き続き実習旅行数の増大による。実習旅行は、二〇一一年度さらに一〇・五パーセント増を記録するほど成長した。一方、学習旅行はさらに〇・四パーセント減少した。二〇一二年度には、一万六二一九人の学生がエラスムス奨学金を受けた。全体の七四パーセントにあたる一万一九六〇人が学習のために、二六パーセントにあたる四二五九人が実習のために旅行し、エラスムス計画によって恩恵をうけた学生は前年度よりも六パーセント増加した。

教職員のエラスムス計画への参加についても概観を加えたい。教職員の教育・研修旅行（以下、旅行）は、始めは教員が対象となり、他大学で教授経験を可能とする支援と、国際的な能力養成のためにトレーニングに参加するための支援に大別された。そして次段階では大学の教員に加えて職員が対象として加えられた。ポーランドにおける教職員の海外に向けた行動力学は、学生と同様であったといえる。つまり、エラスムス計画のもとに、大学の募集に積極的に反応し、参加数は年々増進する傾向にある。たとえば、二〇〇八年度のエラスムス計画のもとで、およそ一ポーランドから海外に旅行した教職員は三万六三八九人であったが、これは二〇〇七年度と比較すると、およそ一四パーセントの増加であった。そのうち七八・六パーセントは教員による外国の大学での開講を目的とした旅行であった。残りの二一・四パーセントは相手方の大学等高等教育機関や会社が組織した研修に参加する職員たちの旅行であった。同年にエラスムス計画を活用してポーランドを訪れた教員数は一九八七名だった。よって、ポーランドにおけるエラスムス計画のモビリティー総数は三万八三七六件となる。ヨーロッパ全域の大学教職員の旅行の一二パーセントである四三四一人がポーランド人によるもので、その件数はトップだった。それに続くのが三六九五人のスペイン、二八四〇人のフランスである。

現段階で入手可能な最近のデータは二〇一二年を対象としているが、二〇一二年度のエラスムス計画のモビリティー総数は五万二六二四件を記録し、五年間で三七％増加したことになる。このうち六八パーセントにあたる三万六〇七五人は外国の大学での開講を目的とする教員であり、三一パーセントにあたる一万六五四九人は研修を目的とするさまざまな職種の職員であった。

これらのデータから確認できるのは、ポーランドにおいて、エラスムス計画は学生と教職員を含む高等教育の流動化という観点から、量的に優れた成果をみせていることである。とりわけ学生のエラスムス計画への参加意欲はきわめて高く、また参加後の評価も高いことが現地での聞き取り調査でも明らかになっている。筆者らは二〇一二年にポーランドの三大学（ワルシャワ大学、クラクフ大学、ジュシェフ大学）でエラスムス計画に関する学生の意識に関する訪問聞き取り調査を行っているが、その結果、多くの若者たちをエラスムスでの留学へと突き動かしているのは、知識を高めたいという率直な気持ちであり、若者たちはエラスムス計画への参加を人生の好機であるととらえていることがわかった。さらに、学生にとってエラスムス計画に参加する動機は大きく新しい経験をしたいという漠然とした希望と、「自己投資」をして「エンプロイアビリティー（就職可能性）」を高めたいとする具体的意志の二つに分けることができた。エラスムス計画に参加してなぜ国外に出るのか、という問いに対して、「新しい世界を見てみたい」「大きな冒険をしたい」「いろんな国の友人をつくりたい」「人生の貴重な思い出として」などの答えが前者を象徴する。

一方、エラスムス計画への参加は、「将来の可能性を拡げるため」「国外でしか獲得できないスキルを身につけるため」「海外で就職したいから」「国際社会で生き抜くために必要な経験だから」などの答えは後者を象徴するといえよう。興味深いのは、留学に参加する前の学生については前者の回答が多い一方、留学を終えた学生は後者、つまり「自己投資のためのエラスムス計画」という観点が増すことであった。これらの観点を有した学生の多くが再度国外留学を望む傾向にあることも注目に値する。学生の留学回数と留学の種類を対応させるデータが入手できないために推測に留まるが、エラスムス計画の運用年月を積むにつれて、学習目的よりも実習目的の留学が上昇する傾向にあることは、より実践的な、就労のための経験としてエラスムス計画を活用しようとする学生が増えているためであると考えられる。事実、インタビューを受けた学生の多くは、チャンスがあれば留学先で就業したいと希望していた。

先にふれたように、ポーランドではEU資金による教育プロジェクトにおいて、その実践報告と効果検証を制度化している。Czlonkowska-Naumiuk（2014）による調査で明らかになったのは、学生による受け入れ大学に関する評価は高く、このことは、エラスムス計画が大学スタッフの十分な準備を可能とし、奨学金付与や受け入れ大学の条件を含めて順当に機能しているためであるという。Szubert and Skretkowska（2013）の調査では、エラスムス計画は学生の期待や必要性を満たした、と結論づけられている。学生たちは、エラスムス計画における戦略的目的であり優先事項である、言語学習、国際的ネットワークの確立、異文化体験などの観点においても、計画が有効であることを強く認識していることを明らかにしている。また新しい発見として、エラスムス計画は学生の学問的発展もさることながら、人格育成の面でより効果的であるとの観点も提示されている。

三　エラスムス計画の効果検証

（1）「エラスムス・インパクト調査」の概要

エラスムス計画の実施においてはその周知に膨大な費用が充てられてきた。それは、計画を制度化して組織的に定着させること、計画の恩恵が十分に行き渡るように学生に十分に周知し応募を促すこと、社会に対してはこのようなイニシアティブを支援することの重要性を強調するためである。多くの応募を求めて、十分な競争を促進することも奨励された。さらに重用なのは、計画の実践と併せてその活動効果を検証し、報告することであり、このことは、先述したポーランドの大学が継続して欧州主導の教育支援計画の「参加メンバー」であり続けるために必須と理解された。

事実、エラスムス計画の実践効果は欧州委員会をはじめとするさまざまな機関により多角的な観点から検証され、また報告されている。二〇一四年に発刊された、「エラスムスのインパクト研究：流動性が学生の技能と就業力に与える効果と、大学等高等教育機関の国際化（*The Erasmus Impact Study: Effects of mobility on the skills and employability of students and the internationalisation of higher education institutions*）」（以下、「エラスムス・インパクト研究」）[5]は、流動化が学生個々人と大学の双方に与える効果に関して詳しく報告したものであり、流動化の効果分析に焦点をあてて、二つの次元つまり就業力と国際化の面における効果に注目している（European Union 2014）。

独立した専門家たちによってまとめられたこの報告はこの種の研究成果として最大のもので、ほぼ八万人の回答者によるフィードバックをもとにしている。個々人にもたらした効果という観点からは、学生の技能開発と就業力に焦点をあてて、エラスムス計画による流動化の効果を検証している。公開されている報告書は、欧州全域を対象としていることもあり、各調査項目において各国の平均値を示すところに留まっているが、調査・分析自体はミクストメソッドを用いた包括的手法に基づいている。大規模な量的調査に質的調査を統合しているが、調査の主対象としてエラスムス計画に参加したさまざまなターゲットグループを設定し、コントロールグループとして、エラスムス計画外で移動経験のある個々人、そしてさらにまったく移動経験のない個々人のグループを設定し比較分析をしている。量的調査の対象は、学生、卒業生、教職員、雇用者である。質的調査は相似性と差異性を的確に把握するために、いくつかの国を選んで実施された。エラスムス計画の流動化が高等教育機関の発展やその国際化に与えた影響に関する基本的傾向、実際、認識をよりよく理解するために、国家間の相違や多様性を明らかにするのがこの研究の目的だった。

「エラスムス・インパクト研究」では、本研究独自に企画設定された設問に加えて、以下に示す、これまで行った研究で使用された多数の質問が採用された。これにより、それまでの研究結果と比較分析が可能となり、時間軸による経過・発展分析が可能となったのである。

(1)　二〇一〇年エラスムス計画への参加増進に関する欧州議会による研究（DGIPD 2014）。

(2)　欧州委員会に提出された、高等教育研究国際センターによる二〇〇六年「エラスムス計画流動化の専門的価値」（Bracht *et al.* 2006）。

(3)　二〇一〇年「卒業生の就業力に関する雇用者の認識」速報ユーロバロメーター研究：欧州委員会の依頼に基づくギャラップ社による研究（Gallup Organization 2010）。

（2）調査の結果とその根拠

図３－６は、流動化が学生の技能と就業力をどのように左右するか、またそれに伴い、大学等の高等教育機関はどのように変容するかについてまとめたものであり、「エラスムス・インパクト研究」における主要な結果とその

図3－6「エラスムス・インパクト研究」の結果と詳細根拠

結果

外国で就業力を高めることは，エラスムス計画参加学生にとって，その重要性をますます高めている。

詳細根拠

外国で学習・トレーニングを受ける最大の動機は，外国で暮らし新しい人々に出会う機会，外国語の技量を高め横断的能力を養う機会をもてることにある。これに次いで，85パーセント以上の学生が外国で就業力を高めたいという希望をもっている。横断的技能とは，新しい挑戦に対して開放的で好奇心をもつような能力，問題解決や決定を下す能力，自信，他の人間的価値や行動に対する寛容といった能力である。

雇用者にとって大切な横断的技能は，エラスムス計画によって外国で身に付けた技能でもある。

おしなべてエラスムス計画参加学生は，外国での一年間の滞在の後には，参加しなかった残りの全学生中70パーセントの学生よりも，より優れた就業力を有する。参加学生たちのパーソナリティからして，彼らはそもそも外国に出かける前でも就業力についてより良い気質を有しているが，参加後に帰国するまでにその優位性を平均42パーセント上昇させている。エラスムス計画参加学生の81パーセントは帰国時に横断的技能を増してくるが，その52パーセントはより高度な，知的能力や就業力に関連する特性（社会性，決断力，問題解決能力などの特性）を示している。あらゆる場合において，参加学生たちは，外国に出かける前に期待していた以上に諸々の技能が向上したと考えている。

雇用者の平均64パーセントが採用にあたって国際的経験が重要であると考えている一方で，平均92パーセントが横断的技能を期待している。

エラスムス計画参加学生は，より適切に最初の職業をみつけ，自分のキャリア発展を推し進めることができる。

エラスムス計画で実習プログラムに参加した学生の３人に１人以上がその受け入れ会社に採用されるか，職を提供された。10人にほぼ１人が自分の会社を始めており，４人のうち３人以上がそうすることを思い描こうとしているか，そう予想することができている。エラスムス計画に参加した学生は，外国に出かけていない学生に比して，長期の非雇用率は半分にすぎない。エラスムス計画参加学生の非雇用率は卒業後の５年で23パーセント低い。

エラスムス計画参加学生はより国際的に生活し，より外国で暮らすことになると思われる。

エラスムス計画参加学生だった者たちはそうでない者と比較して，転職率は２倍以上である。エラスムスを経た学生の40パーセントは卒業後に他国に渡った。移動を経験していない卒業生の場合は23パーセントにすぎない。移動経験のある学生の93パーセントは将来外国で暮らすことを容易にイメージすることができるが，そうでない学生たちの場合は73パーセントである。エラスムスを経た学生の33パーセントが異国出身者をライフパートナーとしている。移動を経験しなかった卒業生の場合は13パーセントである。エラスムスを経た卒業生の27パーセントは，現在のパートナーと海外滞在時に出会っている。

根拠を併せて紹介している（European Union 2014）。

これらの結果によれば、エラスムス計画における流動化計画がもたらすもっとも魅力的な効果は、文化的、経済的に異なった土地において就職の可能性を得ることと、その地で生活をすることである。ポーランドでは、社会・経済的に就労環境が向上しつつあるものの、所得水準が今なお他の西欧諸国よりもはるかに低い。したがってポーランド国民にとってはとりわけ、外国での就業力を高める可能性を得ることが、エラスムス計画参加への強い動機となっていることは自然なことといえよう。

エラスムス計画への参加経験が就職後にその効果を発揮するという事実は、エラスムス計画の進行とともに生まれてきたといえる。「エラスムス・インパクト研究」により明らかになったのは、意欲と能力に長けた者はエラスムス計画に参加するだけでなく、計画自体を強化し発展させるということであった。エラスムス計画が進める流動化によって、自国のみならず他の国においても雇用を求める姿勢が生まれる。したがってエラスムス計画は若者にキャリアを国際的に発展させる機会を与える効果を生むといえる。とくに、資金力のない者にも、他の国で諸能力を学び獲得する好機を提供する。換言すると、資金の提供は、異国で学問的能力や専門的能力を増進する機会を広く学生に提供する決定的要素であった。

（3）企業が求める人材育成への効果

次に、エラスムス計画が社会や経済に与える影響を、企業の意見をもとに考察してみたい。残念ながら現段階では、エラスムス計画が企業や産業に与える効果という観点から定量的研究は行われていない。しかしながら、雇用者はどのような人材を求めるのか、という見地から、エラスムス計画の効果を質的に検討することは可能であり、以下はその観点からまとめたものである。

経営管理のコンサルティング会社であるヘイズ・ポーランド社が二〇一五年に世界的経済誌である「フォーブ

ズ」に報告したなかに、ポーランドの労働市場においてもっとも期待される技量に関するリストがある。[6] これによると、組織間の協力的人間関係を創ることが重要であり、そのためのコミュニケーション能力の重要性が突出していた。ビジネスに直接影響を与える能力もリストにはあるものの、概していえるのはポーランドの企業は即座に生産性を向上させる技能よりも、将来指導者として活躍できるような基盤的能力やソフトスキルを社員に求める傾向にあるということであった。

将来のポーランド経済にとって鍵となる能力、つまり「キーコンピテンス」は何かという問いは、人事の専門家たちにとっても中心的関心事である。ポーランドには人事専門家から構成される団体である「人事会議」があるが、そこが二〇一二年に、二〇五〇年までを展望した、将来のビジネスに必要なキーコンピテンスについての報告書を公刊した。キーコンピテンスとして取り上げられたのは、文化横断的能力、適応力、敏速な実践的学習能力、情報管理能力、自身の仕事を体系化する能力、自己規律、決めたことに責任をもつ能力、尊重し信頼する能力、ビジネス倫理の能力である。[7]

ここで言及されている諸能力は、まさに、現行のエラスムス・プラスを含む、エラスムス計画の基本理念が二五年間にわたって重視してきたものである。国際交流の本質は、異なった文化のもとで生活し、将来多文化的な環境のもとで働くことのできる技量の獲得を推し進めることであろう。異文化間交流は、仕事環境において有用なさまざまな人的社会的技能を育成する機会を提供する。エラスムス計画に参加した学生は、さまざまな変化に遭遇し、これに適合する状況が報告されており、キーコンピテンスとしてあげられる適応性、敏速な学習能力、情報活用力、多面的に物事をとらえる能力を鍛える効果が期待できる。

事実、上述した「エラスムス・インパクト研究」においても、数か月から一年海外で生活し学ぶことにより、学生たちは寛容を学び、異文化的思考や文化や慣習の違いを理解しようとする姿勢を養うことがわかっている。これらの能力は就職の場においても、たとえば世界的に仕事環境が変化した場合、また世界のさまざまな同僚やクライ

図3－7　エラスムス計画への参加経験により獲得されるコンピテンスと仕事で求められるコンピテンスとの関連性

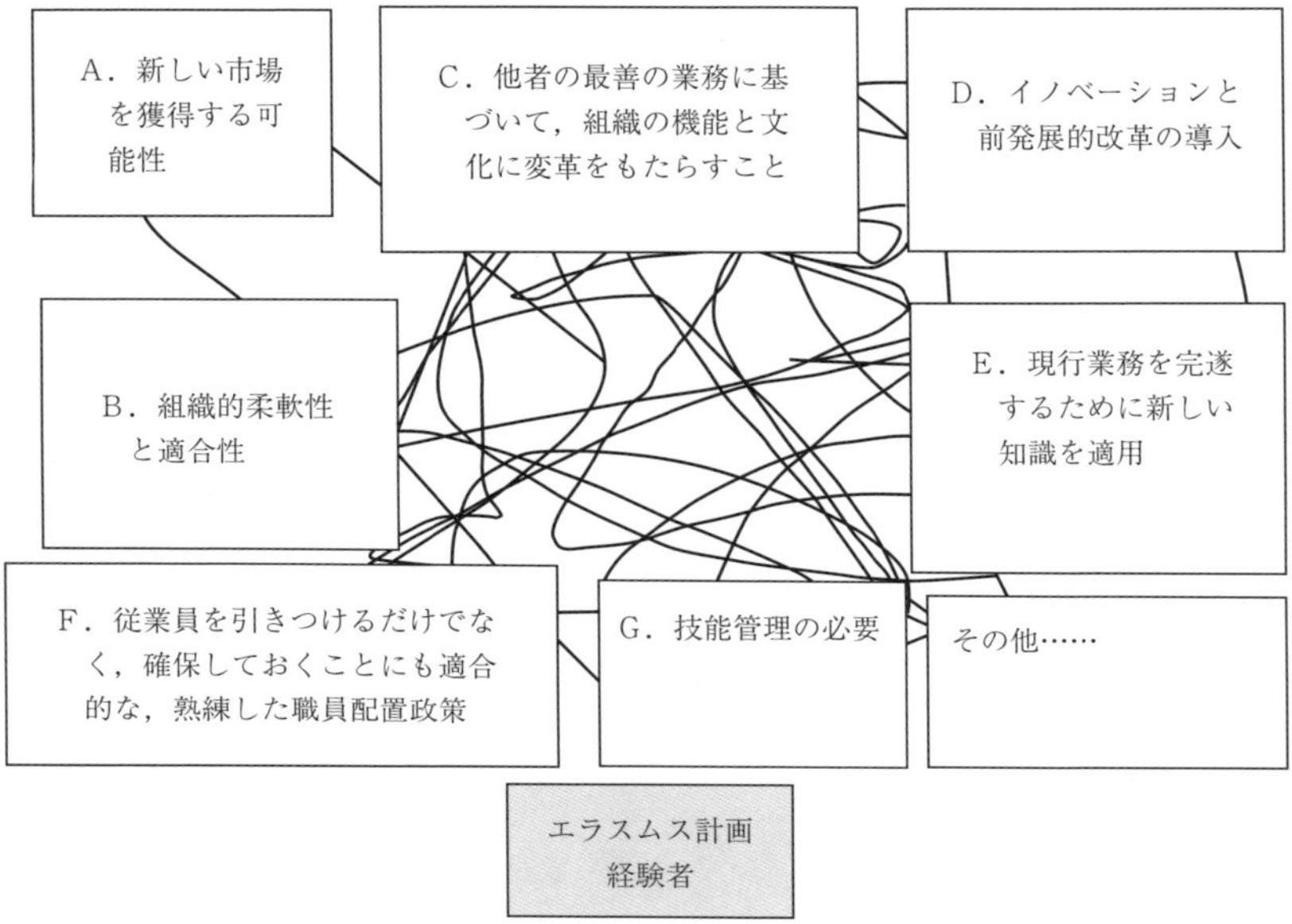

アントに対応する際に有効であろう。また、エラスムス計画の学生の特質は目的志向であることも明らかになっている。つまり彼らは自ら目標を設定し、自己の個人的成功をもって目標の達成を自認する。そのような姿勢から育つのは、行動の独立性、一層の野心的挑戦、出現する機会に対する開放性であり、これらが目的志向、自己規律、自身の決定に対する責任などの能力へと変換されると分析されている。

エラスムス計画への参加経験によって培われたコンピテンスは、企業その他の仕事環境において必要な能力という観点から筆者が作成したのが図3－7である。

図では基本的に専門的資格を備えた高度技能人材を想定しているが、図中のAからGまでのコンピテンスは企業にとって欠かせないいくつかの基礎的能力に大別することができる。たとえば、図中のFとGは、企業管理能力の領域であり、有望な従業員を採用して高度な技能管理計画を作成し、従業員の同意したインセンティブに基づいて、近代的で熟練した職員配置を講ずることができる能力である。また、フィールドBとCは組織的技能である。これは、組織の変革能力を用いることを含むが、他方で現在の活動において従業員に知られている最善のやり方を駆使できることである。そして、フィールドDとEは、知識の多様性と先進性に基づく能力である。これは、多様な社会や経済との接触や外国市場の機能に関する知識に基づいており、これにより、たとえば組織を国際的舞台に進出させるなど、企業の発展機会をもたらすことにつながり、したがってAのコンピテンス領域ともかかわってくる。

企業家精神と個々人の可能性という観点から理解するならば、このような組織で有効な能力からみえてくるのは、新しい挑戦に対して開放的で、自分たちの仕事やビジネスを立ち上げることで自己の将来を創造しようとする、進取の気性に富んだ有能な若者たちの姿である。

エラスムス計画の大きな貢献のひとつは、労働市場における若者たちの状況を、就業力を与えるか起業する能力を獲得させることによって改善していることにある。エラスムス計画は、ポーランドの雇用者の期待を満たす人材、そして、組織の活動を効率的に完遂する実質的で社会的な技能を備えた人材を雇用する機会を提供していると判断される所以である。

四　スウォット（SWOT）分析⑻

(1)「強み」と「弱み」の領域

本節では、ポーランドで二五年間にわたり実施されてきたエラスムス計画を振り返り、SWOT分析を通してその「強み」「弱み」「機会」「脅威」を明らかにする。検討の対象となったのは、上記でも扱った、二〇一四年までに実施された計画、とくに二〇〇七年から二〇一四年までのエラスムス計画の調査である。調査に含まれていた質問項目のなか、SWOT分析に対応する項目を取り上げて分析している。はじめに、エラスムス計画の査定と計画の「強み」と「弱み」の領域を決定する。次いで、ありそうな「脅威」またはすでに周囲に存在する「脅威」を含む所与の環境のもとで、計画の存在に対して生じた「機会」について明らかにする。

(1)「強み」は以下の質問によって確認された。

a．何がエラスムス計画の成功と考えられ得るか。

b．何が計画の発展に貢献する要素か。そのどれが所定の目標の完遂を促進したか。

(2)「弱み」は以下の質問によって確認された。

a．何がエラスムス計画の成功の力学を抑制し、妨げたか。

b．どの要素がエラスムス計画の所定の目標の完遂を遅らせたか。

「強み」と「弱み」の分析は、大学等高等教育機関レベルの観点と、国家レベルにおける政策的、制度的、行政的観点からまとめている。

機関レベルでのエラスムス計画の強みは、大学が主体的に現にある枠組みを利用して組織的に取り組む姿勢を醸成したこととまとめることができる。これにより、プログラムの担当者を組織的に配置し、エラスムスへのアクセスを円滑にし、学生と教員双方による活動を支えることができた。この強みの故に、大学間において成績進級制度や文化的な相違がある場合においても、柔軟性ある手続きを促すことができた。制度的な観点で重要なのは、何よりもまず明白で十分に考えられた戦略である。その戦略が、適切に文書化された過程もさることながら、誠実に実行に移されたことが強みとなった。また、特定のエラスムス計画を実践する際に、計画調整当局から各大学に提供される情報が十分であり、また、財源が十分に信頼性のおけるものであったことも強みを支えている。

一方、弱みとして、英語での授業提供が貧弱であることと、在籍大学に関する不満、そしてポーランドの大学の

表3-1　2007～2014年のエラスムス計画の「強み」と「弱み」

強　み	弱　み
大学や科学研究組織等の高等教育機関	
•大学レベルで十分に開発されたエラスムス計画の構造（学部や機関レベルの独立したユニット内における適切な調整） •欧州単位互換制度を利用して課程や諸活動が評価されうる •資金源の使用について大学が決定することができる（需要，つまりその年の参加件数に基づいて，財務執行を修正することができる） •学術部門単位（独立した単位）で，エラスムス計画のカリキュラムへの影響を考えながら，柔軟に学習計画を設計することができる	•英語による学習機会が貧弱 •在籍大学における学習機会の増進が不十分 •学籍のある大学において英語による学習機会に関する情報が容易に入手できない •ウェブサイトへのアクセスが難しく，内容もつまらない •エラスムス計画によって学生，教員等個々人が達成した諸々の効果を十分に解釈して増進していない •教員が英語でクラスを指導する準備が貧弱である
制度・政治・行政的面	
•国家レベルの信頼できる戦略と目標 •エラスムス計画の恩恵を受ける方法に関して国レベルの情報提供が充実している（ウェブサイトも読みやすい） •エラスムス計画で実行される諸活動の評価システムが良好（エラスムス計画の効果に関する国レベルの情報が照会できること） •エラスムス計画資金の非中央集権化 •英語による教育の潜在的能力を有した大学では諸々の機会が増加していること •ポーランドの学生インターンシップ計画に対する非常に高い評価 •エラスムス計画実現のための資金源からの巨大な支出	•戦略目標が，学生や教職員の受け入れよりも，送り出しのほうに焦点が絞られている •一定の時期にしかエラスムス計画の奨学金に応募できない •中欧におけるポーランドの魅力の低さ（教育と学習のレベルについてポーランドの評判が悪いこと） •大学教職員の流動性が低い •エラスムス計画の諸活動に教員が参加することによる具体的効果に関して要請がない

魅力や、プログラム促進の不十分さが指摘されている。これらミクロレベルで観察された弱みは、学生や教職員個々人による日々の経験や聞き知ったことなどから生まれた部分が多いと思われる。このような不満やこまかな見解は静かであっても確実に積み重なり、拡がるものであろう。エラスムス計画にふさわしい国家としてのポーランドがその魅力を高めるためには、何年にもわたって名声を打ち立てようとする努力が必要である。気候や観光上の魅力などの地理的な特徴ではなく、より興味深い教育の提供など実質的な側面を改善・強化することにより、成果が得られると思われる。大学教育に関する「弱み」は解決し得るものであり、教員の間における情報共有と諸事実の認識を高めていくことが肝要となろう。

(2)「機会」と「脅威」の領域

次に「機会」と「脅威」についての分析、つまり、エラスムス計画に見合う利益をもたらす「機会」と、それに連結した「脅威」である。これらについても大学レベルの観点と、国家レベルにおける政策的、制度的、行政的観点からまとめている。

さまざまな分野に関する個々の質問は次のとおりである。

(1)「機会」は以下の質問に基づいて確認された。

a．どのような現象と傾向が、それが適切に利用された場合に流動化の発展の刺激となり得る環境のなかに存在するか。

b．どのような機会が、増大化する従業員の諸能力と心の広さといった流動化効果を強化するか。

c．流動化の考えに対する脅威を弱めることができるのは何か。

(2)「脅威」は以下の質問に基づいて確認された。

表3-2　2007～2014年のエラスムス計画の「機会」と「脅威」

機　　会	脅　　威
大学や科学研究組織等の高等教育機関	
•外国語で授業を提供し，外国人学生に入学を許可することにより大学の威信を高める •英語で行われる教育機会の発展 •エラスムス計画を通じて大学教職員によって獲得された経験に基づき，教育カリキュラムを現代化すること	•学生の旅行を，高得点が容易にとれるいわゆる「簡易課程」に向ける可能性があること
制度・政治・行政的面	
•労働市場で求められる特性である従業員の流動性を発展させること •将来の従業員の専門職的（国外）経験が獲得できること •外国語（英語）技能を行き渡らせること •他の文化に対する開放性，理解，寛容	•知識と技能を備えたポーランドの人材が他の国で職業を得ることを容易にし，人材が流出する可能性 •海外でより高い賃金が得られることにより，将来の従業員の要求，態度，ニーズが高まる •エラスムス計画の経済的影響を査定するための研究や報告がないこと。この欠如がエラスムス計画のマクロレベルでの適切な適用を減殺している

a．何がエラスムス計画の発展にとってありそうな脅威か。

b．何がエラスムス計画の所定の目標の実現を妨げるのか。

エラスムス計画はそれ自体がモチベーションを高め、助成により近代的な教育カリキュラムを発展せしめ、英語でのコース提供を豊かにする「機会」をポーランドの大学に与えていることがわかる。それは、マクロ的な観点から将来人材の諸能力を効果的に増進させる道として役立っている。

エラスムス計画はまたいくつかの「脅威」を伴うことも明らかになっている。ポーランドの学生がエラスムス計画に参加すること自体がポーランドの社会や経済の脅威となり得るということについては、広くその認識が共有されているわけではない。また、人材の市場性（流動性、外国語能力、国外での経験）とそれに伴う国際通用性に富んだ能力が高まることは、他国にある青い芝生に移動しようという思いを高める作用をもつといえる。このことは自国の就労環境や条件に簡単には満足しなくなることと表裏一体であることをうかがい知ることができる。

五　ポーランドの流動性の今後

ポーランドは、二〇〇四年ＥＵに加盟した後、積極的にＥＵ資金を活用し、域内先進国に匹敵する高等教育インフラを整備することを目標に大学改革を推し進めてきた。とくに留学や研究交流についてエラスムス奨学金を中心にボローニャ・プロセスの資金を活用し、ドイツ、フランス、アメリカなど先進国への送り出しを進める一方、ウクライナ、ベラルーシ、リトアニア等から学生や研究者を受け入れてきた。とくにエラスムス計画の実践においては顕著な成功を収めており、本章ではそのような状況の背後にある政策と実践を概観し、そのなかにおける大学の役割を考察した。またエラスムス計画をポーランドの流動化を促進した代表的手段としてとらえ、その意義と効果を検討している。

教育省他関係省庁が行った調査並びに筆者等が現地で行った訪問聞き取り調査により明らかになったのは、ポーランドは「人的資本計画」の意図のもとにエラスムス計画を中心とした流動化政策を実践し、量的にも質的にも相当な成果を上げてきていることであった。学生の多くが、先進諸国で高度な学問を学び、また異文化を経験することにより自身のキャリア形成に役立てようとする明確な意思をもって国外での教育経験を積もうとしていた。留学に出る学生のなか、チャンスがあれば留学先で就業したいという希望をもつ学生も少なくなく、「二段階移住」につながる移住者のニーズが示唆された。

一方このような自己投資としての国家間移動とそれに伴う移住の可能性はポーランドにとって「脅威」ともなり得ることが報告されている。つまりブレインドレイン（頭脳流出）というマイナス作用がポーランドに降りかかる懸念である。この点については、エラスムス計画導入後に、ポーランドにおける外国人学生や研究者の受け入れが着実に上昇してきていることは好ましい傾向としてとらえられるであろう。本章の第二著者（松塚）は二〇一二年にエラスムス計画によりポーランドに招聘されているが、その調整と段取りは周到に制度化された仕組みに基づいていた。当時に英語によるプログラムの開発を急速に進める一方で、同一言語あるいはドイツ語の学習が可能な周辺国から学生を受け入れており、これらのマルチラテラルなアプローチは相互作用を生んで今後も流動性にプラスの効果をもたらすものと思われる。

学生へのインタビューの中で、留学後に就職して、しばらくその地に居住したとしても、最終的にはポーランドに帰国して家族の身近で暮らしたいとの希望をもつ学生が複数いたこともまた印象的であった。本章の主筆者（ピエルシチェニャク）もその一人としてポーランドに戻っている。このことは、OECDのいう「ブレインサーキュレーション（頭脳循環）」すなわち、知識や技能は国から国へ一方的に流出あるいは流入するのではなく、長期的には各国間で双方向的に流動し、いずれの国にとっても有益な結果となるという説を支持する状況といえる。

ブレインドレインとブレインゲイン（頭脳流入）は発生しているのか。それともブレインは循環し、社会に均等性をもたらすのか。高度技能人材流動性の社会・経済効果については、いまだ一定の結論に達していない。また結論に達することを可能とする研究法やデータも確立されていない。第四節において、「脅威」として指摘されていたように、エラスムス計画の経済的影響に関する研究の欠如は事実である。それは、流動性の効果検証すべてにおいて、おそらくいずれの国そして地域においてもいえることであろう。むしろ、データの蓄積と活用に貪欲なEU内にあって、計画効果の検証をしなければ「適切かつ拡大的な制度利用に制約を課す」と認識しているポーランドに、情報の積極的活用を期待することができるのではないだろうか。その具体的方法論については、本書第6章のクリフォード・アデルマン論文が詳細に伝えている。

＊　科研費による研究「高等教育改革、人材流動、ブレインゲインの相互作用に関する実証研究」の一環として、ポーランド

教育省、ワルシャワ大学、クラクフ大学、ジュシェフ大学を訪問し、対応してくださった方々から多大なるご協力を得た。ここにお礼を申し上げたい。

注

（1）エラスムス・プラス計画に関する詳細は以下のサイトを参照されたい。http://erasmusplus.org.pl/o-programie/
（2）欧州高等教育圏構想の枠組みにおけるエラスムス計画の全容と意義については堀田（二〇一〇）、欧州統合における位置づけおよび世界的波及については松塚（二〇一四）を参照されたい。
（3）本節におけるポーランドのエラスムス計画への参加に関するデータは、Członkowska-Naumiuk (2010, 2011, 2012, 2013, 2014) を参照している。
（4）本節におけるポーランドのエラスムス計画への参加に関するデータについても、Członkowska-Naumiuk (2010, 2011, 2012, 2013, 2014) を参照している。
（5）訳注：「skill」を「技能」と訳したが、これは教育や訓練、経験によって獲得された能力という意味で用いている。
（6）http://kariera.forbes.pl/10-najbardziej-pozadanych-kompetencji-na-rynku-pracy-w-2015-roku,artykuly,187529,1,1.html [04/01/2015]
（7）Future competences prepared at XV Congress of HR Personnel, April 2012 http://www.polityka.pl/tygodnikpolityka/rynek/1525869,1,pracownik-jutra-czyli-kto.read [04/01/2015]
（8）ＳＷＯＴとは、Strengths（強み）、Weaknesses（弱み）、Opportunities（機会）、Threats（脅威）を指す。ＳＷＯＴ分析とは、組織や個人のプロジェクト等において目標を達成し意思決定をする際に、上記四つのカテゴリーで要因分析し、事業環境を組織内外の環境変化に対応させ、経営資源の最適活用を図る戦略的方針作成方法のひとつである。

参考文献

堀田泰司（二〇一〇）「ボローニャ宣言に見られるエラスムスの経験の意義」『大学論集』四一、三〇五～三二二頁。

松塚ゆかり（二〇一四）「欧州高等教育圏構想にみられる人的資本計画の世界的波及性」大芝亮編『ヨーロッパがつくる国際

秩序』ミネルヴァ書房。

Bracht, O. *et al.* (2006), *The Professional Value of ERASMUS Mobility.* International Centre for Higher Education Research (INCHER-Kassel) University of Kassel, Kassel, Germany. http://www.uned.es/ciencias/erasmus-fisica/documentos/InformeImpacto_MovilidadErasmus.pdf [04/01/2015]

Członkowska-Naumiuk, M. ed. (2010), *Erasmus w Polsce w roku akademickim 2008/2009.* Fundacja Rozwoju Systemu Edukacji & Narodowa Agencja Programu „Uczenie się przez całe życie", Warszawa. http://www.erasmus.org.pl/sites/erasmus.org.pl/files/erasmus_2008-09_Internet.pdf [04/01/2015]

Członkowska-Naumiuk, M. ed. (2011), *Erasmus w Polsce w roku akademickim 2009/2010.* Fundacja Rozwoju Systemu Edukacji & Narodowa Agencja Programu „Uczenie się przez całe życie", Warszawa. http://www.erasmus.org.pl/sites/erasmus.org.pl/files/Erasmus%20w%20Polsce%202009-10.pdf [04/01/2015]

Członkowska-Naumiuk, M. ed. (2012), *Erasmus w Polsce w roku akademickim 2010/2011.* Fundacja Rozwoju Systemu Edukacji & Narodowa Agencja Programu „Uczenie się przez całe życie", Warszawa. http://www.erasmus.org.pl/sites/erasmus.org.pl/files/Erasmus_2010_11_internet.pdf [04/01/2015]

Członkowska-Naumiuk, M. ed. (2013), *Erasmus w Polsce w roku akademickim 2011/2012.* Fundacja Rozwoju Systemu Edukacji & Narodowa Agencja Programu „Uczenie się przez całe życie", Warszawa. http://www.erasmus.org.pl/sites/erasmus.org.pl/files/Erasmus%20w%20Polsce%202011-12_0.pdf [04/01/2015]

Członkowska-Naumiuk, M. ed. (2014), *Erasmus w Polsce w roku akademickim 2012/2013.* Fundacja Rozwoju Systemu Edukacji & Narodowa Agencja Programu Erasmus+, Warszawa http://www.erasmus.org.pl/sites/erasmus.org.pl/files/Erasmus_2012-13.pdf [04/01/2015]

DGIPD (2014), *Improving the Participation in the Erasmusu Programme-Study.* Directorate General for Internal Policy Departament B : Structural and Cohesion Policie Culture and Education. http://www.europarl.europa.eu/meetdocs/2009_2014/documents/cult/dv/esstudyerasmus/esstudyerasmusen.pdf, p. 23. [04/01/2015]

European Union (2014), *The Erasmus Impact Study: Effects of mobility on the skills and employability of students and the internationalisation of higher education institutions.* Luxembourg : Publications Office of the European Union. http://ec.europa.eu/education/library/study/2014/erasmus-impact_en.pdf, p. 14. [04/01/2015]

Gallup Organization (2010), *Employers' perception of graduate employability : Analytical report.* Flash Eurobarometer Series #304, The Gallup Organization, Hungary. http://ec.europa.eu/public_opinion/flash/fl_304_en.pdf [04/01/2015]

Ministry of Sciences and Higher Education (2011), *Higher Education Reform.* Warsaw : Ministry of Sciences and Higher Education.

Szubert, T. and Skretkowska, A. (2013), "Opinions of Polish Students Concerning the Erasmus Programme," by the Fund for the Development of Education Systems, National Agency for "Lifelong Learning" Programme, 2013.

第4章　中国、日本、韓国

――「東アジア域内留学圏」をめざして――

苑　復傑

一　世界の留学生移動

（1）本章の視点

二一世紀に入って、世界の学生移動は大幅に拡大した。世界的な高等教育の大衆化、ユニバーサル化に伴い、国境を超えた高等教育機会の市場は大きく成長している。それは経済と社会のグローバル化、情報化、市場化の進展を背景として、留学の構造自体が大きく変化したことを示している。本章では、まず世界の留学生の拡大とその構造の変化を整理し（第一節）、とくに東アジアにおける留学生の送り出しと受け入れ、そして留学交流圏としての東アジアの特質を分析した（第二節）。そのうえで、東アジアにおける留学生交流の課題を考える（第三節）。

世界各国に滞在する外国人学生数は、一九七〇年代から上昇してきたが、とくに一九七〇年代後半にその勢いは加速し、一九七五年に八〇万人であった各国に在学する外国人学生数は、一九八五年に一一〇万人、一九九五年には一七〇万人に達した。さらにこの勢いは二一世紀に急上昇し、二〇〇〇年に二一〇万人、二〇一〇年には四一〇万人、二〇一二年には四五三万人に達している。二〇〇〇年以降の一二年間に、まさに二倍以上の増加を示したこ

図4－1　世界各国に滞在する外国人学生数

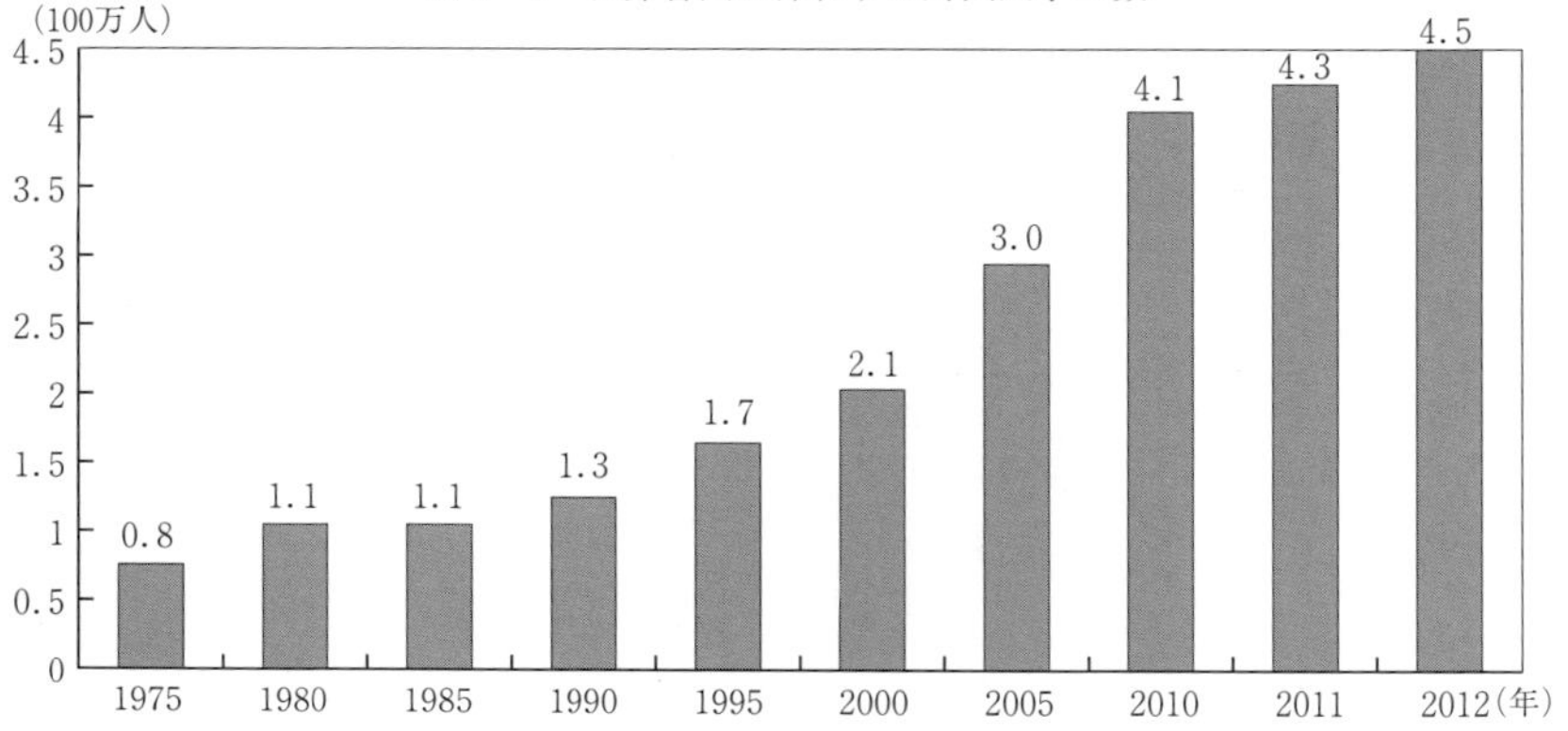

出所　OECD (2013, 2014).

とになる（図4－1）。

こうした趨勢からみれば、世界全体での留学生数は五〇〇万人の規模に達する日も遠くないだろう。「世界の留学需要――GSM 2025に基づく予測と日本留学市場の展望」（http://www.kantei.go.jp/jp/singi/asia/kondankai/daigaku/hamano_2.pdf）によると、二〇二五年には七一六万人の留学生需要が予測されている。また全世界の高等教育機関に在学する学生数と比べれば、留学生が占める比率は一九九〇年代半ばの一パーセント台から二〇一一年の約二・四パーセントに達している（National Center for Education Statistics Institute of Education Science U.S. Department of Education 2013：52）。国境を越えた大学生の移動は、まさに大衆化の時代に入ろうとしている。

こうした国際的な留学生の拡大は、⑴留学需要の増大、⑵大学側の留学生の受け入れ（教育機会の供給）の拡大と市場化、⑶政府の支援政策、⑷地域的な留学生交流のプラットフォームの造成、の四つの原因から生じた。この四つの要因を留学行動の分析枠組みとして図で示すと図4－2となる。

(2) 留学需要の拡大

歴史的にみれば、留学は学歴エリートや富裕層家庭の子弟、または政府の若い官僚など社会的に恵まれた階層が享受するものであった。

図4-2　留学行動の分析枠組み

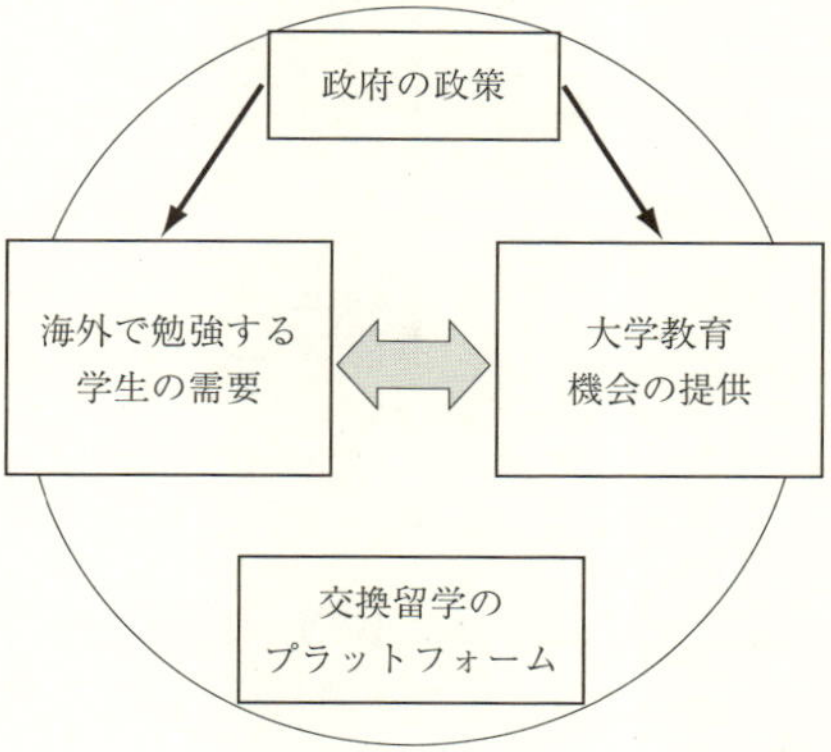

また留学の流れは後進国から先進国の大学に学生が移動するかたちであった。しかし一九七〇年代以降、工業化がもたらした経済発展による一般家庭の所得の上昇および、大学教育の大衆化、ユニバーサル化によって、留学は、幅広い階層の家計にとっての現実的な選択肢となった。現在、世界で展開されている学生の国際移動の多くは、留学する学生の需要と、その家計の経済的な負担によって支えられている。こうした観点から、学生の留学への動機の要因は三つに分けて考えることができる。

(1)　先端的科学技術・学術学問の習得

途上国で得られない科学技術と学術学問を先進国で習得するという留学行動はもっとも伝統的なものである。それはとくに大学院レベルでの学習、研究を通じての学位取得を目的とする。こうした学生は、出身国の政府の援助あるいは、受け入れ国の奨学金等を必要とする。

(2)　卒業後によりよい就職先をみつける

外国への留学は、大学卒業後の就職に有利な条件となる。外国の大学に留学することによって、留学先の国での就職機会を得ることがひとつの目的となる。また自国の大学入試では国内での著名大学への入学が難しい学生が、外国の大学を卒業することによって、帰国後によりよい就職機会を求めることもある。また留学による語学習得も就職のメリットとなる。就職の機会は国内外

表4-1　留学の需要タイプ

	中　国	韓　国	日　本
a．先端の科学技術・学術学問の吸収	•大きい	•大きい	•小さい 国内と国外の大学の学術水準の差は小さい
b．卒業後の就職機会，語学の習得	•大きい	•非常に大きい	•小さい 国内労働市場がよい就職機会を提供している
c．外国教育の経験と外国社会文化の体験，語学の習得	•小さい しかし，拡大している	•小さい	•小さい しかし，拡大している

で求めることにチャンスが生じる。こうした留学生の多くは自分の出身家庭の費用負担によって留学する場合が多い。

(3) 外国での経験

大学在学中に、他の社会、大学で生活、学習することは、大学教育課程の一環として大きなメリットがある。外国での学習経験は若者の主体性と独立精神の養成と多文化への接触による寛容性、多様性の生成に大いに役に立つ。こうした留学には、大学間の協定などが重要な役割を果たす。またこの形態による一年程度の短期留学が、とくに先進諸国で急速に拡大し、これが上記の国際的な留学生拡大の大きな要因となってきた。

以上の観点から、中国、韓国、日本の留学需要を概念的に整理しようとしたのが、表4-1である。中国、韓国は、aの先進的知識の吸収と、bの経済的動機がまだ大きいと考えられる。これに対して日本は、aとbの要因が急速に減少してきた。これが日本から外国への留学生の減少という、最近の動向の大きな背景になっているのであろう。他方で、cの文化的・教育的利益をねらっての留学は、これら三国ではまだ大きいとはいえない。しかしここに成長の可能性があることにも留意しておかねばならない。

(3) 留学供給の拡大と市場化

さらに教育機会の供給側の要因があったことも事実である。留学生の受け入れに政府は積極的な政策をとり、政府の呼びかけに大学が応じたことが供給拡大の大きな要因になった。

歴史的にみれば留学行動の流れは、世界の学問の中心に学生が移動する、または開発途上国から先進国の大学へ留学するパターンにあった。一九世紀には学生がドイツ、イギリス、フランスへ、そして二〇世紀にはアメリカ合衆国へ留学する。このなかで、旧植民地の学生を旧宗主国の大学が留学生として受け入れてきた。

とくに先進国の大学は、途上国から来た学歴エリート学生を大学院に受け入れ、そのなかの優秀な学生を選び取り、みずからの大学や研究所にとどまらせて、研究を継続させることで、大学の研究水準を高める。このメカニズムをもって、優秀な学生を呼び込むという循環によって競争力を高めてきた。移民国家としてのアメリカの大学ではこのような方法で人材を集め、多くのノーベル賞受賞者を生んだ。

しかし二〇〇〇年代に入ってからは大学の留学生の受け入れの様子が変わってきた。学部段階での留学需要が増え、大学も大学院生より学士課程の学生を、積極的に受け入れるようになった。二〇一三年から二〇一四年のアメリカにおける留学生の年間増加率をみると、大学院レベルの留学生は六パーセント、学部生は九パーセントとなっている（Open doors 2014 “Fast Facts”）。変化のひとつの重要な要因は授業料収入の獲得である。英国では海外からの留学生に高い授業料を徴収しており、アメリカでも公立大学が州内からの学生と州外からの学生に分け、海外からの学生と州外からの学生を同等に扱い、州内の学生より、比較的に高額の授業料を徴収している。

（4）政府の政策

開発途上国の経済社会の発展においては、先進国の先進的な科学・技術、学術・学問の導入が大きな意味をもつ。留学生の送り出しはそこで大きな役割を果たす。また留学生の受け入れは自国の社会や、文化思想、価値観の理解の増進に役立つことはいうまでもない。またそれは広い意味での安全保障、世界平和にも結びつく。

しかし一九九〇年代から大きく表面化してきたのは、通商政策のなかでの留学の役割である。すなわち留学生の受け入れは、言い換えれば、サービスの輸出になる。ＷＴＯのサービス貿易協定（General Agreement on Trade and Service：ＧＡＴＳ）においては、高等教育サービスの自由化が提起され、留学生の獲得は経済政策として重要な位置を与えられている。アメリカを例としてみると、二〇〇四年度に留学生がもたらす経済的利益は一三三億ドル（約一兆三〇〇〇億円）であったが、その一〇年後の二〇一四年は二七〇億ドル（約二兆六〇〇〇億円）に達し、二倍以上となった（Open doors 2014）。

また外国に自国の大学の分校を設置するという形態もある。ノッティンガム大学寧波校（二〇〇四設立）は英国の大学が中国に設置した分校であり、上海ニューヨーク大学（二〇一三設立）はアメリカの大学が設立した分校である。二〇一五年に中国の清華大学がワシントン大学、マイクロソフト社と提携して、ワシントン州のシアトルにグローバル創新学院（Global Innovation Exchange Institute：ＧＩＸ）を創設した。このように、キャンパスを他国に設ける一方、遠隔教育の手段を用いて外国の学生を教育することも経済的な利益を生む。

さらに、労働力の需給の観点からも留学生の受け入れは重要である。日本はすでに少子高齢化社会に入り、六五歳以上の人口は二〇一五年時点で三〇〇〇万人を超え、総人口の二五パーセント以上に達している。自国の人材や労働力の不足について、留学生をもって補塡するという労働力政策はすでに打ち出されており、ＩＴ人材やビジネス、サービス業、老人介護、農業従事者など、幅広い分野で外国人を雇用している。また上述したように、戦後のアメリカが世界から人材を集めて、先端的研究開発を進め、それがアメリカの高等教育と研究レベルを高い水準に保持するために、大きく貢献してきた。

経済のグローバル化のなかで、国際企業は高い能力をもつ人材を必要としており、異文化の経験をもつ、バイリンガルの若い留学生の労働力は絶好の人材となる。

図4-3　国際学生の移動パターン

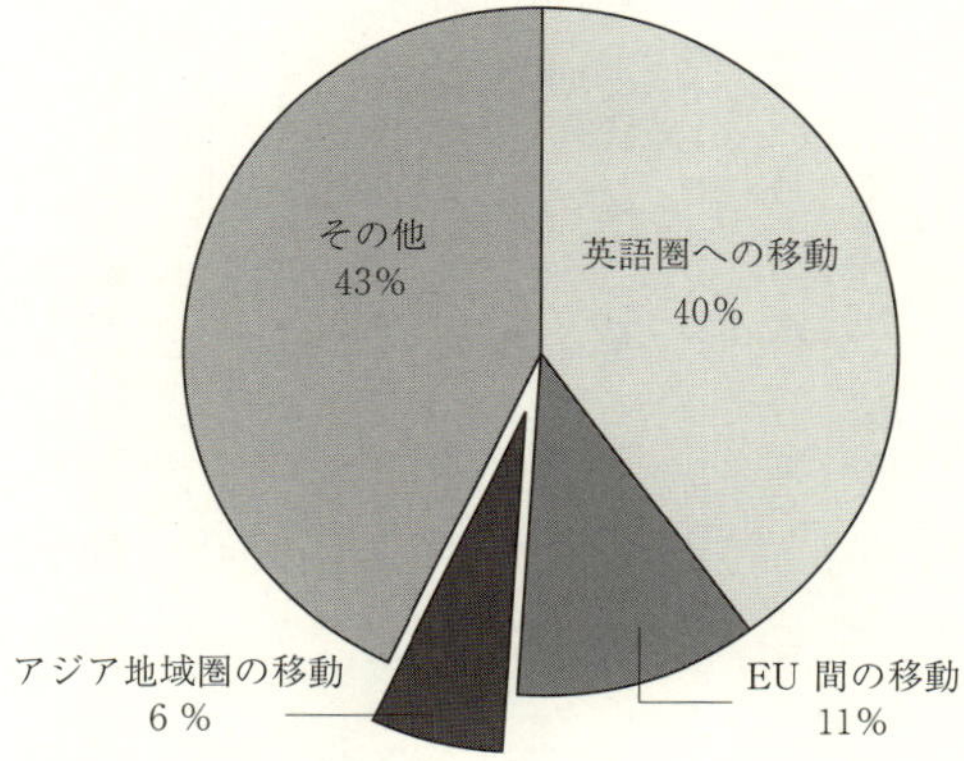

出所　OECD (2010) から推計。

図4-4　学生の国際移動イメージ図

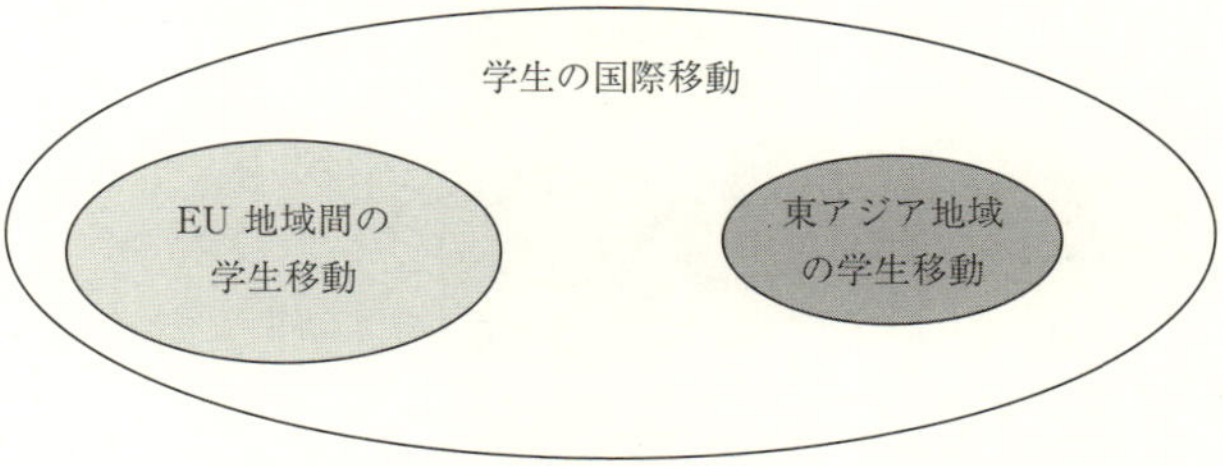

（5）地域的なプラットフォームの造成

世界的な留学生移動を考えるとさらに重要な視点は、グローバル化には重層的な構造があるという点である。とくにEUは、一九七〇年代から「エラスムス計画（ERASMUS）」[1]によって、域内の学生移動を積極的に推進してきた。こうした努力によって、ヨーロッパ域内の学生移動は大きく拡大している。こうした域内移動の拡大が、国際的な留学生数の拡大の大きな要因になっているのである。

図4-3に国際的な学生移動の総数をいくつかのパターンにわけて推計した結果を示した。学生移動のシェアのもっとも大きいのは英語圏への流入（四〇パーセント）であり、他方でEUの域内移動が一一パーセントある。これに対して、東アジアにおける域内移動はわずか六パーセントしか占めていない。

こうした学生の国際移動をイメージし

て、図4-4を作成した。EUのような域内の学生移動は他地域では必ずしも大きくはない。このような視点からみると、東アジアの域内移動はまだ十分に発展しているとはいえない。

二　東アジア地域の留学生移動

(1) 中・日・韓の留学生移動

上記の国際的な学生移動の構図のなかで、二〇〇〇年代に入って、東アジア地域の経済成長によって、世界各国から東アジア各国への留学（受け入れ）、あるいは東アジア各国から世界各国への留学（送り出し）は大きく拡大してきた。中国、韓国、日本について、その推移を図4-5に示した。

この趨勢をみると次の点が明らかである。

第一に、中国の留学生の送り出しが飛躍的に拡大している。留学のための出国者数は一九八六年には五・三万人余り（公費、職場派遣、自費学生を含む）であったが、一〇年後の一九九六年には一一・六万人に拡大し、二〇〇六年に四〇・七万人（うち自費留学生は九〇パーセント）に急増し、二〇一三年には外国の大学に在学する中国人留学生数は七〇万人を超え、七一・二万人に達した。中国は世界の留学生数の約一六パーセントを占めるようになり、最大の留学生送り出し国家になっている。[2]

第二に、韓国についても、送り出しが拡大している。二〇一三年には一一・七万人が海外へ留学しており、とくにアメリカへの留学生が多いのが特徴である。そうした勢いは二一世紀に入っても衰えていない。他方で、受け入れも拡大しているが、二〇一三年には五・九万人となっており、送り出しのほうが二倍以上になっている。

第三に、日本の特徴は、留学生の送り出しが、一九九〇年代半ばを境として、むしろ減少し始めている点である。これに対して留学生の受け入れは順調に増加しており、二〇〇六年に一三万人に達し、二〇一三年時点では一五・

図4-5　中国，韓国，日本の留学生

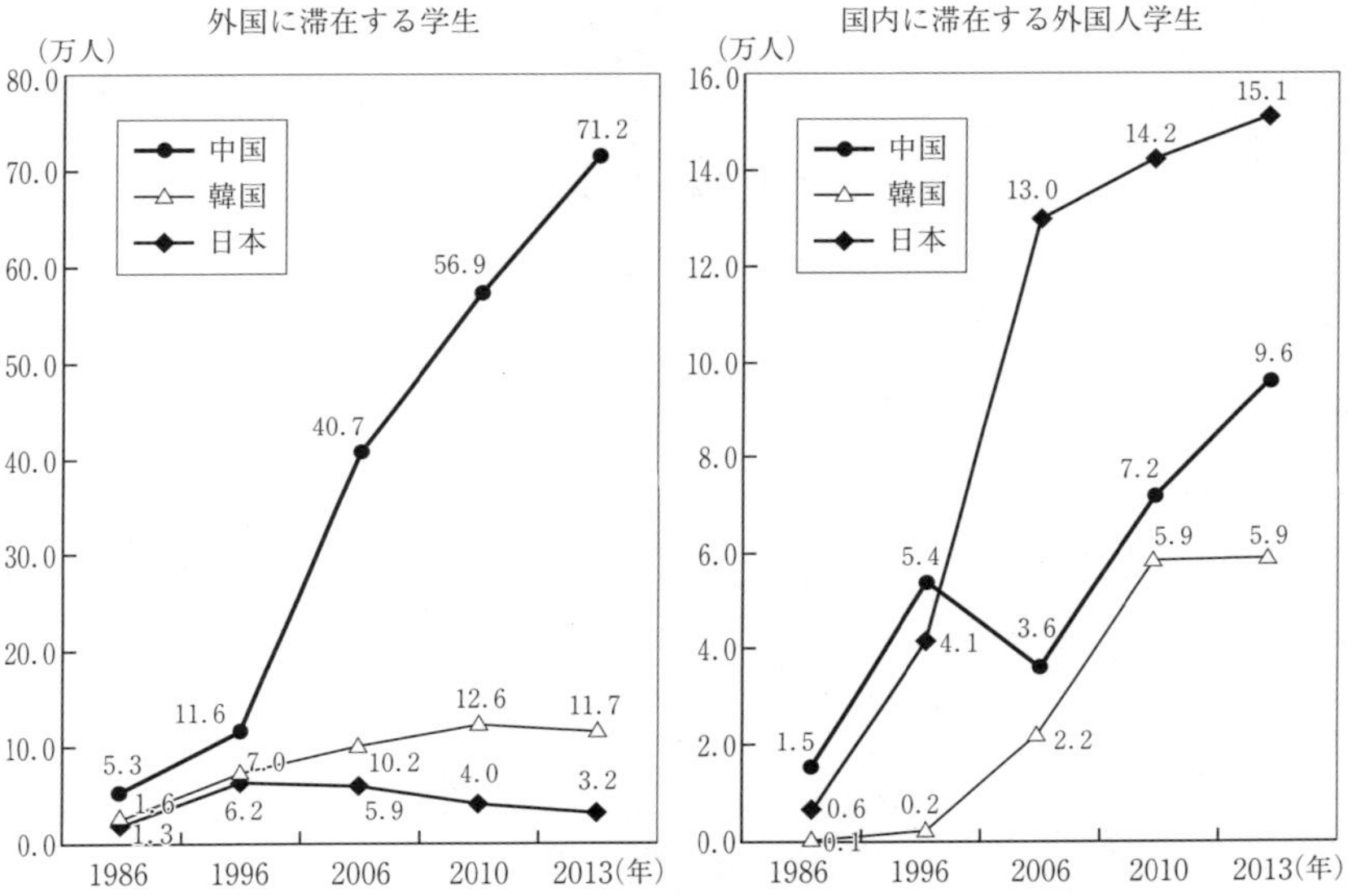

出所　1988，1998ユネスコ年報，2015 UNESCO INSTITUTE for STATISTICS Date Centre「Global Education Digest」2008, 2012, 2015.

一万人の留学生を受け入れている。

こうした変化の背後にどのような要因があるのか。まず需要の視点から，留学の目的をみれば，以下の点を指摘できる。

（2）留学需要

中国については，外国の研究大学において，先端的な学術分野で科学技術を習得する需要はまだ高い。しかしより重要なのは，上述のように二〇〇〇年代に入ってから飛躍的に外国へ留学する学生が増え，その大半が自己負担による私費留学生であるという点である。これは外国留学，とくに外国での学士号あるいは専門職学位の取得が，基本的には卒業後の就職に有利な条件を作ると考えられているからである。二〇一四年に，アメリカへの中国人留学生は二七・四万人に達しており，アメリカが受け入れている留学生の三一パーセントを占めており，首位となっている（Open doors 2014 "Fast Facts"）。

韓国についても，先端的な学術分野で高度の研究経験を積むことに対する需要は大きい。しかし帰国後に学術的な分野に就職することを想定する学生は必ずしも多数ではない。急速な外国への留学生の増加は、むしろ留学終了後に就職機会を求める学生がまだ拡大していることを示している。そのためにも、英語圏への留学が重要だと考えられており、とくにアメリカへの留学の需要が高く、二〇一四年では六・八万人となっており、アメリカが受け入れている留学生のシェアの七・七パーセントを占め、三位にランキングされている。

日本においては、外国への留学生の規模が拡大しないのは、国内での学術水準の上昇により学術的な目的での留学が拡大しないこと、および留学経験が必ずしも良好な就職機会につながらないことを反映している。中国と韓国からアメリカへの留学生規模と比べると、日本からアメリカへの留学生は二〇一四年にはわずか一・九万人であり、二・二パーセントのシェアである（Open doors 2014）。しかし他方で、国際統計には表れないが、語学研修を目的とした短期留学は拡大している。こうした機会がさらに整備されるとともに、短期的な留学への需要は拡大する可能性がある。

（3）留学供給

東アジア三カ国の共通の特色は、留学生の受け入れに関して一貫して拡大しており、高等教育機関が留学生の受け入れにおいては、授業料に依存する割合が高いことである。外国からの留学生の受け入れは、一部の大学では重要な収入源となっている。しかし二〇一四年に入って、経済状況も反映して、日本の文部科学省が外国人留学生への国費奨学金を引き下げたのに対して、中国の外国人留学生への政府奨学金はレベルも規模も拡大し、国費奨学金の金額レベルにおいては、日本と中国とほぼ同額となっており、両国の物価指数を考慮すれば、むしろ日本より、中国政府が出している奨学金のレベルのほうが高い状況となっている。

韓国の特徴は、とくに一部の大学において、英語による授業を拡大していることであって、これによって外国人の学生を誘致しようとしている。

韓国、日本においては、大学入学該当年齢人口の減少によって、入学者の確保の観点から留学生の獲得に熱心である大学も少なくない。しかし、授業料の支払い能力のある、しかも一定の学力を備えた学生のプールは限られている。二〇一一年の東日本大震災の影響にくわえ、二〇一二年以後、日本と中国、韓国の間での領土、歴史認識などの問題において政治的な対立が続いており、日本への中国と韓国からの留学生はむしろ減少傾向に転じている。

(4) 留学政策

中国においては、改革開放体制への移行に伴って、外国への留学生の送り出しには積極的な政策がとられてきた。中国は一九八〇年代からの国際的な貿易自由化の流れの利益を世界でもっとも享受するかたちで急速な経済発展をとげてきた。国際市場や国際的な交流に加わることこそが発展への最大の道であるという原則は、教育にも適用されている。

二〇〇七年初頭に発表された「国家建設高水平大学公派研究生項目」は、北京大学、清華大学、復旦大学など中国の中核的な研究大学（「九八五工程校（一九九八）」、「二一一工程校（一九九三）」）の学生、大学院生、若手教員を選抜して、国外の一流の大学へ派遣し、一流の教授の指導を受けさせる意図のものである。国家留学基金管理委員会が本計画を管理・実施し、二〇〇七〜二〇一一年の五年間に毎年五〇〇〇人を留学させてきたが、プロジェクトがスタートした時点では、留学先大学から入学許可と授業料免除を得ていることを条件として、往復の渡航費と一ヶ月当たり一〇〇〇ドルの生活費があたえられる。そのプロジェクトは二〇一五年現在は第二期計画として推進されており、中国政府による授業料の支払いと、生活費の増額が行われた。

留学の重点派遣領域としては、(1)エネルギー、資源、環境、農業、製造技術、ITなど産業の鍵となる領域、(2)

表4－2　政府の留学生政策

	中　　国	韓　　国	日　　本
政策	•「国家建設高水平大学公派研究生項目（2007）」―国費留学生派遣計画年間5000人 •「留学中国計画（2010）」―2020年までに留学生50万人を受け入れ，高等教育段階で15万人の受け入れ	•「Study Korea Project（2004）」―2010年までに外国人留学生を5万人の受け入れ •「Study Korea Project（2012）」―2020年までに留学生を20万人の受け入れ	•「留学生30万人計画（2008）」―2020年までに達成する •「スーパーグローバル大学創成支援事業（2014）」―国際化センターの形成 •「トビタテ！留学JAPAN（2014）」―2020年までに12万人大学生海外派遣計画
意図	•先端的な科学技術，学術学問の吸収 •国際的プレゼンスを高める	•国際化 •国際的プレゼンスを高める	•国際競争力の確保 •グローバル化に対応した制度設計
背景	•先進国への短期間でのキャッチアップ •国際社会における国家地位の向上	•産業成長のための労働力戦略のニーズ	•若年労働力の不足 •マンパワー戦略のニーズ

生命、航空、海洋、軍事、ナノ技術、新材料などの戦略的な領域、(3)人文および社会科学分野などがあげられている。初年度については、北京大学二八三人、清華大学一六八人、浙江大学一五〇人、南開大学一五〇人、復旦大学九二人など、計三九五六人が選抜された。その後毎年五〇〇〇人以上を送り出している（表4－2）。

こうした政策の背後には、基本的な経済発展を成し遂げたうえで、さらに高度の科学技術、学術知識を導入して、二一世紀には学術分野でも世界の指導的な地位をうちたてる、という意図があることはいうまでもない。

一方、中国は留学生の受け入れも、二〇〇〇年の中国のWTOへの加入によって、規模拡大に乗り出した。二〇一〇年に「留学中国計画」が打ち出され、二〇二〇年までに五〇万人の留学生を受け入れ、そのうち、高等教育段階で一五万人の留学生を受け入れることを目標にしている。二〇一四年の中国教育部の統計によると、中国で勉強している各年齢層の留学生は三七万人に達しているという。

こうした留学生の受け入れの急拡大および海外で中国文化を広める拠点としての孔子学院の設置などは、中国の国際プレゼンス、国際社会における国家地位の向上を図るものである。

韓国政府は二〇〇四年に留学生誘致計画として「Study Korea Project」を策定し、二万人弱の留学生の受け入れから二〇一〇年に五万人とするという目標を設定した。そして二〇〇六年の『国家人的資源開発基本計画』(二〇〇六~二〇一〇)は、英語能力の向上、海外の人的資源の活用などを達成しょうとしている。さらに二〇一二年に「Study Korea Project」を打ち立てて、二〇二〇年に留学生の受け入れを二〇万人に拡大した。韓国はこうした意味では、英語を媒介として、国際的なリンクを強化しようとするところに特徴がある。

日本政府は留学生の受け入れにおいて、一九八三年に「留学生一〇万人計画」を打ち出した後、二〇年間かけて、二〇〇三年にその計画の数字目標を実現した。二〇〇八年から、これにつぐ「留学生三〇万人計画」を打ち出し、一二年後の二〇二〇年に目標を実現しようとしている。その計画を実現するために、二〇〇九年からの、「国際化拠点整備事業(グローバル三〇)」は、全国で一三の大学を選び、「スーパーグローバル大学創成支援事業二〇一四」では三四の大学を選定した。これを国際化拠点とし、海外の学生が日本に留学しやすい環境を提供し、英語による授業等の実施体制の構築や、留学生受け入れに関する体制の整備、戦略的な国際連携の推進等によって、大学で高度な人材を養成することを目的としている。

留学生の受け入れの拡大と同時に、二〇一四年から日本人学生の海外留学促進キャンペーン「トビタテ! 留学JAPAN」を開始した。この取り組みは、官民協働で「グローバル人材育成コミュニティ」を形成し、将来世界で活躍できるグローバル人材を育成することを目的とする。二〇二〇年までに大学生の海外留学を一二万人に、高校生の海外留学を六万人(現状三万人)への増加をめざすものである。

こうした日本の政策は、世界の国々、とくに途上国との人的関係を強化しようという意図があることは事実である。しかしさらに踏み込んで考えてみると、グローバル化のなかで日本の先端企業が、大量の高度技能人材を必要

図4-6　東アジア三国の地域内，地域外移動の推計（2013年，万人）

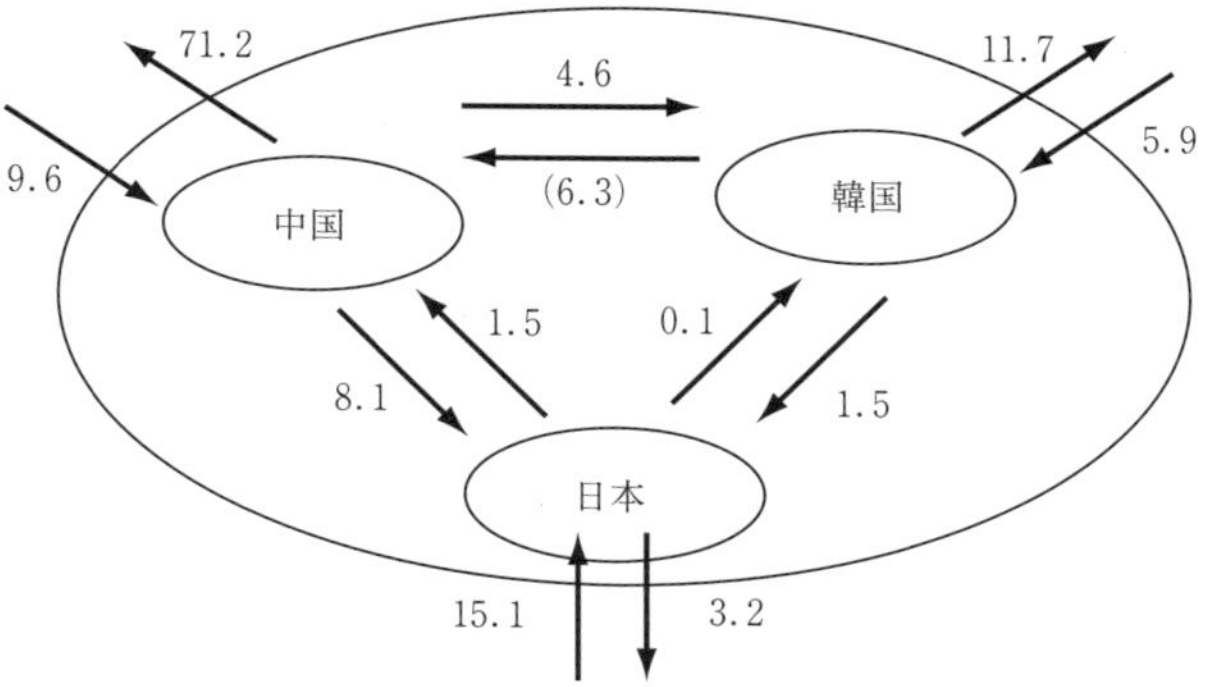

出所　Institute of International Education 2014 および UNESCO Institute for Statistics Data Centre, http://data.uis.unesco.org/Index.aspx?DataSetCode=EDULIT_DS&lang=en
中国教育部2014年「全国来華留学生数据統計」http://www.moe.gov.cn/jyb_xwfb/gzdt_gzdt/s5987/201503/t20150318_186395.html 日本学生支援機構 http://www.jasso.go.jp/statistics/intl_student/data13.html 外国人留学生在籍状況調査の web 検索結果から推計［10/01/2015］

としていることが重要な要因となっている。それは一方において外国出身者の高い能力をもつ人材を日本の大学で教育して、日本の企業に加えること、他方でそれによって日本の大学の国際化を進め、日本の人材の国際化を推進すること、この二重のねらいがあるものと考えられる。

(5) 東アジアの地域内移動

では東アジア三カ国をひとつの留学交流圏としてみた場合、それはどのように機能しているか。図4-6に、域内の学生移動と、地域外の移動とを推計して図示した。ただし、ここで使用している数字は、UNESCOとIIEが公表したデータであるが、ここには韓国から中国に留学している学生の数は示されていない。そこで、中国教育部が国内で公表したデータをみると、高等教育以外の段階の学生数を含めると、韓国から受け入れている留学生数が六・三万人に達しているので、その数字を用いた[3]。

図4-6からみえるのは以下の点である。第一に、域内移動よりも、域外移動のほうが大きい。しかも各国の趨勢をみると、中国および韓国においては、域外への留学の規模が拡大しつつある。第二に、域内においては、中国およ

び韓国から日本に対するフローが大きい。第三に、日本からの中国、韓国に対する留学者数がきわめて少ない。日本から海外への留学生規模は三・二万人であり、内訳としては、アメリカへの留学生数は一・九万人であるが、韓国については〇・一万人程度であり、中国については、それより多いものの一・五万人である。とくに、近年の日中韓の緊張関係によって、日本から中韓両国に送り出している留学生数も中国と韓国から日本に送り出している留学生数も減少傾向にある。

こうした現状を、前述のEUの域内移動と比べれば、限界があることは明らかである。

まず指摘できるのは、東アジアにおいては、まだ経済発展水準の格差が著しく、それが各国の間の留学交流をきわめて偏ったものにしていることである。とくに日本の学生にとっては、中国、韓国への留学の意義が明らかでない。同時にこの三カ国ともに、大学財政が学生の負担に頼る度合いが大きく、留学するのにかなりの経済負担が必要とされる。言語についても、この三カ国は漢字をもとにする文化を共有していることは事実であり、相互の言語の習得は比較的に容易であるが、やはり言語の障壁がある。とくに韓国においては漢字を使用しなくなっており、また中国語と日本語は必ずしも親しみやすい言語ではない。

三　「東アジア域内留学圏」の可能性

東アジアの留学の将来を考えるとき、きわめて重要なのは、東アジア三国、あるいはさらにそれを含めた東アジア地域が、EUのような、ひとつの地域として、いわば「東アジア域内留学圏」を形成するか否かという点である。

上述のように、現状においては、中国、韓国、日本の三カ国は、EUのような域内留学圏を作ってはおらず、またその変化の趨勢をみても、むしろ各国がそれぞれ域外との関係を強めているようにみえる。しかし長期的な展望にたてば、域内留学の規模を拡大させる条件も少なくないし、またその必要性もある。

第一に、大学制度自体がこの三カ国では類似している。これはたとえばＥＵにおいては、学位制度が非常に多様であり、それを標準化しようとするボローニャ・プロセスもまだ完全ではないのと比べれば、有利な条件である。

第二に、科学技術水準、経済発展段階が異なること自体が、留学生の移動にむしろプラスの要因となる側面もある。中国から韓国、日本への留学の需要はまだ大きい。しかも韓国、日本においては、少子高齢化社会に直面して、一八歳人口の減少が著しく、アメリカやオーストラリアとは大きく異なり、若年労働力の流入に寛容である。また韓国、日本から中国への留学は比較的にコストが安く、日本から韓国への留学も同様である。

第三に、アメリカをはじめとする英語圏への留学の需要が高いとしても、そうした国に一極集中することは、個々の留学生にとっても望ましくないし、それぞれの社会にとっても望ましくない。留学についても多様な機会が保証されるべきである。また社会全体についても、ひとつの文化圏との同化のみを進めることには危険であるし、経済的にも同様のことがいえる。

さらに中国の経済的プレゼンスの急速な拡大は、アメリカを初めとして各国の警戒を呼び起こしていることも事実である。上述の国費留学生五〇〇〇人計画は、軍事を含む先端的な科学技術分野の知識の戦略的吸収を明確に意図しており、その受け入れに各国政府と大学が何らかの制限を行うことは十分に考えられる。すでにアメリカで発生しているいくつかの科学技術スパイ案件、また帰国留学生が政治的な理由、科学技術などの知的財産権の理由で勾留されるケースも少なくなく、これが政治的な問題となる可能性もある。

いずれにせよ、こうした意味で、一極集中の代替物として、東アジア域内交流を拡大することは意味がある。しかし、域内交流の拡大には大きな努力が必要であることはいうまでもない。そのために有効な地域交流の枠組み、教育プログラムの共通の適格認定スキームを作ることが求められている。とくに日本の大学から、中国、韓国への留学の流れを作っていくことは、日本の大学にとって重要な課題となる。しかし短期留学については、そうした需要はすでにないことはない。中国、韓国の大学との実質的な交流はすでにさまざまなかたちで行われており、ダブルディグリー・プログラム、ジョイント・ディグリープログラム、単位互換プログラムなどが運営されている。しかしそれがさらに量的に拡大することが必要である。

また政策的にも、東アジアの域内交流の位置づけが必要である。前述のように、最近になって中国、韓国、日本の政府はそれぞれ大学の国際化、留学の受け入れも送り出しも拡大政策を打ち出しているが、そのいずれにおいても、東アジア地域は明確に位置づけられていない。しかし以上に述べたように、地域の安定と平和、国民の相互理解と信頼関係づくりのために、その重要性は明らかである。こうした観点から、三国間の留学生交流の枠組みを形成することが求められる。カリキュラムを共通の認定スキームをもって調整するチューニング(4)の実践は、その枠組みの形成に重要な役割を果たすことを期待したい。

最後に、高等教育研究において、東アジアの留学生交流についての研究は大きな意味をもっていることを強調しておきたい。しかもそれは、各国の高等教育研究者が独立にできることではない。この点でとくに日中韓三カ国間の研究協力の意義は大きい。

注

(1) エラスムス計画については、ポーランドでの実践と効果を第3章に、理念と構造を第7章に詳述している。
(2) ここで使っているUNESCOの統計によるデータは、各国からの報告によっており、留学生の定義に国による相違があることに留意しておかねばならない。とくに、短期留学生の扱いが、国によって異なる可能性がある。中国の場合、教育部の統計によると、二〇一〇年には二五・六万人以上(学歴を取得するための留学生九・五万人)の留学生を受け入れているという。この統計では、受け入れについては短期語学留学生の数が含まれており、サマースクールや、半年間などの留学生の増加が総数の急速の増大に寄与している可能性がある。
(3) 中国教育部の統計とUNESCO、OECDの統計で使用している概念指標は異なる。
(4) 「チューニング」については第8章に包括的かつ詳細に執筆されている。

参考文献

金子元久（二〇〇九）「激動する世界の高等教育——質をめぐる国際競争」『国際競争時代の大学』ＩＤＥ現代の高等教育五〇七、四～一〇頁。

金子元久（二〇一四）「留学の新段階」『学生の国際交流プログラム』ＩＤＥ現代の高等教育 No. 五五八、四～一一頁。

苑復傑（二〇〇七）「中国の留学生政策」『留学生政策の新段階』ＩＤＥ現代の高等教育 No. 四九四、五二～五七頁。

横田雅弘・白土悟（二〇〇九）『留学生アドバイジング——学習・生活・心理をいかに支援するか』ナカニシヤ出版、一～五〇頁。

南部広孝・高峡編（二〇一二）『東アジア新時代の日本の教育——中国との対話』京都大学学術出版会、二～一七頁。

鈴木洋子（二〇一〇）『外国人留学生と留学生教育』春風社、一四五～一六六頁。

北村友人・杉村美紀共編（二〇一二）『激動するアジアの大学改革——グローバル人材を育成するために』上智大学出版、一六～六四頁。

佐藤由利子（二〇一〇）『日本の留学生政策の評価——人材養成、友好促進、経済効果の視点』東信堂。

OECD (2007) (2010) (2013) (2014), *Education at a Glance OECD Indicators*. p. 324, p. 361.

National Center for Education Statistics Institute of Education Science U.S. Department of Education (2013), *Digest of Education Statistic 2013*, p. 758.

UNESCO Institute for Statistics (2012), *Global Education Digest 2012*, p. 134, 137.

Institute of International Education (2007) (2014), *Open doors*. Paris : Unesco-IIE.

Open doors (2014), Report on International Education Exchange, Produced by the Institute of International Education.

曽満超・王美欣・翟楽（二〇〇九）「美国・英国・澳大利亚的高等教育国際化」『北京大学教育評論』Vol. 七、No. 二、七五～一〇二頁。

第5章　モンゴル

——高等教育改革と海外人材育成の模索——

ミャグマル　アリウントヤー

一　グローバル化のなかのモンゴル

一九九〇年代以降、モンゴルでは新たな高等教育改革が推進されてきた。それまで全面的に中央政府の管轄下にあった高等教育は、民営化・自由化のもとで私立大学等の機関が誕生し、多様化が進んだ。二〇一二年時点での高等教育への進学率は、フランス（五五パーセント）や日本（六〇パーセント）に並び、五〇パーセントを超えている（UNESCO 2012：122, 124, 126）。また、従来、旧社会主義圏のみを派遣先にしていた留学事業はその方向性を変え、アメリカ合衆国や日本へと向かうようになった。現在、海外のさまざまな送り出し先をめざしたモンゴルの人材移動の五・九パーセントが海外留学によって占められている。人口が約三〇〇万人にもかかわらず海外留学が国際平均の二・〇パーセントをはるかに上回っていることは、モンゴルが急激に進むグローバル化と足並みを揃えようとしている現状にあるといえるだろう。

本章は、モンゴルの若者の外向きの移動、とくに留学を国際流動の現象としてとらえ、モンゴルの高等教育における国際流動性がどのような性質をもっているのか、その様相を描き出す。第二節ではまず、社会主義によって特徴づけられた、一九九〇年代までの海外留学に着目し、モンゴルの高等教育の歴史的背景に照らして明らかにする。続く第三節では、モンゴルの流動性が現在どのような状況にあるのか考察する。(1) 第四節では、モンゴルの流動性の特徴を明らかにするために、政治経済の体制転換期において推進された高等教育改革の実態、高等教育が抱えている諸課題を、教育省等のデータを用いて概観する。そして第五節では、グローバル化のもとでの国際流動化をめぐるモンゴルの高等教育の可能性について論じたい。

二　社会主義体制下の海外留学——高度技能人材の養成・移動

(1) 社会主義諸国への留学促進

モンゴルの最初の近代的な高等教育機関は一九四二年に設立されたが、海外留学派遣事業はそれよりはるか前にスタートしていた。人民革命が成功した一九二一年以前、ボグドハーン政権（一九一一〜一九年）(2) のもとで近代教育制度の構築がめざされ、その一環としてドイツ、イタリア等欧州諸国への派遣留学が意図されていった。人民革命以降より、国家の政治経済を指導する人材を養成することを目的に、一九二一年には一五人がソビエト連邦へ派遣された（Shagdar 2003：46）。

とりわけ一九二一年以降の海外人材養成は、モンゴル人留学生の受け入れ先にとっては、単にモンゴル側からの依頼に応じたというより、社会主義の仲間を増やすといった政治的なねらいがあった。(3) そのため、当時のモンゴル人学生が派遣された高等教育機関は、ソ連が社会主義国家の連帯をめざしてモスクワに開設した東方勤労者共産大学（クートヴェ）であった。(4) この大学への留学は年々増加し、一九二四年から一九三六年の間に卒業したモンゴル人学生は二二九人に達したという（Pubaev 1983：3）。その間、ソ連国内のモスクワ以外の大学でも、モンゴル人学生を対象にした特別クラスを開き始めた。たとえば、一九二四年にはサンクトペテルブルグの大学でモンゴル人留学生を受け入れたほか、モンゴル人学生の大学入学準備を目的とした特別予科が一九二五年にイルクーツク市に設置された。さらに、実務教育の高等専門学校で、ロシア語習得をはじめとした準備コースを受けた学生にその後イルクーツク大学で教育学や獣医学を専攻させるといった段階的な人材養成事業が始まったのである。

一九二九年六月二七日の「ソ連・モンゴル間の相互関係の主要原則について」という合意によって、ソ連の教育機関でモンゴル人留学生の受け入れを継続して拡大することが定められた（Pubaev 1983：16）。さらに、第二次世界大戦以降、モンゴルは国家経済社会発展五ヵ年計画に基づき、留学生数や留学分野を拡大させた。一九四〇年代前半には、ロシア語のキリル文字をもとに新しいモンゴル語のアルファベットが考案された。この導入の影響は大きく、研究者の相互交流、教員の養成・再研修等の事業が拡大され、共同研究・教科書・教材・学習指導要領の出版等が拡大し、両国の教育機関の相互交流も展開されていった[5]。その結果、一九五〇年から一九七五年にかけて、師範単科大学には毎年ソ連人専門教員が在職し、一九七六年の時点ではモンゴルで教鞭をとっていた二人に一人がソ連の高等教育機関を卒業した者か、ソ連で研修を受けた者であったほど両国間の関係は強いものであった（Jernosek 1985：201）。

一九六〇年代まで、モンゴルの高等教育機関では、主に教師、医師、経済専門家、獣医、農業・畜産学者、党・政府公務員等を養成していた。一九六〇年代以降は、地方において農耕の集約化、都市部においては都市化と工業化が進んだことにより、技術者の養成が急務とされた。それに伴い、鉱工業や電気・電力、建設工業等新部門や教育・文化・芸術部門の専門家の養成が促進された。そうしたなか、各分野においてモンゴル人を受け入れる大学もいわば分業化してきた。たとえば、教員養成の核となったのはイルクーツク国立教育大学、鉱工業部門の技術者はウラル技術専門大学、医師はイルクーツク・サンクトペテルブルグ・モスクワの医科大学、歌手や音楽家等はウラル音楽院等、各大学が特定の専門領域での養成を請け負った。

工業化・都市化が進むなか、モンゴルがコメコン（経済相互援助会議）に加盟した一九六二年以降は、モンゴル人の留学先は、東ドイツ、ポーランド、チェコスロバキア、ブルガリア、キューバと多様化したものの、社会主義を放棄した一九九〇年まで、ソ連は依然として中心的な留学先であった。一九四六年から一九六〇年の間に約六〇〇人の教育専門家がソ連の大学を卒業している。そして、一九七〇年代には、ソ連の大学や特別中等専門学校において三〇〇〇人が学んだ。一九八〇年には、二八〇〇余りのソ連の大学・特別中等専門学校に約六〇〇〇人が留学していた（Jernosek 1985：194, Pubaev 1983：74）。

（2）高度技能人材移動の背景

ここで、社会主義時代のモンゴルにおける高等教育と高度技能人材移動の諸相を形作った歴史的背景について概観する。というのは、本節前半で述べたモンゴルの高等教育における高度技能人材育成の構想は、ソ連の政治的・経済的な方針と表裏一体の関係であったからである。

一九一七年のロシア革命後、ソ連は社会主義国家の樹立と体制強化を進めていた。時を同じくしてモンゴルでは、約二〇〇年間支配していた清朝の崩壊後、一九二〇年に中華民国が勢力を強め、ロシア白軍の侵攻を受けるといった不安定な情勢が続くなか、独立運動が拡大した（Maiskii 1960, 青木 二〇〇九）。モンゴル国内外の状況は、新ソ連政府にとって有利な転機であり、一九二一年にはソ連の政治的・軍事的支援によりモンゴルで民衆革命が成功することになった（小長谷 二〇〇三）。さらに、一九二四年の憲法によりモンゴルも非資本主義国家を構築する方針を定め、実質的には第二次世界大戦後より社会主義国家発展を計画的に進めることになった（生駒 二〇〇四）。とくにソ連でスターリンによる抑圧が行われた一九三〇年代の半ばより、宗教学校が完全に禁止され、教育理念や構想をはじめ、教育の対象と内容をもソ連に倣って変更し、系統的な制度を整備することになった。[6] このような流れのなかで、高度技能人材の育成が進められ、共産党の思想と西洋近代の学問を指導するねらいのもと、社会主義体制末期までソ連を中心にした社会主義圏への留学が続いたことは前述した通りである。

シュリーバーとマルティーネスが指摘したように、モンゴルにおける高等教育機関の設立も政治的・思想的な働きかけが主な動力となり、ソ連のモデルを導入したことになる（Schriewer and Martinez 2004）。その結果として、ソ連等に留学経験をした人材がいない大学はなく、同時にソ連からの専門家教員を受け入れなかった大学も皆無であった。このようなモンゴルの状況は社会主義時代の「誇るべきベストストーリー」として国内外で語られることとなる。

注目すべきは、高度技能人材の育成が、派遣留学の他、現場での研修のかたちで「モンゴルから外へ」と、ソ連を中心にした専門家による「外からモンゴルへ」と双方向的に行われていたことである。前者は、学費に加え滞在中の生活費にあたる費用すべてを負担する派遣留学制度によるものであった。後者は、ソ連からの各分野の大学教員による国境を越えた移動であり、学生と教員の指導・交流を目的としていた。これにより、専門分野や受け入れ先等が徐々に多様化し、規模も拡大していたことが興味深い点である。

三　一九九〇年代以降の国際流動性の展開

（1）留学先の多様化

一九九二年公布の「モンゴル国憲法」以降、モンゴルは「人道主義的（humanistic）、市民的（civic）、民主的（democratic）社会構築」をめざすことになった。社会主義からの脱却や旧ソ連離れの傾向のなかで、モンゴルは欧米諸国や国連等国際機関の支援を受けることとなった（モリス・ロサッヒ 二〇〇七）。モンゴルの海外留学者総数が徐々に増え、二〇一二年の時点で九七七六人となっている（UNESCO 2012）。学生の留学派遣先も、社会主義諸国ではなく、市場経済諸国へと変わっていった。

海外留学生は、一九九〇年の約七〇〇〇人から一九九五年に約一五〇〇人までに急減していたものの、アメリカ等からの支援制度、またソロス財団等の支援プログラムにより、受け入れ国側や支援機関が留学生の往復渡航費や生活費、授業料等を負担するかたちで行われた（NSOM 2001：207）。一九七四年に一名の送り出しから始まったアメリカへの留学は、二〇〇〇年に三二五人、さらに二〇一三年には一三六一人まで増加している。二〇一〇年の時点で、モンゴル人学生の受け入れ先としては、アメリカが上位三番目である。

また、近年になってモンゴル人の海外留学先は、日本をはじめとする欧米以外の諸国へと徐々に変化し、アジア諸国への留学生の割合が高まっている。現在、世界各国に留学している学生の二五パーセントを在韓国モンゴル人学生が占めている。さらに、中東との国際関係が促進されたため、同地域も留学先に新しく加わった他に、中国からの積極的な働きかけにより、中国においてもモンゴルからの留学生が増加傾向にある。実際、主な貿易相手国である中国への留学生派遣事業は、政府レベルや民間レベルで急増している。モンゴル教育省のデータによると、二〇一四年の二国間協定による留学事業では、中国が年に二〇〇人強を受け入れるとなっており、これはロシアに次ぐ国費留学生の最大の受け入れ数となる（モンゴル教育文化科学省 二〇一四）。

日本は、ここ二〇年間国費留学生として、毎年約二〇〇人の研究留学生や学部留学生をモンゴルから受け入れてきた。アメリカと同様に、日本への初の留学は一九七六年に始まったが、二〇〇〇年代に入ると人数が急増し、二〇〇二年には五四四人となり、さらに二〇一〇年の時点で、日本に留学している学生の出身国として、モンゴルは第八位であった。二〇一三年には一一三八人に達している[7]。モンゴル最大の総合大学であるモンゴル国立大学が二〇一三年に実施した調査によると、同大学から留学した学生の三人のうち一人が日本に派遣されているという（モンゴル国立大学 二〇一三）。また、モンゴル教育省によると、アジア諸国の中では、とくに工学の分野で日本は主な受け入れ国である。モンゴル教育省は工学系高等教育機関の機能強化と同分野の人材育成・研修を図るため、二〇一四年から二〇二三年までに七〇〇人を日本へ派遣すると発表している（モンゴル教育文化科学省 二〇一四）。

最近は、ロシア等の旧ソ連圏との交流も再開され、モンゴル人学生の留学先の上位五カ国は、韓国（二一九〇人）、

表5-1　現在の海外留学受け入れ先

留学先の区分	国・地域	国費派遣留学生数
市場経済の先進諸国	日本，アメリカ，西ヨーロッパ諸国	オーストラリア（38人），アメリカへフルブライト奨学金により年間20人の他，フランス（10人），英国（2人）
経済的な発展と共に，高等教育の国際化を掲げているアジア諸国	韓国，中国，香港，タイ，マレーシア	中国（220人），韓国（2人）
旧社会主義圏で，EU高等教育圏に加入した諸国	中央ヨーロッパ諸国，中央アジアのカザフスタン等	ウクライナ（25人），ポーランド（23人），ドイツ（20人），ハンガリー（18人），カザフスタン（5人），ブルガリア（2人），チェコ（2人），リトアニア（2人）
旧来の主な派遣先	ロシア，キューバ等	ロシア（383人），キューバ（1人），マケドニア（2人）
以前，高等教育交流の少なかった国・地域	中近東諸国，トルコ，ベトナム，インド等	インド（40人）ベトナム（15人），ラオス（8人），トルコ（2人）

出所　モンゴル教育文化科学省（2014）に基づき作成。

ロシア（一六五四人）、アメリカ（一二四七人）、日本（一一五三人）、トルコ（九三九人）等世界のさまざまな地域・諸国である（UNESCO 2012）。こうして、二〇〇八年の時点で約二〇カ国であった派遣先は、二〇一二年には四七カ国へと倍増した（MECS 2009: 16-17, UNESCO 2012）。留学移動がダイナミックに多様化しており、そのうちわけを表5-1に示した。

(2) 留学制度上の多様化

市場経済転換期以降の留学も、二国間の政府協定に基づく入学金と授業料を受け入れ先の政府が負担するといった従来の留学制度がそのまま引き継がれ、二〇一二年の時点で三四〇〇人が一六カ国に国費留学生として派遣されている（モンゴル教育文化科学省 二〇一三）。

一方で、個人の海外渡航が自由化し、私費で留学する動きも現れた。教育省の一九九九年のデータでは、一七八三人のモンゴル人留学生のうち、私費留学生は約半分（八七〇人）であった。さらに、企業から奨学金を得て、卒業後企業に戻るという条件で留学する学生も現れ始めている。

また、近年では国家研修基金（State Training Fund）による奨学金制度も開始されている。教育省によれば、モンゴル政府は、二〇一三年大統領の第七八号命令により、世界大学ランキング（The Times Higher Education-Thomson Reuters）または世界大学学術ランキング（Academic Ranking of World Universities）の上位一〇〇の大学に留学する者には、無利子の奨学金を貸与している。さらに、モンゴル政府による二〇一三年七月六日付第二七一号決定では、世界ランキングトップ二〇大学に入学する者には、学問および専攻分野に限らず奨学金の給付が保証されることになっている（モンゴル教育文化科学省 二〇一三）。

市場経済転換期以降の留学制度上の多様化は、国費留学生の選抜制度にも表れる。現在、選抜対象者のカテゴリーは二つに大別される。一つめは、修士およびそれ以上の学位取得を目的とするカテゴリーである。ここでは、学士課程を卒業し、さらに三年以上の職場経験をもつ者、あるいは修士以上の学位を有する者が対象となる。主な対象者は各省庁の公務員であり、職務に関わる能力向上を目的とするため、外国の大学院で学位を取得した後、帰国することが条件づけられている。これには、二国間の政府協定による返済不要の奨学金制度が採用されている（MECS 2007: 9）。近年、公務員に限定せず、社会人として二年以上の職場経験のある者を広く対象にしたモンゴル政府による事業も行われている。後者は、国家研修基金による貸与であるため、帰国後に奨学金を返済しなければならない。

もうひとつの選抜対象者は、学士課程に在籍する大学二年次の学生である。その背景にあるのは、留学先が資本主義諸国に変わり、学校教育課程の修了問題が浮き彫りになったことである。というのは、正規学部課程に留学するには、学校教育における一二年の課程を修了することが求められ、これに伴い、二〇〇八年から学校教育が一〇年制から一二年制に変更された。そして、留学対象者も高校卒業生ではなく、原則大学二年生となったのである。一二年制の新制度に基づくと、高校卒業者が対象となるが、二〇一四年の時点では大学二年生までを対象に実施されている。

二〇〇〇年代半ばより海外留学事業が活発化するに連れ、高等教育の質向上が重要課題となり、また、グローバル化や高等教育の国際的基準への適応が強調された。その一環として、英語教育が一層重視され、英語を二〇一五年までに学校教育での第一外国語とし、二〇二一年までには公務員の英語力を強化することを目標としている（モンゴル大会議 二〇一二）。

近年モンゴル政府は、自然科学や工学・情報工学・理工学分野での留学を支援する施策を強化している。これは、後述するように、国内における社会科学系の学生数の偏りが海外留学にも見受けられたこともあり、モンゴルの開発政策において、国内産業の発展、食糧の国内自給等の政策目標の達成に資するとの観点から海外留学が支援対象となっている。たとえば、モンゴル大会議二〇〇八年一月三一日付第一二号決議「ミレニアム開発目標に基づくモンゴル国家発展に関する包括的な政策について」、二〇一二年九月一八日付第三七号決議「二〇一二～二〇一六年における政府行動計画」等では、鉱山・鉱物資源開発、インフラ整備等開発プロジェクトの企画について重点的に述べられており、これらを担うための人材育成の必要性について強調されている。その具体的な課題設定が、政府行動計画に基づき教育省が立ち上げた重点施策「教育国家プログラム」や高度な人材養成を目的とする「競争力のあるモンゴル人」プログラムに掲げられている。これらでは、上記プログラムを実行することで、派遣留学制度の見直しを行い、二〇二一年までに、鉱産、バイオテクノロジー、ナノテクノロジー、情報技術等の専攻を中心に一〇〇〇人を海外に派遣すること、モンゴルに世界基準にあったトップ大学二校を設立すること等について述べられている。

このように、市場経済転換期以降、外国政府による国費留学生の形態は維持されている一方、制度上その他の留学も実現するようになった。その間、国際流動性が重点課題として位置づけられたのは、ここ数十年間に行われた高等教育改革の結果でもある。現在の高等教育制度は一九九〇年代以降の一連の改革により大きく変化したとともに、海外経験を有した人材の育成がまさに展開過程の最中にある。

四　社会主義体制以降における高等教育改革

（1）改革の歩み

モンゴルの高等教育は、新憲法（一九九二年）の理念に沿った国家を建設すべく、政治・経済・社会・文化等各方面における改革の影響を受け、新たな改革時代を迎えた。一九九〇年代より二〇〇〇年代半ばまでの改革では、民営化の導入に伴って私立高等教育機関の設立を可能にする法的基盤が整備され、いわゆる高等教育の大衆化が進んだ。単位制や授業料徴収が導入され、教育の質保証（アクレディテーション）が取り上げられたのもこの時期である。さらに、高等教育改革は、二〇〇〇年代後半より新たな段階に移行した。国内の高等教育の急速な拡大に教育の質向上が追いついておらず、大卒者の就職難、社会科学系やビジネスといった分野の偏りといった大きな課題に直面したからである。改革政策の一環として、近年「教育の質向上政策」が打ち出され、「学習者の質」および「高等教育機関の自立性」が重点的な政策課題として提示された。

（2）高等教育の大衆化

モンゴルにおける高等教育改革は、市場経済化原理に従い、教育をサービスとし、教育形態や財政資源の多様化を図るものであった（Heyneman 2004）。私有化・民営化[8]の影響を受け、一九九一年八月一日に施行された新教育法では私立学校や官民合弁の学校の創設、授業料の徴収が初めて認められた（Shagdar 2003：108）。結果、私立の高等教育機関が誕生し、さらなる増加を見せた[9]。それまでに国立のみから構成されていった高等教育機関が、一九九五年の時点で六七校となり（その内、私立が四一校、国立が二六校）、一〇年後には二・六倍（私立が一二九校、国立が四九校）増加し、ピークに達した（NSOM 2001：207, 2006：290）。その背景には、大学入学の機会が多くの若者に開かれたことがある。

一九九〇年代まで国家発展中央計画に従って大学の受入定員数を予め設定し、ウランバートル等への入学者数を出身県ごとに割り当てて、大学入学者全員に対して卒業時まで奨学金を授与していた。高等教育改革により、奨学金支給制度が撤廃され、また地方から都市への移動が自由になったこともあり、希望すれば誰でもウランバートルの大学等の高等教育機関を受験できるようになったのである。結果、一九九〇年の大学進学者は全高卒生約二万四〇〇〇人のうち一六パーセントのみであったが、二〇一三年には約四万一〇〇〇人のうち約七〇パーセントが大学に進学した（Shagdar 2003：107,108, モンゴル教育文化科学省 二〇一四b）。

現在、モンゴルの高等教育は、二〇〇二年の教育法改定により、大学（university）、専門大学（institute）、カレッジ（college）の三つに分類される（MECS 2002：125）。高等教育法第三条第一項では、大学は、学士課程から博士後期課程までを含む研究教育機関である。専門大学は学士課程のプログラムに加え、特定分野における調査研究を行い、修士課程のプログラムも開設可能である。これに対して、カレッジは学士課程および準学士過程の教育を提供する（モンゴル政府 二〇〇二）。このような構造のなか、専門大学が高等教育機関の大半、大学および短大はそれぞれ約二〇パーセントを占めている（表5－2）。設置主体別にみると、海外大学の分校を除き、九四校のうち八四パーセントが私立であり、一六パーセントが国立である（モンゴル教育文化科学省 二〇一三）。

ところが、各種機関に属する学生数に着目すると、大学に在籍する学生が全学生の七三パーセントにのぼる一方、専門大学の在籍者は二三パーセントにすぎず、短大には、全学生のわずか二パーセントのみが通っている（表5－2）。学生の過半数は国立校で学んでおり、これは上述した設置主体別の状況と逆であり、いわゆる私立の専門大学に対する需要が低いことが明らかである。二〇一二年の時点では、全学生の六〇パーセントが国立校に在籍しているのに対して、私立校には三九パーセントに留まっている（モンゴル教育文化科学省 二〇一三）。

表5-2　モンゴルの高等教育機関数と学生数（2011～2012年）

	大学数			学生数（人）		
	国立	私立	合計	国立	私立	合計
短期大学	1	18	19	244	3,986	4,230
専門大学	4	54	58	3,147	38,581	41,728
大学	10	7	17	102,360	26,786	129,146
合計	15	79	94	105,751	69,353	175,104

出所　モンゴル教育文化科学省（2013）より作成。

（3）高等教育の諸課題

一方で、大卒者の就職難も深刻な問題である。大卒者は、労働市場で求められる知識や能力に欠けている等の理由で、企業をはじめ広く社会の批判を浴びている。[10] 教員人材不足等による大学の質問題がひとつの要因として指摘され、教育改革の新たな方針が定められた。教育省が、大学の入学と卒業体制を見直すと同時に、数多くの類似する専攻を合併する方針を示したのである（モンゴル教育文化科学省 二〇一四b）。結果、雨後の筍のように急増した高等教育機関が統廃合されることになり、二〇〇五年の一七八校から二〇一三年には九三校まで大幅に減少した（図5-1）。[11] また、大学の受験制度、学生の学習成果評価、卒業者の能力に関する企業の関与等の必要性が取り上げられているが、具体的な仕組み等に関しては検討段階である。二〇一二年現在、大卒者の就職率が四二パーセント弱であることから、課題が改善されているとはいいがたい。

モンゴルでは、人文・社会科学系の課程の学生が自然科学系より多く、専攻や専門分野面での偏りの見直しが求められている。二〇一〇年代になってから、鉱業開発への海外投資が促進され、理系の人材が大きく不足していることが問題となった。[12] これに関連するが、国内大学における社会科学系の比重が、一九九〇年代以降の海外留学生の専攻分野の選択にも表れたといってよい。国内では、経営学、教育学、社会・経済学、の三つの専攻が人文・社会科学系の大学在籍者の六割以上を占めている。[13] とりわけ経営学は最も人気が高く、最大の在籍者数を抱える（三万一八五九人）。これに次ぐ教育学専攻（二万三一七人）が、理系で上位三位を占めている工学（一万六〇〇一人）、

図5-1　モンゴルの高等教育機関数の推移

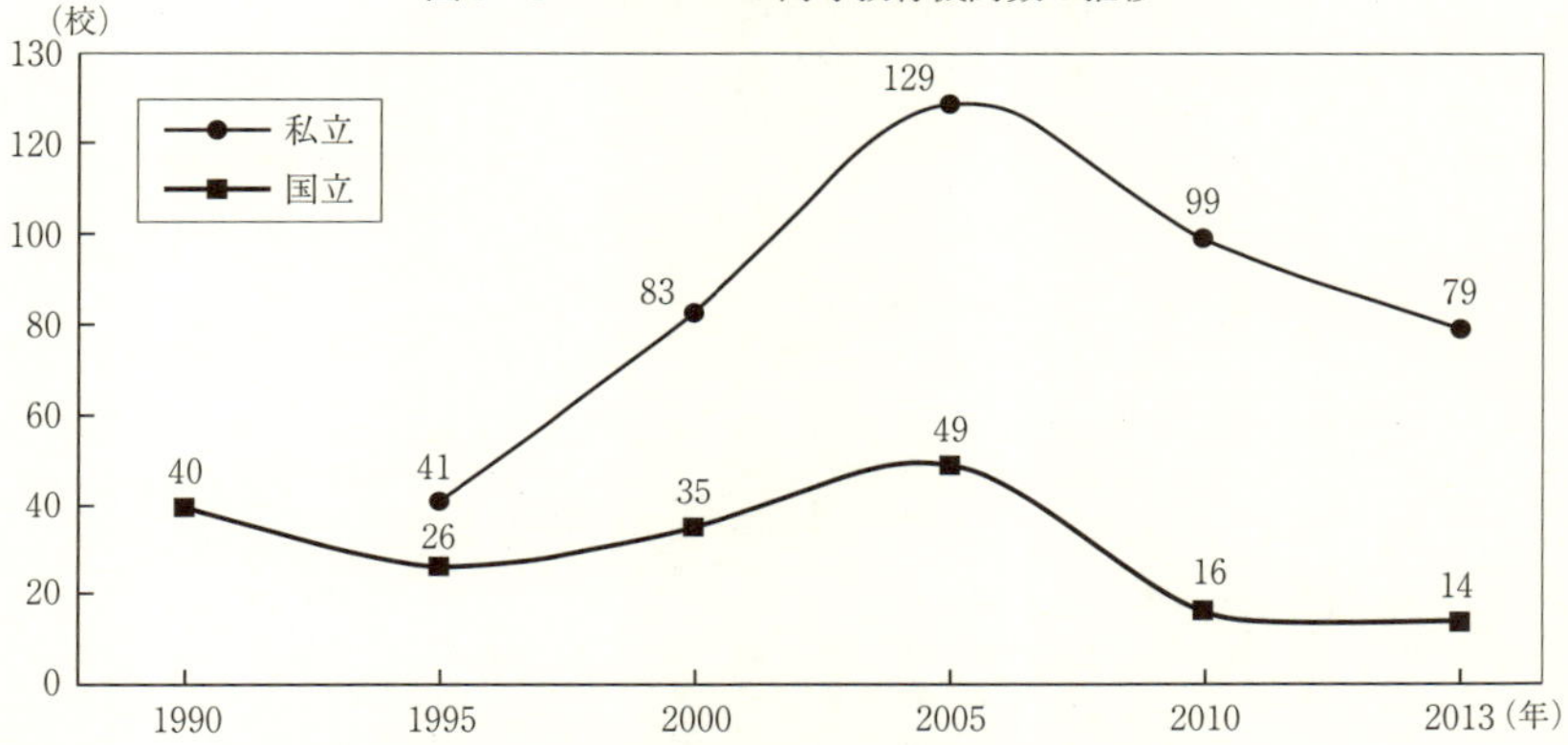

出所　モンゴル教育文化科学省および統計局の2000～2013年の公開データより作成。

医学（一万四三三三人）、生産・製造専攻（一万四八人）のいずれと比べても多い。人文・社会科学系三位の社会・経済学部の在籍者数も、理系三位の生産・製造専攻を上回っている（一万一三四三人）。全体として高等教育機関の在籍者の二三パーセントのみが自然科学、工学を専攻している（World Bank 2010: vi）。これを受け、「教育のマスタープラン」では、MBAをはじめ、人文・社会科学系の学生数を二〇〇六年から二〇一五年の間に一八・五パーセントから一〇パーセントにまで減少させることが示された。さらにモンゴル政府は二〇〇九年より、国家研修基金より奨学金を受けられる専門分野のなかで理系を急増させる方針である（MECS 2009: 16-17）。JICAによると、現在の経済を支えている鉱物資源開発に重点をおいた科学技術大学では、卒業生はほぼ一〇〇パーセントが就職している（JICA 二〇一三）。このことは、二〇〇〇年代半ばから自然科学、工学・情報工学分野の強化を政策課題としたことが功を奏したとも考えられる。

五　高等教育における国際流動化の可能性

本章では、モンゴルにおいて国際流動への関心と要望が海外留学のかたちで表われており、実際、その動きが加速化していることを示した。社会主義体制下では、社会主義構築という課題のもと、近代的な高等教育制度が設立されるよりずっと前に人材移動は始まっており、旧ソ連を中心相手国とし、派遣留学およびモンゴルへの専門家の派遣というかたちで存在していた。市場経済転換期以降は、派遣留学は引き継がれたが、高等教育の大衆化と大学進学率の急増とともに、受け入れ先や留学形態が多様化し、流動化は近年一層促進されている。

海外留学は、かつて受け入れ先の政府による国費留学制度のみであったが、モンゴル政府による派遣という新たなかたちで推進されている。とりわけ最近では、経済的なニーズに対応するために、自然科学、工学・情報工学等の海外留学が優先される傾向にある。上述したモンゴル政府による世界有数大学への留学奨励、英語教育の強化、日本が主要な受け入れ先となる工学系の学生養成事業もその一例である。加えて、個人や団体、企業による自由な移動も現実的なものとなり、留学への関心と動機の高まりと相まって留学対象者の拡大にも結びついている。このように活発化した海外留学によるモンゴルの流動性は、海外からの投資や経済開発支援の中心に位置づけられており、モンゴルの経済発展の観点からも大きな意味をもつと考えられる。

一方で、国内外での高度技能人材養成の実践において、高等教育の国際化、グローバル化、国際流動性に関する議論との接点が弱いという特徴がみられる。これは、改革政策を支える適切な調査研究が少なく、学術的な研究開発が遅れていることが原因として考えられる。実際、留学の現状に関する情報は、教育省の公式ウェブサイトにおける各国政府との協定による国費留学生の公募情報や、海外留学件数に留まっており、たとえば博士後期課程までの進学や海外就職等高度人材の流動については把握しきれていないのが現状である(14)。現在、モンゴル国立大学をはじめとする高等教育機関が個別に実施しているさまざまな取り組みや関係施策関連情報が各大学のウェブサイトで報じられているが、これらを研究の素材として大学間で共有してゆく可能性もあるだろう(15)。これに留まらず、国外の研究成果、先進諸国における政策や実際の取り組み、その動機と影響等についての研究が求められる。

モンゴルの留学生は約一万人に達し、留学にみられる国際流動化は急速に進展しているといえる。一方、モンゴル国内の高等教育機関における在籍者総数に占める海外留学生は非常に少なく、二〇一〇年の時点でわずか九九六人である（UNESCO 2012：130）。優れた留学者は留学先で就職、そして永住する機会を得やすい。そのようななか、留学という営みを、「モンゴルから外へ」の高度人材の養成としてのみならず、「外からモンゴルへ」の流れを促進するために教育機関や個人レベルで方策を講ずる必要があるのではないだろうか。たとえば、国単位ではなく、大学や学生にとってどのようなインパクトがあるのか、教育的要因、社会的・文化的・地理的要因がどのように作用するかなどを、研究対象にする意義は大きいと考える。また、海外留学と「外からモンゴルへ」とのバランスを流動性の質と量両方の観点から考えなくてはならないと思われる。

さらに、前節で論じたように、国内の高等教育の急速な拡大に教育の質向上が追いついておらず、大卒者の就職難、社会科学系（経営学）といった分野への偏りといった大きな課題に直面している。モンゴル国内の高等教育機関に占める博士取得者の割合からにしても、各課程の学生を指導する教員の質の高度化も急務な課題である。高等教育の人材育成の重点を社会科学系から理系に置き換えることだけで、これまでの就職難の問題が根本的に解決されるかに関しては、高等教育に限らず、個人・機関・国レベルでのさらなる検討が肝心であろう(16)。

モンゴルのような、国内高等教育の立て直しと国際的動勢への適応といった二重の課題に迫られている国にとっては、国内の高等教育と海外留学への需要を満たすために、断片的ではなく包括的な戦略が望まれる。なぜならば、海外派遣には、質の高いといわれる国立大学の学生が選抜される一方、授業料が安く、質が整っていない大学の学生はそのような機会がないままで取り残されるからである。かつては、都市部に限らず、地方部の高卒者も海外での先端的知識と能力を身につけるような選抜措置が採用された伝統があった。そしてそれは、地方開発において地方に適した政策策定等に貢献していたと考えられる。モンゴルは今、国内の高等教育機関の質を見極めることと、海外流動の現状等を調査し分析する研究を併行させなければならない。そして十分な研究に基づき、高度技能人材養成の高等教育における位置づけや意義を明らかにしたうえで、教育と人材開発の具体的な政策を組みたてていかなければならない。

注

（1）　ここであつかう流動性は、海外留学、研究やキャリア開発等を目的とした国境を越えた高度人材の移動、その移動と密接な関係にある知識・技術の伝播、普及として位置づけたい。本章は、とくにモンゴルの若者の外向けの移動状況を国際流動の現象としてとらえる。

（2）　ジャブザンダンバ・ボグド・ゲゲーン。モンゴルでのチベット仏教の化身ラマ・活仏の第八世であり、仏教界の最高権威をもち、モンゴル族全体の象徴となっていた。（外）モンゴルに漢民族を移動させ、モンゴルを中国の一部としようとした中国の政策に対してどうすべきかを話し合うことをめざし、ボグド・ゲゲーンのイニシアティブによって一九一一年夏に秘密裏に数回会議が開かれた。その結果、国家としての独立を果たすために、帝政ロシアに代表を派遣し、軍事・軍隊や外交上の支援を要請していた（Boldbaatar *et al.* 2008：14）。

（3）　一九二四年に北京、一九二六年にドイツやフランスへの留学派遣が行われ、一九三〇年代初期の派遣リストには一七八名が登録されていた。だが、社会主義路線が決定された一九二四年以降は、資本主義諸国から学生を呼び戻し、これらの国の大学を卒業した者はほとんどいなかったようである（Shagdar 2003：46）。

（4）　東方勤労者共産大学とは、主にアジア地域から留学生を受け入れ、コミンテルン（共産主義政党による国際組織）が植民地および開発途上国の共産主義者と共産党幹部の養成のために設立した学校である。一九二一年にモスクワに開設された他、閉校の一九三八年までにバクー（アゼルバイジャン）、イルクーツク、タシケント（ウズベキスタン）にも分校があった（Prohorov 1972）。

（5）　まず、一九四一年七月二二日に締結された「ソ連・モンゴル協定」によって、ソ連に留学させる学生数の増加や彼らに与えられる奨学金等留学条件の改善が図られた（Jernosek 1985：72）。一九四六年二月二七日に結ばれた「ソ連邦・モンゴル人民共和国間の経済・文化協力に対する協定」は、その後、両国が教育分野で作成する声明や協定の基礎となっている。この協定に基づき、一九五六年には「文化協力に関する協定」が、一九六一年には「ソ連・モンゴル協定」が締結され、ソ連の科学アカデミーや高等教育機関でモンゴルの専門家を養成するための計画の拡大・改善、公務員や普通教育学校の教師等の専門能力向上が図られた。その一例として、この時期には、イルクーツク大学では三〇〇人のモンゴル人学生が派遣され、さらに国家発展第六次五ヵ年計画（一九七六〜一九八〇年）の時期から、ウランバートルの師範単科大学（現在の教育大学）の学生が、第四年次にソ連のイルクーツク大学で一年間の留学研修を受けるようになったことがあげられる。それだけではなく、ソ連の専門家を招くこと等に重点が置かれ、高等教育機関に専門ごとの教員が定期的かつ継続的にソ連から派遣されることになった。さらに、一九七一年に採用された「コメコン加盟諸国の将来の社会的経済的統合に向けた相互支援を拡大するための複合計画」に基づき、一九七三年九月一四日、ウランバートルで新たな「教育や教育学部門各種に対する支援を拡大・改善するための協定」が結ばれた（Pubaev 1983：252）。

（6）一三世紀にモンゴルに伝播し、一七世紀に広く信仰されたチベット仏教は、一九二一年の人民革命以前、モンゴルの「ドミナントな社会現象」であった（石濱 二〇一一：二一八）。二〇世紀初頭にはモンゴルの全人口約六万四〇〇〇人の四割程度が僧侶として仏教機関に所属していたが、ソ連の学校制度をモデルとし、「仏教」や「書記官吏養成学校・学堂」と呼ばれる学校を支配者階級の権益に合致した制度だとみなした（Shagdar 2003：40）。

（7）http://www.iie.org/Research-and-Publications/Open-Doors/Data, http://www.jasso.go.jp/statistics/intl_student/ichiran.html を参照［06/2014］。

（8）一九九〇年九月に樹立された連立政権の新政府は、一九九一年からの三年間で市場経済を導入する方針を打ち出し、急速に経済改革を推し進めた。まずは、国際通貨基金、世界銀行等の国際金融機関の協力を得つつ経済構造調整のための急速な改革政策を実施した。なかでも、国営企業の民営化は最大のプログラムとなった。その内容は、国有財産の三分の二を全国民に分配し、民営化を進めるものとし、電力・地下資源に関する特定の産業を除いたすべての国営企業がその対象となった。また、私有化事業と並んで価格の自由化が、国際通貨基金とモンゴル政府が合意した経済改革の支柱のひとつとなった。その他、銀行・金融における新制度の構築、国際決済通貨による貿易決済移行、新租税法実施といった、貿易および為替の自由化等が順次進められた（モリス・ロサッヒ 二〇〇七）。

（9）新設の高等教育機関は、はじめは小規模の言語学習コース等のプログラムからスタートし、徐々に大学のかたちへと移行した。こうしたなかで、施設の建設や設備等は国家所管のままだが、教育課程の運営や管理は大学が主体的に行うというねらいのもと、一九九二年二月二五日の教育省大臣委員会により「半官半民大学」が設立されることになった（Open

Society Forum 2004)。そして、世界銀行の技術指導を受けて、モンゴル国家会議一九九七年第一六〇号決定により財務経済大学で試験的に民営化が開始されたという(Open Society Forum 2004: 130)。こうして市場化のプロセスと同時に、大学の民営化、私立教育機関の法規整備が行われ、二〇〇二年までにほぼすべてのアイマク(県)に多くても約八五〇人、少ない場合は一〇人を対象とする小規模の私立高等教育機関が次々と設立された(Shagdar 2003: 108)。

(10)　JICAによる工学系産業人材ニーズ調査では、モンゴルの主要産業分野のトップ九三社は、大卒業者に不足している点として、上位から、応用技術(三四パーセント)、判断力(二三パーセント)、熱意(一九パーセント)、そして専門基礎知識(一七パーセント)を指摘している(JICA 二〇一三)。

(11)　一九九〇年には、国立高等教育機関の総数(四〇ヵ所)に並ぶ職業技術・専門教育機関(四四ヵ所)があり、そこに全国の学生の三分の二にあたる二万六〇〇人が在籍していた(NSOM 2001: 207)。後者に関しては、統計データからもわかるように、機関数と在籍者数がともに減少し、高校卒業後の選択肢が大きく制限された。言い換えれば、企業の操業中止と解散、さらに民営化に伴った国営工場の混乱が、職業技術・専門教育機関の閉校につながり、高校卒業生も巻き込んだ新たな失業問題が発生したのである。この受け皿となったのが、私立高等教育機関であり、結果、学生数や教員数といった規模の上では小さいものの、数多くの高等教育機関が生まれたわけである。

(12)　国内産業がほとんど停滞し、市場原理に基づく新たな産業やビジネスの基盤もまだ十分育っていない状態のなか、実験室の設備や器具をはじめとする費用がかかる自然科学系の大学の設立がきわめて難しかったと指摘されている(Steiner-Khamsi and Stolpe 2006)。逆にいえば、自然科学系と比べ、人文・社会学系にかかる費用が低い。そのため、閉鎖された職業専門学校の空白を埋めたのは、理系のプログラムではなく、語学やビジネス等のプログラムを開設した人文・社会学系の機関であったことが否定できない(World Bank 2010: vi)。

(13)　高等教育の専攻別データは、教育学、人文学と芸術(Humanity and Art)、社会科学、経営学および法学(Social Science, Business and Law)、自然科学、工学・技術学(Engineer and Technology)、農牧業、医学と医療(Medical Science)、サービス業学(Service)、その他の一〇つに分類されている(モンゴル教育文化科学省 二〇一四b)。

(14)　これは、国際流動性に関する先行研究でも言及されるように、流動化への参加者が多様化するなか、とりわけ短期留学や私費で留学している人数を把握しきれないという理由が考えられる。留学先の国名や人数に留まらず、専攻分野や学位レベル等の基本的なデータの他、留学実態調査、留学生の留学前後の意識調査、留学終了後の就職等については、まだ不足している。

(15) 実際、モンゴル国立大学等の年間報告書等では、国際事業の件数が多く、海外の連携大学との交流に加え、学生や教員の交換・派遣事業などの取り組みを推進していることがうかがわれる。また、ＪＩＣＡによる調査では、科学技術大学での国際化推進の取り組みが紹介されているなかで、同大学はアメリカ、イタリア、韓国、台湾、中国、ロシアの連携大学によるツイニングプログラムを実施また計画しているとする（http://www.num.edu.mn/en/index.ashx?s=406、http://www.msue.edu.mn/#、ＪＩＣＡ 二〇一三）[09/2013][01/2014]。

(16) 大学を卒業しても就職口がみつからないことや、企業側は、就職を探している者が優秀であっても私立大学の卒業者であれば、雇わないことなど差別的であることについてマスメディアで広く取り上げられている（http://society.time.mn/content/34796.shtml, http://jargalsaikhan.niitlelch.mn/content/1241.shtml）[09/2013]。

参考文献

青木雅浩（二〇〇九）「「境界」を行き交う民族の思いと大国の思惑――一九二〇年代前半の「モンゴル世界」とソヴェト、コミンテルン」ユ・ヒョウチョン、ボルジギン・ブレンサイン編『「境界」を生きる「モンゴル世界」――二〇世紀における民族と国家』八月書館、二七七～三二五頁。

生駒雅則（二〇〇四）『モンゴル民族の近代史』東洋書店。

石濱裕美子（二〇一一）「チベット仏教世界の一部としてのモンゴル理解の必要性について」吉田順一監修／早稲田大学モンゴル研究所編『モンゴル史――現状と展望』明石書店、二一九～二三六頁。

大津清子（二〇〇三）「子ども観の変遷からみたモンゴルの高等教育の大衆化」習志野市国際交流協会、発表資料、一～一七頁。

小貫雅男（一九八五）『遊牧社会の現代――モンゴルブルドの四季から』青木書店。

小長谷有紀編（二〇〇三）『モンゴル国における二〇世紀――社会主義を生きた人びとの証言』国立民族学博物館。

モリス・ロサッヒ／小長谷有紀監訳／小林志歩訳（二〇〇七）『現代モンゴル――迷走するグローバリゼーション』明石書店。

独立行政法人国際協力機構（JICA）（二〇一三）「モンゴル国工学系高等教育情報収集・確認調査　最終報告書」平成二五年一月。

OECD編／門田清訳（二〇〇九）『科学技術人材の国際流動性――グローバル人材競争と知識の創造・普及』明石書店。

Ministry of Science, Technology, Education and Culture (MOSTEC) (2001), *Foundation of Education Sector in Mongolia and its Development in 80 Years.* Ulaanbaatar : MOSTEC.

National Statistical Office of Mongolia (NSOM) (2001), *Mongolian Statistical Year Book 2000.* Ulaanbaatar : National Statistical Office of Mongolia.

National Statistical Office of Mongolia (NSOM) (2012), *Mongolian Statistical Year Book 2011.* Ulaanbaatar : National Statistical Office of Mongolia.

Schriewer, J. and Martinez, C. (2004), "Constructions of Internationality in Education," in G. Steiner-Khamsi (Ed.), *The Global Politics of Educational Borrowing and Lending.* New York : Teachers College Press, pp. 29-54.

Steiner-Khamsi, G. and Stolpe, I. (2006), *Educational Import : Local Encounters with Global Forces in Mongolia,* New York : Palgrave Macmillan.

World Bank (2010), *Tertiary Education in Mongolia : Meeting the Challenges of the Global Economy.*

Boldbaatar, J. *et al.* (2008), *Mongol Ulsyn Khugjliin Bodlogo, Uzel Barimtlal : Khuvisal, UurchlultXX Zuun [Development Policy and Vision of Mongolia : Revolution and Reformation].* Ulaanbaatar : Soyombo Printing Co.Ltd.

Jernosek, I. Ph. (1985), *Narodnoe obrazovanie v Mongoliskoi Narodnoi Respublike [Public Education in the Mongolian People's Republic].* Kiev : Jovten.

Maiskii, I. M. (1960), *Mongoliya Nakanunye Ryevolyutsii [Mongolia Prior to Revolution].* Moscow : Vostochnoe Nauchnoe Izdatelistvo.

Ministry of Education, Culture and Science (MECS) (2009), *Bolovsrol, soyol, shinjleh ukhaanii salbaryn erh zuin medeelel 2009-01 [Education, Culture and Science Sector Legal Information 2009-01].* Ulaanbaatar : MECS.

Ministry of Education, Culture and Science (MECS) (2007), *Bolovsrol, soyol, shinjleh ukhaanii salbaryn erh zuin medeelel No*

12-3 [Legal Information Related to Education, Culture and Science Sector, No. 12-3]. Ulaanbaatar : MECS.

Ministry of Education, Culture and Science (MECS) (2002), *Bolovsrolyn salbartai kholbootoi togtool, tushaalyn emhetgel 10 [Decisions and Orders Related to Education Sector]*. Ulaanbaatar : MECS.

Open Society Forum (2004), *Niigmiin Salbaryn Khuvichlal [Privatization of Social Sector]*. Ulaanbaatar : Open Society Forum.

Prohorov, A. M (Eds.) (1972), *Bolishaya Sovetskaya Entsiklopedia [A Soviet Encyclopedia]*. Moscow : Soviet Encyclopedia, p. 575.

Pubaev, P. E. (1983), *Sotrudnichestvo SSSR i MNR v oblasti nauki i kulituri [Cooperation between USSR and MRP in Science and Culture Sector]*. Novosibirsk : Novosibirsk-Nauka.

Shagdar, Sh. (2003), *Mongolyn Bolovsrolin Tuukhiin Toim [A Historical Overview of the Development of Education in Mongolia]*. Ulaanbaatar : Sogoonuur Co.Ltd.

モンゴル教育文化科学省（二〇一〇）高等教育関連データ　http://www.meds.gov.mn/highereducation. [06/2014]

モンゴル教育文化科学省（二〇一三）高等教育関連データ　http://www.meds.gov.mn/higherstatistik2012. [06/2014]

モンゴル教育文化科学省（二〇一四ａ）「工学・技術系の専門家一〇〇〇人を日本で育成する」http://www.meds.gov.mn/post1403125. [04/2014]

モンゴル教育文化科学省（二〇一四ｂ）高等教育統計データ　http://www.meds.gov.mn/blog-129-420.mw. [06/2014]

モンゴル国立大学（二〇一三）モンゴルの高等教育の需要・供給の現状、これからの課題　http://smcs.num.edu.mn/files/2013/DeedBolosrolSudalgaa/Deed%20bolovsrolyn%20erelt%20niiluuleltiin%20shinjilgee-2.pdf. [01/2014]

モンゴル政府（二〇〇二）高等教育法　http://www.meds.gov.mn/director-content-59-315.mw. [01/2014]

モンゴル政府（二〇一二）「モンゴル政府二〇一三年決議（第一九号第三付属書　高等教育機関・学習者に奨学金等を給付制度）」http://www.meds.gov.mn/director-content-407-317.mw. [03/2014]

モンゴル大会議（二〇一二）二〇一二年九月一八日付第三七番決議「二〇一二年～二〇一六年におけるモンゴル政府の行動計画について」http://www.meds.gov.mn/. [06/2014]

Munkh-Erdene, L. (2008), Turiin umchiin ikh surguuliin udirdlagyn shinechlel. Olon niitiin status khamtiin ajillagaa

[Management Reforms and Public Status and Collective Management of the Public Universities]. http://www.forum.mn/res_mat/PolPaper_MUIS.pdf. [01/2014]

UNESCO Institute for Statistics (2012), *Global Education Digest 2012 : Opportunities Lost : The Impact of Grade Repetition and Early School Leaving*. http://www.uis.unesco.org/Education/Documents/ged-2012-en.pdf. [06/2014]

World Bank (2001), *Putting Higher Education to Work Skills and Research for Growth in East Asia Washington*. http://siteresources.worldbank.org/EASTASIAPACIFICEXT/Resources/226300-1279680449418/7267211-1318449387306/EAP_higher_education_chapter1.pdf. [02/2014]

第6章　何処から来て、何処へ行くのか

――アメリカ合衆国の地理的移動の検証と日本への示唆――

クリフォード・アデルマン／松塚ゆかり(1)

一　アメリカ発モビリティーの実態把握と世界的課題

アメリカは国外から多くの留学生を受け入れるのみならず、国内においても学生の流動性はきわめて高く、入学した大学を卒業する学生の割合は五割を下回る。より良い地を求めて移動する様は、移民国家であるアメリカそのものともいえるが、文化が多様化し、さまざまな交通手段が利用できるようになった現代においては、地元に根づかない若者は増加する一方である。移動する学生の経路を地理的につなげ合わせようとしても、その様相に規則性を見出すことはきわめて困難であり、その「線」は、カンバス上を横切ったりこんがらかったり、奔放なる線を描くジャクソン・ポラックの絵画に似ている。入学したり退学したり、転学で他の行政区や州に移動したり、そしてまた戻ったり、意外な方向に進路をとったりと、とらえどころがないのである。

大学在学中の学生移動が一般的とされるアメリカでは、学生移動を追跡するトラッキングシステムも世界で最も発展しているといえる。就学管理から税収管理に至るまで大学就学中およびその前後の地理的移動は政策当局や教育研究者にとって常に大きな関心事であり、移動の実態を正確かつ具体的に把握することがめざされてきた。しか

しながら、少なくとも現段階において、学生を十分に追跡できるシステムは存在しない[2]。高等教育の制度内でどの程度のどのような種類の地理的移動が標準的であるかさえも見極めることができないのである。ましてやオンラインによる遠隔教育サービスが拡大している現在、学位や学習の効果を地理的移動性の見地から検証するのはますます困難になっている。「何処から来て、何処へ行くのか」この問いに応える重要性と困難性は同時並行的に進行しているといえる。

学生の学校間移動の影響について研究が蓄積されていないわけではない、たとえば、Alexander, Entwisle and Dauber（1996）、Rumberger and Larson（1998）、Swanson and Schneider（1999）などは、子どもの転校がその後の成績や就学の継続性に及ぼす影響を取り上げ、学齢期の就学移動が教育成果へ与えるインパクトを考察する重要な観点を提示している。高等教育に焦点をあて、地理的移動と就労の場におけるパフォーマンスとの関係について分析した研究も、質問紙調査に基づくものから全国レベルの時系列データを使用した研究まで多岐に及ぶ（Strathman 1994, Brown and Heavey 1997, Kodrzycki 2001, Groen 2003, Bound, Groen, Kezdi and Turner 2003）。また、「ブレイン・ドレイン（頭脳流出）」の観点からは、カナダからアメリカへの学士号取得後の移動を取り上げた、Frank and Bélair（1999）および Andres and Licker（2002）などが興味深い。

しかしながら、これらの貢献をもってしても、依然として根本的な課題が解決していない。それは、高等教育における移動の規定要因や移動の影響を分析あるいは評価するためには、どのような地理的そして時間的「単位」を用いるべきか、ということである。日本では戸籍調査で統計を取り始めたのが大化の改新後の六四六年に遡るというが、居を置く場所やその移動を把握することがどの時代においてもどの国においても大切であることを物語っている。人の移動がグローバルに展開されるに至った現在、そのありようと影響を世界的に議論するためには、まずは移動の「定義」を確認し共有しなくてはならないのである。つまり、どのような個々人あるいはグループがいかなる理由において移住する傾向にあり、その個人そして社会への影響がいかほどであるかついて仮説をたてる前に、まずは一定の国に焦点を絞り既存のデータをもとに、知り得ることと知り得ないことを明らかにしながら、実態把握の可能性、限界、課題を明確にしなければならない。

その点アメリカは大学環境における学生移動が量的にも経験的にも安定しており、十分とはいえないまでも、全国レベルの移動データが豊富に存在する。そこで本章ではアメリカのデータを対象に、これまでわれわれは何を把握することができたのか、そして今後何を明らかにしなくてはならないかをまず明確にし、そのうえで、なぜ学生は移動するのか、その移動に地域的特徴はみられるのかを論じ、今後、流動性を把握するために追究していくべき課題について、具体的な提言を行いたい。今後日本、そしてアジアにおいて増加するだろう学生移動を調査分析するうえでも、効果的かつ信頼性の高い研究を展開する基礎となるだろう。

二　学生移動データの実態と可能性

(1) アメリカの連邦データにおける課題と日本との対応性

アメリカでは過去数十年、ＩＰＥＤＳ（Integrated Postsecondary Education Data System：統合高等教育データシステム）をもとに、後期中等教育修了後（高卒後）の学生の地理的移動を報告してきた。高卒後一二カ月未満の学生の居住地（卒業した高校と同じ場所と推定）がある州と高校卒業後に最初に入学した高等教育機関がある州を照合することによって、高卒後の初めての地理的移動を推測した。しかし、この方法には限界がある。各州において、移って来た学生はどこから来たのか、移っていく学生はどこへ行くのかを知り得ないのだ。たとえば、二〇一〇年秋のニュージャージー州の記録によれば、同州は高等教育進学に際して二万九五四一人（そのうち過去一二カ月間に高校を卒業したのは二万六九四一人）の学生を「失った」が、どの州へ移動したのか不明である。隣のペンシルバニア州は一万九二八一人（そのうち最近高校を卒業したのは一万六五八五人）の学生を「獲得」したが、どの州から移動してきたのか不明である（National Center for Education Statistics 2013：table 258 and 259）。このような不連続性が、進学や就学管理の工程において高校と大学を切り離してしまうのである。

日本では四七都道府県、アメリカの五〇州とおおよそ同じ程度の管轄区があり、学生の移動データもたとえば北海道から愛知県、山口県から東京都などのように、都道府県の単位で調査されている。全国社会保障・人口研究問題研究所が二〇〇五年、二〇一〇年、二〇一一年に人口移動調査を行っているが、日本の全人口を対象に年代別、性別に移住の有無とその目的を調査しており、教育の目的による移動を含めて公表している（Hayashi *et al.* 2013）。このデータはＩＰＥＤＳのように教育研究・分析用に実施されているわけではなく、むしろアメリカの人口動態調査（Current Population Survey：ＣＰＳ）に匹敵する。学生ではなく個人が調査単位であるが、学生の移動についても合理的な推測が可能である。たとえば、二〇一一年の調査結果に基づき、最初の入学移住（日本では一五歳から一九歳に分類）では、男性の二八・七パーセント、女性の三九パーセントが過去五年以内に教育目的で移住したことがわかる（移住した人間が都道府県を移ったかどうかは定かでない）。さらに、過去五年間に現在の居住地に移住してきたと回答した二〇歳から二四歳の男性の三三・二パーセントと女性の三〇・五パーセントが「大学に入学するために」移住したことがわかる（Hayashi *et al.* 2013：table Ⅳ-2）。しかし、これらの推測では学生に関する情報が欠けている。これに相当するアメリカのセンサスでは一八歳から二四歳の全人口中移住者数は男性三二・一パーセント、女性三三・二パーセントである。何らかの高等教育の学歴を有する者に絞ると、男女合わせて三五パーセントに上昇し、学士号修了者に限定すると四四・五パーセントとなる（Benetsky, Burd and Rapino 2015：table 2, p. 6）。つまり、一〇代後半から二〇代前半にかけての教育目的のモビリティーについてアメリカと日本では類似した傾向がみられることがわかる。

（2）日米共通の課題と今後の可能性

日本の人口データはかなり洗練されてはいるものの、学生、とくに高卒以後の学生を分析単位にした主だった研究成果は少なくとも英文献としては公開されていない。一方で、先にふれた全国社会保障・人口問題基本調査（二〇一二）には、高卒後の学生のモビリティーについて基本的なデータを作成し得る内容が含まれている。以下の就学と転居に関する設問の回答から導かれる変数と高卒学生の個人認識変数があれば、高等教育における移住統計を都道府県別に容易に提供できると思われる。

- 現在居住する都道府県・市町村
- 就学経験（①小学校、②新制中学・旧制高小など、③新制高校、旧制中学・女学校など、④専修学校（高卒後）など、⑤短期大学、高専など、⑥大学、大学院など）
- 五年前および一年前の居住地が、現在の区市町村、および都道府県と同じかどうか
- 生誕地、中学を卒業した時の居住地、最後の学校を卒業した時の居住地、はじめて仕事をもった時の居住地等が、現在の区市町村、および都道府県と同じかどうか
- 卒業時の年齢
- 入学と進学を含む、引っ越しの理由
- 生まれてから現在までに三か月以上居住したことのある都道府県や外国
- 五年後に居住地が異なる可能性（四段階）と移住先（都道府県ではなく一一地域と外国）
- その場合の入学・進学を含む転居の理由

一方異なるデータセットを用いて、文部科学省が高等教育修了時に焦点をあてて、短大から博士課程修了者までを対象に新卒者の進路を公表している（MEXT 2012）[3]。しかしながらここには都道府県等地理的移動に関する情報は含まれていない。また、卒業前のどのような移動も、またその進路との連続性もうかがい知ることはできない。

学生を分析単位としたアメリカのデータでも同様の問題を抱えている。もともとの居住地と就学に伴う移動の調査においては、高卒後に初めて入学する機関に学生が留まるとみなすこととなっており、高卒時から就職後の経緯のなかで、高等教育在学中の移動学歴を網羅的に掌握できる設計にはなっていないのである。しかしながら最近、全米の高等教育機関の九三パーセントから入学と学位のデータ提供を受ける非政府機関「全米学生クリアリングハウス（National Student Clearinghouse：ＮＳＣ）」が、「ステューデント・トラッカー（Student Tracker）」という全米規模のデータシステムを構築した。州を越える学生移動について、全米の基本情報を提供できるシステムとなっており、同機関は「シグネチャーレポート」という報告書を通して、このデータの有効性を公表している。たとえば、大学の修了率（Shapiro *et al.* 2015）や四年制学士課程から短大への逆編入（Hosler *et al.* 2012a）、さらに垂直的編入と水平的編入と流動性との関係（Hosler *et al.* 2012b）も網羅しており、これらはＩＰＥＤＳでは扱うことができなかった分析である。これまでの限界を克服すべく、個々の学生が最初に入学した高等教育機関とその所在する州に加えて、その後の修学や移動状況を含むミクロベースの情報が含まれている。これをもとに、高等教育における多様かつ多岐に渡る学生の流動性を解明しようとする研究は一層盛んになるとともに、分析の精度は急速に向上することが期待できる。

（3）これまでのデータにありがちな混乱

アメリカで長年そうであったように、学生のモビリティーを把握するためのデータ設計や、データ収集方法において課題を抱える国は少なくない。多くの場合複数の調査に基づく異なるデータベースが存在し、それぞれが明確な目的をもって設計されたはずが、単独でもまた総合的にも当初の目的を十分に満たすことができないケースはめずらしいことではない。ここでは、アメリカで採用されている五種の異なるデータシステムが、その対象や機能においていかなる混乱を生んでいるかを紹介し、各国における同様の課題になんらかの示唆を提供したい。

表6-1では、高等教育のモビリティーを扱うアメリカの五種のデータソースをリストアップしている。教育省の「全米教育パネル調査八八年度以降版（National Education Longitudinal Study：ＮＥＬＳ88）」、同じく教育省の「後期中等教育後調査（Beginning Postsecondary Students：ＢＰＳ）」、「全米学生クリアリングハウス（ＮＳＣ）」、「高等教育西部インターステート委員会（Western Interstate Commission on Higher Education：ＷＩＣＨＥ）」、労働省の「全米青少年パネル調査（National Longitudinal Survey of Youth：ＮＬＳＹｏｕｔｈ）」である。一見しただけで、きわめて複雑なポートレイトを示していることがわかる。すぐに気がつくのは次の二点である。⑴各データセットがどのように定義され、どのように制限されているかを説明するのに必要な脚注の数の多さ、⑵表のセルが「該当データなし（N.A.—（Not Applicable））で表示されている箇所の多さである。これらはデータソース、データ収集の目的、そしてデータの構成要素がまちまちであるが故の問題である。データソースのうち三つはアメリカ政府の担当局（教育省と労働省）が管理運営し、ひとつ（ＮＳＣ）は民間企業によって、残りのひとつ（ＷＩＣＨＥ）は一六州の高等教育当局間の契約から成り立っている。

教育省では全米教育統計センター（National Center for Education Statistics：ＮＣＥＳ）が教育統計を管理している。その統計のひとつであるＮＥＬＳは、「グレード・コーホート研究」とも呼ばれており、中等教育課程の一二歳から一四歳の学生の中から層化標本を抽出し、その後一二年から一四年に渡って追跡する。これまでに四度実施されており、五度目は二〇一五年五月現在進行中である。一方ＢＰＳは「イベント・コーホート」研究と呼ばれている。この場合の「イベント」とは高校卒業後の最初の入学のことであり、同期の経年調査である「全米高等教育学資援助調査（National Postsecondary Aid Study：ＮＰＳＡＳ）から抽出された階層化サンプルがデータを構成する。ＮＥＬＳでは高等教育入学時の年齢は主要変数とはいえない一方、後者の調査では重要かつ影響力のある変数である。労働省のＮＬＳＹｏｕｔｈは完全に異なるタイプのサンプル抽出になっていて、基準年次の一四歳から二一歳の個人をできるだけ集めたものであり、これらの個々人を二〇年以上追う。これら連邦政府による三種のデータセットはすべ

表6-1　高等教育のモビリティーを扱う合衆国データソースの特徴

Data Set/Source	対象年度	追跡年数	州間移住率	うち複数機関在席率	編入率	移住率
NELS88[1]（教育省）	1992～2000	8.5	21.3%	56.5%	28.1%[2]	20.2%[3] 37.2
BPS（教育省）	2003～2009	6.0	13.59	42.0%[4]	32.0%	N.A.
全米学生クリアリングハウス（NSC）	2006～2011	5.0	N.A.	33.1%[5]	N.A.	8.9[6]
WICHE[7]	2005-2011	6.0	22.0	N.A.	N.A.	26.7 19.0
NLSYouth（労働省）	1975～1991	5.0	N.A.	N.A.	N.A.	11.6[8] 26.8

注：(1)調査対象者は，1992年に12学年に在学した，原則的に初等教育から前期中等教育を合間なく経てきた全生徒である。
(2)編入は2年制から4年制への縦の移動である。高いほうの数値は，2年制在学時に10単位以上を取得済みの学生を対象としている。
(3)調査対象は，10単位以上を取得した学生である。
(4)20歳前に高等教育に入った学生の数値であり，それ以外の全学生を対象とした場合は11.1%となっている。
(5)NSCは，「編入」を複数機関において在席したこととして定義しているが，2番目，3番目と編入した場合，すでに最初の証明書や準学士の学位を取得している場合はその後の編入を除外している可能性がある。
(6)数値が低いのは，2006年の秋に就学を開始したすべての学生を対象としており，高い数値は2学年，3学年と継続した，つまり2011年の調査修了時に分析の対象となった学生を対象とする。
(7)統合データには4州のデータのみが含まれている。
(8)低い数値は学位に到達する前に退学したか就学を取りやめた学生であり，高い数値は学位を取得した者のみを対象とする。

て重複する項目を含んでいる。たとえば、NLSYouthは基本的に労働市場の状況を扱うものであり、就労の履歴をカバーしているが、就労の履歴データは教育省のパネルデータにも存在する。一方NLSYouthは教育到達水準を測る変数を含んではいるものの、その学生について中等教育後の履歴を分析することはできない。

表6-1が示すさまざまな矛盾を以下に整理したい。

- 学生が法的に居住している州あるいは中等学校から、中等教育後に最初に入学した州への移住について、NELS88とWICHEは類似の結果を出している。しかしNELS88は高卒直後の「伝統的」修学年齢の学生を対象としている一方、ＷＩＣＨＥは就職経験者や成人学生等を含む全学生を対象としている。また、学生の高等教育入学時点での年齢を含んでいるかどうかが不明である。後期中等教育後調査（ＢＰＳ）の推定では、二〇〇三年から二〇〇九年の州間移住者率はかなり低い。同調査の一九九五年から二〇〇一年を対象とした結果は一九・一パーセントであった。また、期間的に一定の平行的検討が可能なＮＥＬＳ88では二一・三パーセントという数値が出ている。なぜこのように低い数値なのかについて説明がきわめて困難なのではないか。

• 学生が何件の大学に在籍したかについては、ＮＥＬＳ、ＢＰＳ、ＮＳＣの間でまったく異なる結果となっている。教育省の二つは成績証明書をもとにした結果であり正確性は高い。ＮＳＣの結果は就学管理データをもとにしている。注意が必要なのは、前者二つの数値は、複数機関在籍の場合と正式な編入とを別々に定義しているのに対して、ＮＳＣはそれら二種の概念を「移動」として同一に扱っていることである。ＮＳＣの「移住」の数値はかなり低くなっているが、これは、学校を変更する前に入学した最初の機関で準学士号等の修了証明書を取得した学生を排除しているためである。たとえば、コミュニティーカレッジから四年制大学へ垂直的に編入した約一二パーセントの学生が編入前に準学士あるいは「一般教養」の証明書を取得しているとすると、(4) これらの学生が複数の教育機関に在籍したデータから排除される影響は非常に大きい。一方、ＷＩＣＨＥではこれらの数値は発表可能なはずだが、複数機関在籍についても移動情報についても明らかにしていない。

• ＮＳＣの学生追跡システムにある全学生のうち、調査対象期間に州を越えて移住した学生は八・九パーセントであった。対象を複数の大学に実際に在籍した学生に絞ると二六・七パーセントとなる。(5) この値はＮＬＳＹo ｕｔｈが出した推定値の二六・八パーセントに非常に近いが、後者のほうは学士号取得者の州間移住に限られている。

• ＮＥＬＳ88の州間移住率二〇・二パーセントは、ＷＩＣＨＥの一九・〇パーセントとそれほどずれがないようにみえるが、前者は八・五年の期間を通して一〇単位以上取得した伝統的な年齢層の学生に限定している一方で、後者は六年間にわたる全学生を対象としている。

以上からいえることは、多くのスポンサーが多くのデータソースを作成して、そこには多くの関心と目的が相俟って、多様に異なるキー変数の定義を作り出し、一貫した使用や解釈を困難にしている、ということである。モビリティーも地理的移動もストーリーが存在するはずであるが、そのストーリーの中身と程度は闇のなかなのである。

連邦政府の公共政策の舞台では、政府機関のパネル研究に対する不満が常にある。頻度が少ないためにデータが古くなってしまうのは避けられない。時系列分析が必須なのは当然のことだが、政治家やマスコミは学生が成長して答えが出るまで、八年、一〇年、一二年と待つことができない。彼らは即刻答えが欲しいのである。さらに、限られた予算内で全州を網羅する全国レベルの調査が求められる一方で、パネル調査は規模が小さく、州レベルで統計的に有意なデータを生み出すことができない。

毎年国勢調査局が実施しているアメリカコミュニティー調査は、たとえば二〇一三年二二〇万人のサンプルを収集しており、州レベルでも分析可能なデータを構築できる。一方、時系列研究は二万五〇〇〇かそれ以下の規模で始まり、地理的分析は国勢九区分が最も可能な単位である。これをもってしても、地理区分に基づく統計における標準誤差は非常に揺らいでおり、これについては本章の後半で述べる。グレード・コーホートであれイベント・コーホートであれ、学生の現状と変化を把握しようとする政策決定者にとって満足のいく調査とはいえない。

ＷＩＣＨＥ（高等教育西部インターステート委員会）は、四州の中等教育から高等教育、そして労働市場での履歴を包括的にリンクする試みであり、これも議会が連邦データシステムを否定したことへの対応といえる。本調査を全米レベルで展開するべく企図されたのが、全州を交差する時系列データ交換システム「マルチステート時系列データエクスチェンジ（Multistate Longitudinal Data Exchange：ＭＬＤＥ）である。ＭＬＤＥは現在進行中のプロジェクトであるが、これが展開されるとほぼ全人口、そして一九万二〇〇〇人の学生を対象とする、かなり大規模なデータとなる。全米クリアリングセンターの時系列的境界を越えて何ができるかを示す一例となるよう期待したい。

三　なぜ学生は大学を変えるのか

国内移動であれ、国家間移動であれ、人の移動を説明する理論は社会学、経済学、人口統計学など、さまざまな分野で存在しており、移動のあり方や種類、理由を示唆してくれる。しかし、高等教育の文脈では次の疑問が残る。どうして学生は大学を変えるのか、ということである。この疑問は大学入学後に転学する学生が多いアメリカではとくに大きな関心事である。日本では、学士課程在籍中の転学は異例である。しかし大学院進学者数が増加し、学士号と修士および博士号の授与機関が異なるケースが増加している現在、なぜ学生は大学を変えるのか、という問いは今後大きな関心事となるであろう。

Skeldon（2003）が仮説をたてたように、国内の移住が国家間移住につながる可能性にも留意が必要である。たとえば東南アジアであれば、国境の変化や緩みに伴い移民や移住の分類も変わってくる。分析対象が大学生である場合は、旧植民地に基づくモビリティー、および紛争や軍事占拠の影響などよりも、経済状況の違いなどを検討対象としなくてはならない。その点、Skeldon が指摘するように、日本は国内移住のメカニズムが国際移住のそれにつながるケースのひとつといえる。どのように結びつくかについては、普段の思考を越えた観点が必要かもしれない。日本の地方から都市圏への移動は十分に記録された事実である。都市部の労働力不足は、日本の諸制度が変わってより多くの女性が労働市場に流れたとしても、満たされる状況にはない（Skeldon 2003：13）。とすれば、人々は経済的な魅力により都市部へと移動していることであり、この場合の移動は政治的要因等による集団的移動ではなく、個人の自由意志と選択による自発的移動であり、本章が扱う教育目的の移動と同質といえる。アジア人学生の近年の国際的モビリティーを対象に、de Wit（2008）や Li and Bray（2007）は、このような移動を経済的魅力が「プル要因」として作用するモビリティーとして論じている。

アメリカの二〇〇二〜二〇〇三年の人口動態調査によると、移住を伴う就学は、二〇代が最も高率であり、教育水準が高いほど就学を目的とした移動が高い傾向にある（Schachter 2004）。教育水準の指標こそないものの、日本の「住民基本台帳人口移動報告年報」でも同様の観測が報告されている（Statistics Japan 2014）。日本全体における転出率は、一五歳から一九歳までは三・八パーセントであるが、二〇歳から二四歳の年齢層になると一九・四パーセントに跳ね上がる。三〇歳から三四歳の年齢層になると、一四・八パーセントに下がり、その後は下降の一途をたどる。[6]もっとも、このデータは学生を対象とした、転学等の教育的イベントを移動の理由として扱っているわけではない。

Tobler（1995）によると、移住において年齢の効果は実証研究上最も強力であり、このことは、先進国でも開発途上国でも一貫している（Raymer and Rogers 2006）。結婚、教育、初めての労働などのライフイベントが、若年成人世代に移住が集中し、年齢効果が最も顕著な規則性を呈する結果となっていることに繰り返し言及している（Raymer and Rogers 2006：4）。実際日本の人口動態に関する研究においても、その多くが結婚、出産、世帯変更に焦点をあてており（Nishioka *et al.* 2012）、若年成人世代の移住は一貫して重要な研究対象となっていることがうかがい知ることができる。

一方、日本とアメリカでは、大学進学時の居住地変更の状況が大幅に異なる。BPS2003-2009に基づくと、アメリカでは一一パーセント（二〇歳以下の学生の一三・五パーセント）が大学生活を法律的居住地と異なる州で始めるが、日本の場合、大学に進学する学生の約六二パーセントが戸籍上の居住地と異なる都道府県に移住する。その範囲は愛知県の二九パーセントから和歌山県の八九パーセントまで多様である（Statistics Japan 2014）。しかしながら、この移動はアメリカの大学進学後の移動とは性質を異にするために、本章で論じてきたアメリカの学生に関する地理的移動の仮説や所見等と同様の扱いはできない。むしろ日本における大学入学時点での非常に高い人口移動率が、その後の移動を縮小しているかにみえる。このことは統計的側面での検討よりもむしろ、北海道大学の学生が在学途中で九州大学に編入したり、慶應大学の学生が早稲田大学に編入したりという例が一般的ではないといった経験則からとらえるほうが適切であろう。

アメリカでは、ＢＰＳの一九九五年から二〇〇一年版と二〇〇三年から二〇〇九年版で、学生に移住した理由を尋ねている。残念なことに、質問の方法と時期が同一ではなかったために完全なる比較はできないものの[7]、少なくとも一度は移住したと答えた学生のみを対象に、可能な範囲で比較を試みたのが表６-２である。

表６-２　BPS に基づく，学生移住者の編入理由と割合

	1995～2001	2003～2009
個人的理由	質問なし	38.3%（1.30）
講義スケジュールの問題	7.4%（1.71）	17.6（0.90）
現在の大学に満足していない	14.2（1.06）	16.9（1.02）
財政的理由	10.3（0.69）	11.2（0.83）
プログラムや専攻の変更	14.0（1.56）	質問なし
家庭の事情	4.0（1.33）	5.9（0.41）
転居	7.5（1.56）	質問なし
学術的な問題	3.1（0.72）	3.2（0.48）
その他の理由	39.5（2.50）	6.9（1.88）

出所　全米教育統計センター『後期中等後教育開始時の学生調査（Beginning Postsecondary Students study : BPS）』1995～2001年と2003～2009年。1995～2001年のケース数は 654.8k，2003～2009年のケース数は 654.8k。括弧内は標準誤差。

ここからわかるのは以下である。

- 移住の理由として講義スケジュールの問題をあげる学生の割合がかなり増加した。
- 仕事の都合等を含む財政的な理由は主たる移住の動機ではない（ランクにすると三番目から四番目であった）。
- 学術的な問題を大学変更理由にあげている学生はほんどいない。
- 二〇〇三年から二〇〇九年の調査では、学生は個人的な理由を移住の理由にあげた。これらの理由は一九九五年から二〇〇一年の研究ではその他に入っていると思われる。
- 一九九五年から二〇〇一年の調査は、七人のうち一人がプログラムあるいは専攻の変更を移住の理由にあげた。

各年のデータ分析結果も参照すると、かつてNELS88の研究では、編入の多くがドロップアウトを反映していた（Adelman 2006：table H3, p. 152）。ドロップアウトは個人の事情に起因することから、表6-2においても「個人的理由」が最大の理由であったことは驚くべきことではない。BPS：1995-2001を用いたChoy and Ottinger（1998）の研究によると、四年制大学に入学する学生にとって大学の評判はその所在地よりも重要性が高いが、コミュニティーカレッジに入学する学生にとっては大学の所在地がその評判とともに最重要の選択理由であった。また、BPSの九六年コーホートを対象とした分析によると、在学費用の問題は四年制大学の入学者、コミュニティーカレッジの入学者ともに選択理由の第三位であった。学費が初期の大学選択理由で下位にあるのであれば、州内と州外で授業料が異なることの重要性は低くなり、この観測はJunor and Usher（2008：4）の指摘と異なる。また夏学期の転学を含み、二度、三度と大学を変えるケースにおいても学費の安い州が学生を引き寄せる強い要因とはなっているわけではないことはMcCormick（2003）も指摘している。

ところで、浮き彫りにしたい移動理由のひとつに、「学士号を得るため」に大学を変えたという主張がある。この理由は表6-2に示す選択肢のなかに含まれておらず「その他」に含まれているものと思われる。しかし、中等教育後の早い段階で移動した学生の六五パーセントは学士号を得ることを移動理由としており、このことのもつ意味を検討するために、学士号取得の有無にわけて、学位取得を目的に移動した学生とそうでない学生それぞれについて、就学パターンを検討した。表6-3にその結果を示す。

就学履歴について明らかな矛盾がみられる。まず、学位を取得した学生は、編入が学位取得目的か否かにかかわらず、真っ直ぐな編入経歴を呈して学位を取得している。一方、「その他のパターン」に数えられる学生は、「高校とそれ以降の調査（High School and Beyond）」の二回生および、NELS88のコーホートを対象に行った研究で報告された「めぐる学生」のような複雑かつマルチレベルの就学状況が隠されているに違いない（Adelman 2006：Table L. 11, p. 174）。

表6-3　BPS 2003-2009 調査における，学位取得有無別の学生の編入の意向，就学パターン，編入の理由

	就学機関のタイプと編入パターン				
2009年までに学士号を取得した者	4年制のみ	2年制の後，4年制へ	他のパターン		
学士号取得のための編入 他の理由で編入	15.0% 53.2%	70.5% 19.5%	14.5% 27.3%		
2009年までに学士号を取得しなかった者	4年制のみ	2年制のみ	2年制から4年制	4年制から2年制	他のパターン
学士号取得のための編入 他の理由で編入	8.7% 23.3%	27.4% 11.9%	40.3% 14.3%	8.8% 25.6%	14.8% 24.4%

出所　全米教育統計センター『後期中等後教育開始時の学生調査（Beginning Postsecondary Students study：BPS)』2003～2009年。学士号取得者のケース数は 310k，非取得者のケース数は 861k。四捨五入のため合計は100にならない場合がある。2003～2009年のケース数は 654.8k。括弧内は標準誤差。

学士号を取得しなかった場合の集計結果の矛盾は一層顕著である。二年制のみに編入した学生の二七・四パーセントがなぜ編入理由を学士号取得のため、と回答しているのであろうか。また四年制から二年制に編入した学生の八・八パーセントがなぜ、学士号取得のために編入したと答えているのであろうか。明らかなのは、就学パターンが複雑であればあるほど学位取得が難しくなるということであろう。学生の回答と実際の行動との間にある矛盾については、データ設計および調査方法に起因するものであれ、回答者から生ずる矛盾であれ、これを縮減する多面的な考察を要すると思われる。

四　何処へ行くのか

ここでは移住前後の地域間の違いを探ってみたい。日本の研究では出生地と移動先の場所自体が大きな研究対象となっているようだが、アメリカではそれほどでもないために、探索的試みとなる。場所に依存する分析をするためには場所に関する情報、つまり、NCESの学年別調査のような同一人の異時点の場所に関する情報が必要である。表6-4は、NELS：88/2000コーホートを使用し、地理的移動の概観を示すために作成した。中等教育修了後に教育を受ける場所に従い、以下の就学経験に分けてその比率を算定している。

- 複数の学校に通学した者（ニューイングランドの下五〇パーセントから南中部西半分の六五パーセントまで）
- 複数の州で通学した者（ニューイングランドの上三二パーセントから南中部西半分の一六パーセント）
- 複数の国勢調査区分で通学した者（ニューイングランドの一八パーセント［高］から南中部西半分の九パーセント［低］）

表６‐４で使用しているＮＥＬＳ：88/2000データは「二〇〇二～二〇〇三年人口動態調査」の地理的移住を伴う就学についての補足情報に沿ったものである（Schachter 2004）。複数学校への通学を移動性を表す最も基本的な指標として考えるなら、移動の程度は東部（国勢調査区分のニューイングランド、大西洋側中部、大西洋側南部）が最も低く、西へ行くにつれ移動性が高くなる。

偶発的な学生（一九九二年六月の高校卒業日から二〇〇〇年一二月の時系列調査実施日までの八・五年間における単位取得数が一〇以下の学生）は、移動性を判断するには履歴が不十分であるため分析から除外したことに留意されたい。これらの学生は、一九九二年時点で一二学年生であり中等後教育の完全な記録を有する学生の一〇パーセントにあたる比較的小規模なグループである（標準誤差＝0.64）。これら学生の中等教育修了後の就学期間が一・六六年（標準誤差＝1.71）であるのに対して、中等教育修了後に一〇単位以上取得した学生の就学期間は四・四五年（標準誤差＝0.41）である。偶発的学生はその一六・三パーセント（標準誤差＝2.7）が複数機関に通学し、非偶発的学生は五五・九パーセント（標準誤差＝1.09）が複数機関に通学したこと、偶発的学生の中で複数の州で就学した学生は四・七パーセント（標準誤差＝1.40）、非偶発的学生では二〇・〇パーセント（標準誤差＝0.91）であったことは意外ではない。学生移動と関連する行動について理解を深めるうえで、偶発的な学生を含めると分析の焦点が曖昧になることは否めない。

表６‐４をまとめると、一九九二年の時点で一二学年だった学生のなかで、中等教育修了後に複数の州で就学し

表6－4　最初に通った学校の国勢調査区分に基づき，1992年に12学年だった学生で，2000年12月までに大学院以下の単位を10単位以上取得した者のうち，(1)複数学校に学部生として在籍，(2)複数の州で就学，(3)複数の国勢調査区分で就学したものの割合

	(1)複数校に在籍	(2)複数州に在住	(3)複数の国勢調査区分に在住(1)
大学院以下の単位を10単位以上取得した全学生	56.5　(1.06)	20.2　(0.83)	11.6　(0.65)
最初の学校の国勢調査区分			
ニューイングランド	49.7　(4.06)	32.3　(3.89)	17.7　(3.55)
大西洋側中部	51.7　(2.48)	18.3　(1.63)	10.1　(1.00)
北中部東半分	53.4　(2.14)	18.8　(1.74)	10.3　(1.23)
北中部西半分	52.2　(3.86)	21.8　(2.52)	11.2　(1.96)
大西洋側南部	50.8　(2.75)	20.0　(2.11)	11.8　(1.65)
南中部東半分	64.2　(3.83)	21.8　(2.99)	12.4　(2.36)
南中部西半分	65.1　(3.05)	16.3　(2.35)	8.6　(1.55)
ロッキー山脈地帯	60.7　(3.87)	24.0　(3.60)	14.4　(2.70)
太平洋側	62.8　(3.16)	18.3　(2.51)	12.6　(2.37)

注　(1)　NCESの時系列調査は、州レベルの分析目的で設計されたのではない。州レベルの分析に最も近いものは，9つの国勢調査区分についての結果である。9つの国勢調査区分は次の通りである。

ニューイングランド：ME, NH, VT, MA, RI, CT
大西洋側中部：NY, NJ, PA, DE
北中部東半分：OH, MI, IN, IL, WI, MN
北中部西半分：ND, SD, IA, KS, NE, MO
大西洋側南部： MD, DC, VA, WVA, NC, SC, GA, FL
南中部東半分：KY, TN, AL, MS
南中部西半分：LA, AR, OK, TX
ロッキー山脈地帯：MT, ID, CO, WY, UT, NV, NM, AZ
太平洋側：AK, HI, WA, OR, CA

(2)　①括弧内は標準誤差。②加重指数＝1.8M。

出所　米国教育統計：NELS：88/2000中等教育修了後の記録（NCES 2003-402および補足）。

た学生は五人に一人であり、およそ八人に一人が複数の国勢調査区分の教育機関に通学した。複数学校への通学率は西に行くほどに上昇するが、州間または国勢調査区分間の通学の比率については明確な地理的傾向は存在しない。国勢調査区分間の特記すべき組み合わせは、(1)相互的移動がみられること、(2)隣接する国勢調査区分への移動が多いという、E・G・ラベンシュタインの法則をはじめとする古典的移民理論の通りとなっている。しかしこれらのパターンをもとに、たとえば次のコーホートの行動を予測できるほどにロバストであると考える根拠はない。とはいえ、Tobler (1995) が指摘するように、移住を伴う

就学行動におけるパターンは時間と空間の両面で急に変化する類のものではないことから、今回のＮＥＬＳ：88/2000コーホートを基準とみなし、これに応じて将来の追跡システムを設定することは可能であろう。

表６‐４には含まれないが、複数州における就学者のなかで、中等教育修了後の就学を開始した州に帰る学生の割合が三八・八パーセント（標準誤差＝2.24）であることにも注目したい。初めて就学した大学のある国勢調査区分は、南中部東半分五八・八パーセント（標準誤差＝7.71）から、北中部東半分三〇・四パーセント（標準誤差＝4.27）まで開きがあるが、大部分がもといた州に戻らないという事実は、州外への移住を伴う就学が恒久的であることを示唆する。

総体的な日本の県外移住のリターン率は三四・五パーセントであり（Hayashi *et al.* 2013: Table V-2）、アメリカの数値に近い。しかし、日本のデータでは、学生、年齢層、あるいは以前の教育機関の場所のいずれかを示す情報を得ることができない一方で、表６‐４のアメリカのデータは伝統的な年齢（一八歳から二六歳・二七歳）の人口を対象としている。比較可能性欠如の問題は続く。

五　地理的移動と「終了」の尺度

個々人が中等教育修了後のキャリア計画を立てる場合も、政策決定者が高等教育における学校制度および運営のために指標を設定する場合においても、教育が「終了」することがひとつの基準となる。この場合の終了は、卒業証明書で象徴される。学生とその家族にとって、証明書の受領は、就学学校数、調査区分、休学、専攻科目変更如何にかかわらず重要である。州議員から国会議員にいたるまで政策決定者にとっても、学生の資質も然ることながら、単位や学位を授与することは大学政策・行政における大きな関心事である。

本章は、学生が別の機関に移るだけでなく、政治的境界や州の境界を越えて回遊することを選ぶ場合、移動を規

表6－5　学士号取得者の地理的移動の特徴

	⑴最初の学校が出身地外	⑵複数の州で就学	⑶異なる州で学位を取得	⑷異なる国税調査区分で学位を取得
学士号取得者すべて	27.7（1.38）	23.4（1.14）	9.9（0.74）	6.2（0.61）
最初の修学地の国勢調査区分				
ニューイングランド	62.5（4.93）	40.3（5.22）	15.0（2.81）	7.0（2.16）
大西洋側中部	27.9（3.27）	23.4（2.19）	7.6（1.08）	5.0（0.97）
北中部東半分	22.6（2.46）	19.0（2.09）	7.2（1.08）	4.6（0.84）
北中部西半分	25.4（3.77）	25.8（3.32）	11.7（2.54）	7.0（1.93）
大西洋側南部	34.3（3.88）	19.2（2.88）	7.2（1.10）	4.4（0.85）
南中部東半分	25.7（5.03）	27.7（4.37）	11.7（3.27）	10.6（3.21）
南中部西半分	17.0（3.43）	21.1（3.53）	7.8（1.86）	4.3（1.47）
ロッキー山脈地帯	31.4（6.16）	25.3（5.44）	13.7（4.50）	6.0（1.85）
太平洋側	13.9（2.35）	23.7（3.56）	15.8（3.72）	11.5（3.61）

注　①括弧内は標準誤差。②加重指数＝920 k。
出所　米国教育統計：NELS：88/2000 中等教育修了後の報告（NCES 2003-402 と補足）。

定する要因や移動の影響を問うことから始めた。以下ではその問いに戻り、改めてこれまで議論してきた知見を基に発展させたい。表6－5では対象者をNELS：88/2000 の学士号取得者に限り、そこを学習の最終地点ととらえ、最初の学校が所在する国勢調査区分に基づき地理的移動の特徴を探る。表6－5は一九九二年に第一二学年であり、二〇〇〇年一二月までに学士号を取得した学生のうち、

⑴最初の学校が出身地外
⑵複数の州で就学
⑶学業を開始した州とは異なる州の学校にて学位を取得
⑷学生が最初に高等教育を開始した国勢調査区分とは異なる国勢調査区分において学位を取得した者

を国勢調査区分ごとに平均率を示したものである。とくに⑶と⑷に注目されたい。

表6－5が示す、あるいは示唆する注目すべき点は以下である。

- ニューイングランド州で中等教育修了後に就学を開始した学士号取得者の六〇パーセント以上が、他の国勢調査区分にある高校の出身である。ラベンシュタインが「吸収」と称する競争において、二位は国勢調査区分の大西

洋側南部であり、三人に一人が他の地域から移動してきている。これと比較し、南中部西半分と太平洋側地域で学士号を取得し、就学を開始した学生は比較的移動しないグループといえる。

- 中等教育修了後の就学に州を越えた移動を伴った学生は、移動し続ける可能性が高いということが明記できる。この原則を示す典型的な例は、ニューイングランド州で学業を開始し、高等教育の最初の就学が同州外であった学生が複数州で就学した最高の割合を記録していることである。また、そのうちの一五パーセントが始めの州とは異なる州で学位を取得している。この比率は全米平均を大きく上回る。
- 国勢調査区分の太平洋側で就学を開始した学士号取得者の地理的移動の背景は特徴的である。複数州の学校で就学する比率は、全米平均と同水準だが、このグループの約半数が回帰せず、異なる国勢調査区分に移動して学位を取得している。国勢調査区分の大西洋側中部で就学を開始した学士号取得者には顕著なコントラストがみられる。つまり、複数州の就学者の約二〇パーセントしか同じ国勢調査区分に帰らない。
- 国勢調査区分の太平洋側と大西洋側中部には、就学を始めた国勢調査区分の複数州の学校に通学して学士号を取得する者よりも、異なる州および国勢調査区分で学位を取得する学生の割合が高い。複数州通学者の四二・三パーセント（九・九／二三・四）が異なる州で学位を取得しており、このグループの二六・五パーセント（六・二／二三・四）が異なる国勢調査区分で学位を取得している。

では重要な点は何だろうか。学士号を取得した学生の二〇パーセント以上が州境を越える地理的移動を記録し、同じグループの四二パーセントが最初に入学した大学や州へ二度と戻らないとしたら、州間移動の説明から漏れてしまう学生が存在することになる。また、学士号取得者の一四・九パーセント（標準偏差＝1.05）がコミュニティーカレッジからの移動で、一七・一パーセント（標準偏差＝0.98）が四年制から四年制への移動である。移動（とりわけ、学位取得に関わるもの）は、通常、成功のシナリオである。一方、四年制から四年制への移動は、複数州間でかなりの数が展開されるが、コミュニティーカレッジからの移動は州をまたぐケースが少ない。つまり、地理的移動と学生の成功という組み合わせは、州の境界線を引くことによって、失われてしまう。したがって、本章は、成功をもたらすひとつの移動例を明らかにできないという限界に帰するのである。

本章では、すでに多用されている大学修了率と大学のアカウンタビリティーの指標を越えて、高等教育の戦略策定者が就学管理モデルに地理的移動の相違をどの程度勘案し得るかという問いに一定の解を出そうとした。最初の就学地を国勢調査区分別に検討することにより、地理的移動にかなり多くのバリエーションがあることを確認したが、就学あるいは修学管理に資する情報に落とし込むにはより信頼性の高いデータを要する。国勢調査区分の境界線はマジノ線ではない。教育機関や州の行政官は、他州と共同で移動の地域的な特性や学生を追跡する方法を模索し、不連続な通学、専攻科目の変更、夏学期の利用など、学生行動の重要な特徴を考慮し、学生がいつどこへ行ったかをより正確に把握できるようにならなくてならない。筆者の望むところは、本章の分析がその一助になることである。移動における「プッシュ」要因と「プル」要因は重要であり、地域間共同の追跡システムが構築されたうえで、今後の研究課題としたい。

六　本章から得られる知見と今後のすすめ

本章では、アメリカと日本の一部の調査を対象に、現存するデータの特徴を示しつつ、両国に検討してほしい思いも含めて高等教育におけるモビリティーを解明する調査とデータ設計のあり方について述べてきた。そこから明らかになった知見は以下のようなものである。

(1)　分析単位をより小さくすることの試み。両国の行政機関は第一次地理的単位、州や都道府県についてのデータを求めていることに疑いの余地はない。国民全体を対象とするのは理解できるし妥当であろう。対象を大学生に絞って入学や就学状況を分析するのは困難でありしばしば信頼性の欠くものとなる。日本のデータは直接大学生を特定するものではなく、都道府県の移住データは確実である一方で、学生に焦点をあてることを犠牲にしている。連邦のパネル調査から抽出されるアメリカのデータはおそらく最も統計的に説得力のあるバイモデルであり、州内外のモビリティーの測定基準となり得よう。大学人口に焦点をあてて十分に精査するためには、NSCやWICHEの多岐的段階における時系列データを複合的に使用することで、ミクロ的移動情報を明らかにすることも可能である。そうでなければ、日本、アメリカともに、大学生の地域的流動性に焦点をあてた方がより確実な研究となるだろう。

(2)　アメリカも日本も外国籍の学生が国内のモビリティーに与えるインパクトを分析対象としていないし、するべきでもない。留学生として一度入国した後、外国人はあまり移動しようとしない。そうすると、両国の統計調査が労働者の行動分析で通勤を（日本の総務省は間接的に、合衆国統計局は直接的に）モビリティーの動きとして使用している一方で、通学は学生のモビリティーを表す指標とはなり得ない。住居が神奈川県であり東京工業大学に電車で毎日通う学生は、もちろん長時間通学ではあろうが、教育のために移住していることにはならない。同じように、東セントルイスに住んでいて、ミシシッピ川を越えて南イリノイ大学のキャンパスに通う学生も同様に移住をしていない。しかし、もし両方のケースが労働市場での行動ということであれば、都道府県（あるいは州）をまたぐ通勤に関する分析は十分に正当化されうる。

(3)　アメリカも日本も一般的な人口に関するモビリティーのデータは蓄積され優良であるといえる。大学生を対象にしたパネルデータで、日本から国外に公開されたものは見当たらない。アメリカについては、蓄積性と優良性という二つの観点から二重の立ち位置にある。蓄積という観点では、全米学生クリアリングハウスの管理記録、もしくは、教育省の時系列調査のグレード・コーホートおよびイベント・コーホートデータから抽出し、荷重等の処理をしてモビリティーの分析を行うことができる。優良か否かという観点では、このようなデータの掘り起こし蓄積作業において平行的にデータを組み合わせることは容易ではないという問題が立ちはだかる。

データ元が同じ場合も異なる場合もとくに時間の枠組みを合致させることに特別に配慮しデータの信頼性を高めることができれば比較可能性が高まり新たな発見もあり得るだろう[8]。

最後に、本章で述べてきたことがいったいなぜ重要なのかをまとめたい。データについて混乱と苛立ちが生じていることを始めに述べた。重複するアメリカのデータソースに混乱し、高等教育入学後の学生を詳細に追うことのできない日本のデータにフラストレーションをおぼえた。しかしながら両国ともに、国内のモビリティーの多くの部分を観察でき、出生地や移動先をもとに分類することができる。そしてアメリカのデータが示すように、このようなモビリティーは学生の成長と学位の取得達成の両方と重要な関係を有する。卒業後の労働市場でのモビリティーは今回のテーマではなかったが、既存の研究は卒業後のモビリティーが卒業までの動態に関連することを示唆しており、したがって本研究は高等教育を修了後の地理的履歴をよりよく分析することに貢献するのである。すでに目前に多くの再建課題があるということだ。

注

（1）本章はアデルマンの寄稿原稿をもとに、松塚が翻訳、加筆および編集を行った。翻訳と編集では一橋大学経済学研究科院生大越裕史氏の協力を得た。

（2）アメリカをはじめ各国において、学生の進路を追跡するシステムが一貫していないという問題はかねてから指摘されていた（Boston, Ice and Burgess 2013）。単独のシステムについてはとくにアメリカや欧州を中心に数多く存在する。就学期間を重点的に扱う追跡システムは、studenttracking.org, studenttrack.net などがソフトウエアを提供しているが、これらのソフトは州あるいは学校区レベルで活用されており、オハイオ州（Community Research Partners and the Thomas B. Fordham Institute 2012）およびコロラド州（Colorado Department of Education 2014）の例がある。欧州では卒業後の進路に関する全国規模の調査も多種存在し、その多くは欧州のＲＥＦＬＥＸ並びにＣＨＥＥＲＳの流れを汲むものであり、運用状況等はＴＲＡＣＫＩＴ報告書に要約されている。ＲＥＦＬＥＸについては、Allen and van der Velden（2011）、ＣＨＥＥＲＳについては、Schomburg and Teichler（2014）、ＴＲＡＣＫＩＴ報告書については、Gaebel, Houschildt, Mühleck and Smidt（2012）を参照されたい。これら既存システム上のデータの質についてはしばしば問題となっていることに留意したい。たとえば、Junor and Usher（2008）はカナダの例をあげ、データ収集における様式が一貫していない問題を指摘している。また、オンラインによる遠隔教育の普及に伴う、学生移動と学習効果の検証の困難性については、Prescott（2014）を参照されたい。

（３）　進路区分は、「進学者」「就職者」「臨床研修医（予定を含む）」「専修学校・外国の学校等入学者」「一時的な仕事に就いたもの」等がある。http://www.mext.go.jp/component/english/__icsFiles/afieldfile/2013/08/13/1302969_02.pdf［05/01/2015］

（４）　この計算についての詳細は、Adelman（2005：table 34, p. 95）を参照されたい。

（５）　Hossler *et al.*（2014b：table 14, p. 62）をベースにした筆者の計算による。

（６）　e-stat.go.jp/561/estat/ListE.do?/id=00000113209［05/01/2015］に掲載されている Statistics Japan, :Internal Migration のなかにある、Table 3-2（February 2015）を基に筆者が計算した。

（７）　一九九五年から二〇〇一年の研究では学生はすべての理由にランクづけをするように求められ、その結果、学生が大学を変えた一番重要な理由が何かをみることができる。二〇〇三年から二〇〇九年の研究では各理由について選択式回答を求めており、理由間の重要性を比較することができない。

（８）　二つの並行するグレード・コーホート時系列分析については、Adelman（2006：Table A1, pp. 123-124）を参照されたい。

参考文献

Adelman, C. (2005), *Moving Into Town-and Moving On : the Community College in the Lives of Traditional-age Students.* Washington, DC : U.S. Department of Education.

Adelman, C. (2006), *The Toolbox Revisited: Paths to Degree Completion from High School Through College.* Washington, DC :

U.S. Department of Education.

Alexander, K. L., Entwisle, D. R. and Dauber, S. L. (1996), "Children in Motion : School Transfers and Elementary School Performance," *Journal of Educational Research*, 90 (1), pp. 3-12.

Allen, J. and van der Velden, R. (2011), *The Flexible Professional in the Knowledge Society*. New York : Springer Publishers.

Andres, L. and Licker A. (2002), "Beyond Brain Drain : The Dynamics of Geographic Mobility and Educational Attainment of B.C. Young Women and Men," Paper presented at the annual meeting of the Canadian Society of Sociology and Anthropology. Halifax, Nova Scotia.

Benetsky, M. J., Burd, C. A. and Rapino, M. A. (2015), *Young Adult Migration : 2007-2009 to 2010-2012*. Washington, DC : United States Census Bureau.

Boston, W., Ice, P. and Burgess, M. (2013), "Assessing Student Retention in Online Learning Environments : a Longitudinal Study," *Online Journal of Distance Learning Administration*, Vol. 15, no. 2. [not paginated]

Bound, J., Groen, J. A. Kezdi, G. G. and Turner, S. (2003), "Trade in University Training : Cross-State Variation in the Production and Stock of College-Educated Labor," *Journal of Econometrics*, 121 (1), pp. 143-173.

Brown, K. H. and Heavey, M. T. (1997), "A Note on Measuring the Economic Impact of Institutions of Higher Education," *Research in Higher Education*, 38 (2), pp. 229-240.

Castles, S. and Miller, M. J. (2009), *The Age of Migration : International Population Movements in the Modern World* (4th edition). Basingstoke, UK : Palgrave MacMillan.

Chan, S.-J. (2012), "Shifting Patterns of Student Mobility in Asia," *Higher Education Policy*, vol. 25, pp. 207-224.

Choy, S. P. and Ottinger, C. (1998), *Choosing a Postsecondary Institution*. Washington, DC : National Center for Education Statistics.

Colorado Department of Education (2014), "Mobility Rates for 2013-14 Academic Year," at cde.state.co.us/cdreveal/mobility/-stabilitycurrent

Community Research Partners and the Thomas B. Fordham Institute (2012), *Student Nomads : Mobility in Ohio's Schools*.

Columbus, OH : Authors.

Frank, J. and Bélair, É. (1999), *South of the Border: Graduates from the Class of '95 Who Moved to the United States.* Ottawa : Statistics Canada.

Gaebel, M., Hauschildt, K., Mühleck, K. and Smidt, H. (2012), *TRACKIT : Tracking Learners' and Graduates' Progression Paths.* Brussels, BE : European University Association.

Groen, J. A. (2003), "The Effect of College Location on Migration of College-Educated Labor," *Journal of Econometrics*, 121 (1), pp. 125-142.

Hayashi, R. (2014), "Feminization of Cities : the Sustainability of the Societies of Population Decline," Paper presented at International Alliance for Sustainable Urbanization and Regeneration (IASUR) conference, Kashiwa, Japan.

Hayashi, R. *et al.* (2013), *Overview of the Results of the Seventh National Survey on Migration.* National Institute of Population and Social Security Research, Tokyo, Japan.

Hosler, D. *et al.* (2012a), *Reverse Transfer : a National View of Students Mobility from Four-year to Two-Year Institutions.* Bloomington, IN : Project on Academic Success, Indiana University and the National Student Clearinghouse Research Center.

Hosler, D. *et al.* (2012b), *Transfer and Mobility : a National View of Pre-Degree Student Mobility in Postsecondary Institutions.* Bloomington, IN : Project on Academic Success, Indiana University and the National Student Clearinghouse Research Center.

Japan Statistics Center, n.d. Timetable of Statistics in Japan, : at www.nstac.go.jp/ed/about/timeline.html

Junor, S. and Usher, A. (2008), *Mobility and Credit Transfer : a National* [Canada] *and Global Survey.* Virginia Beach, VA : Education Policy Institute.

Kakaiuchi, G. H. and Hasegawa, M. (1979), "Recent Trends in Rural to Urban Migration in Japan : the Problem of Depopulation," Tohoku University *Science Reports*, Series 7, pp. 47-61.

Kodrzycki, Y. K. (2001), "Migration of Recent College Graduates : Evidence from the National Longitudinal Survey of Youth,"

New England Economic Review, Jan./Feb., pp. 13-34.

Li, M. and Bray, M. (2007), "Cross-border Flows of Students for Higher Education," *Higher Education*, vol. 52, no. 6, pp. 791-818.

McCormick, A. C. (2003), "Swirling and Double-Dipping : New Patterns of Student Attendance and Their Implications for Higher Education," *New Directions in Higher Education*, Vol. 121, pp. 13-24. Hoboken, NJ : Wiley & Sons.

Ministry of Education, Culture, Sport and Science [MEXT] (2012), *Statistical Abstract, 2012*. Tokyo, JP : Author.

National Center for Education Statistics (2013), *Digest of Education Statistics, 2012*. Washington, DC : Author.

National Institute of Population and Social Security Research (2011), *Marriage Process and Fertility of Japanese Married Couples*. Tokyo, Japan : Author.

Nishioka, H. *et al.* (2012), "The Family Changes in Contemporary Japan : Overs of the Results of the Fourth National Survey on Family in Japan (2008)," *The Japanese Journal of Population*, Vol. 10. No. 1.

Prescott, B. T. (2014), *Beyond Borders: Understanding the Development and Mobility of Human Capital in an Age of Data-Driven Accountability*. Boulder, CO : Western Interstate Commission on Higher Education.

Raymer, J. and Rogers, A. (2006), *Applying Model Migration Schedules to Represent Age-Specific Migration Flows*. Boulder, CO : Institute of Behavioral Science, Univ. of Colorado at Boulder, Research Program on Population Processes POP 2006-03.

Rumberger, R. W. and Larson, K. A. (1998), "Student Mobility and the Increased Risk of High School Dropout," *American Journal of Education*, 107 (1), pp. 1-35.

Shapiro, D., Dundar, A., Wakhungu, P. K., Yuan, X. and Harrell, A. (2015), *Transfer and Mobility : A National View of Student Movement in Postsecondary Institutions, Fall 2008 Cohort* (Signature Report No. 9). Herndon, VA : National Student Clearinghouse Research Center.

Schachter, J. P. (2004), *Geographic Mobility : 2002 to 2003*. Washington, DC : U.S. Census Bureau. Current Population Reports, pp. 20-549.

Schomburg , H. and Teichler, U. (2014), *Higher Education and Graduate Employment in Europe : Results of Graduates Surveys from 12 Countries*. Dordrecht : Kluwer.

Skeldon, R. (2003), "Interlinkages Between Internal and International Migration and Development in the Asian Region," Paper presented to the Economic and Social Commission for Asia and the Pacific, the United Nations. Ad Hoc Expert Group on Migration and Development,. Bangkok, Thailand, 27-29 August. 2003.

Statistics Japan (2014), *Report on Internal Migration in Japan.* Tokyo, JP : Author.

Strathman, J. G. (1994), "Migration, Benefit Spillovers, and State Support of Higher Education," *Urban Studies*, 31 (6), pp. 913-920.

Swanson, C. B. and Schneider, B. (1999), Students On the Move : Residential and Educational Mobility in America's Schools, *Sociology of Education*, 72 (1), pp. 54-67.

Tobler, W. (1995), "Migration : Ravenstein, Thorntwaite, and Beyond," *Urban Geography*, 16 (4), pp. 327-343.

de Wit, H. (2008), "Changing Dynamics in International Student Circulation : Meaning, Push and Pull Factors, Trends, and Data," in de Wit , H. *et al.*, *The Dynamics of International Student Circulation in a Global Context.* Rotterdam, NL : Sense Publishers, pp. 15-45.

Zarifa, A. and Walter, D. (2008), "Revisiting Canada's Brain Drain : Evidence from the 2000 Cohort of Canadian University Graduates," *Canadian Public Policy*, vol. 34, no. 3, pp. 305-319.

第Ⅱ部　流動性を促進する制度と仕組み

第7章　学生交流政策と単位互換制度

——欧州の「共に学ぶ」学生交流事業とアジアの挑戦——

堀田泰司

一　「共に学ぶ」学生交流の必要性

（1）欧州地域の学生交流事業の展開

近年、世界の学生のモビリティーには、いくつかの変化が生じている。これまでは、留学生のモビリティーとしては、学位取得を目的とした学生が多く、留学生の受け入れ規模は、個々の高等教育機関によって大幅に異なり、片寄りがあった。そして、学位取得を目的とする留学は、市場原理に基づいたサービス産業の貿易品目として考えられ、一部の国では、留学生の学費が当該国の高等教育機関の財政に大きな影響を及ぼす状況も生じている。また、留学生の多くは、開発途上国から先進国へ移動する学生がほとんどで、現在も世界の留学生のモビリティーは、バランスのとれた相互交流が主流ではない。こうした状況は、大学間の学生交流事業においても存在し、留学生の集まる国と集まらない国、大学には、大きな差がある。現在もこの状況に変化が生じたわけではないが、一九九〇年代から、それまでには、まったくみられなかった新しい形態の多くの大学そして学生が参加した学生移動が始まった。それは、欧州地域で発展したエラスムス事業である。(1)

エラスムス事業とは、欧州委員会が莫大な資金を投入し、学生や教員の交流、国際カリキュラムの開発、そして共通の単位互換制度の活用等を推進する欧州域内の大掛かりな学生交流プログラムである。これまでの留学政策と大きく異なる点は、(1)先進国から学ぶ留学ではなく、地域内の相互理解を主眼に置いた学生交流を展開した、(2)事業形態が域内の代表的な研究大学や総合大学を対象にしたものではなく、すべての高等教育機関の参加を可能にするように政策を展開していった、(3)制度や教育体制に共通の枠組みを構築し、相互に相手の教育内容がみえるようにし、信頼関係のある相互交流をめざしたことである（de Wit 2011）。こうした高等教育のグローバル化を地域レベルで共有するミッションとして発展させようとした試みは、それまでの世界の留学生政策には、存在しておらず、共に学び発展する学生交流事業という新しい概念を先導的に導入した画期的な試みであった。しかし、エラスムスの発展は、同時に欧州地域における制度やさまざまな価値観の違いが欧州共同体を発展させようとするうえで大きな阻害要因となっていることを気づかせた（Neave 2003, 堀田 二〇一〇b）。そして、エラスムスの経験は、その後の欧州諸国が取り組んだ高等教育の大改革である「ボローニャ・プロセス」の発展に具体的な改革の方向性を提示し、大きく影響した。

（2）アジアの学生交流事業の課題

現在のアジアの学生交流をみると、依然として、留学生の受け入れ体制が比較的充実している国の代表的な研究大学や国際化を積極的に推進する大学へ留学生は集中している。新規に交流プログラムを開設した大学や規模の小さい大学が世界的知名度を確立し、学生交流を促進するのは非常に難しい。そして、それらの大学は、多くの課題を抱えているのも事実である。規模の小さい、また比較的新しい大学の学生交流に向けた阻害要因としては、(1)英語（外国語）で教えることのできる教員の不足、(2)国際的な教育プログラムを展開する事務体制の欠如、(3)海外の大学への外国語による情報発信の不足、(4)学生への奨学金不足等が報告されている。(2) 欧州の地域レベルの学生交流の発展は、共に学ぶ教育環境を欧州の多くの学生に提供しただけでなく、より多くの高等教育機関の対外的な信頼度を向上させ、学生交流の発展の機会を与えた。よって、アジアの高等教育機関自体が世界に向けて、学生交流を拡大するためには、欧州が経験した地域レベルの学生交流の共同開発は、ひとつの重要な試みであると考える。

アセアン諸国は、九〇年代から検討を始め、二〇一五年から政治、経済、文化・社会のそれぞれの分野で共に発展する「アセアン共同体」(3)を構築しようとしている。その一部としてアセアン諸国全体が共通の枠組みをもった高等教育圏を構築するために現在、さまざまな調和化の試みが始まっている（ASEAN 2009, 外務省 一九九七、SEAMEO-RIHED 2008）。また、それ以外にも異なる地域や連携パートナーを使い、すでにいくつかの地域レベルの学生交流が発展し、相互理解、協働教育の発展を試みている。九〇年代には、アジア・太平洋諸国間の高等教育機関による学生交流事業として、アジア・太平洋大学交流機構（以下、UMAP）(4)が開始し、さらに、アセアン諸国を代表する大学がAUN（アジア大学ネットワーク）(5)を結成し、一九九五年から学生交流事業を開始している。さらに二〇一〇年からは、アセアン諸国の政府がリーダーシップを図り、M-I-T（マレーシア、インドネシア、タイ）の三か国間の多くの大学が参加した学生交流プログラムも開始した。そして、それらの交流事業は、同時に、共通の単位互換制度の開発と実践を試み、アジア域内の学生交流事業にも相互の特徴や制度の違いが明確に理解できる透過性のある共通の教育フレームワークの構築をめざしている。

本章では、そうした、欧州から始まった地域レベルの共に学ぶ学生交流事業の欧州、そしてアジアでの発展の背景、並びにその特徴を明確に示し、それらの学生交流事業の発展のために必要となった単位互換制度についても比較分析しながらそれぞれの特徴を解説する。そして、そうした制度の共同開発がどのように今後のアジア地域の高等教育の発展に影響していくか言及する。

二　欧州における透過性のある教育の枠組みと学生交流の発展

(1)欧州の「エラスムス」事業から「ボローニャ・プロセス」へ

エラスムスは、欧州委員会が支援し一九八七年に正式に始まった欧州共同体加盟国の高等教育機関が実施する域内の学生交流プログラムである（Teichler 1997 : 6, 吉川 二〇〇三：七四、de Wit 2011）。しかし、実際には、それ以前に一九七六年からジョイント・スタディープログラムとして域内の学生交流は、試行的に始まった（Smith and Dalichow 1988, Teichler 2010, Vossensteyn 2010）。そして開始後、学生交流の希望が急増したため、八七年に改めて、正式な欧州域内の交流プログラムとなった経緯がある。その後、域内の学生交流の拡大は続き、一九八七年エラスムス事業開始当初は、四一六校から三二二四名の学生だけが交換留学に参加したが、一九九〇〜九一年には、一気に約二万七〇〇〇人にまで急増し、その後も拡大の一途をたどり、二〇〇〇〜〇一年には、約一一万人、二〇一〇〜一一年には、約二三万人、そして現在は、毎年約二七万人規模で学生が欧州域内の学生交流に参加している（図7-1参照）。

エラスムスは、単独のプログラムであるが、いくつかの欧州委員会が推進する大きなプロジェクトの一部として発展してきた。最初は、欧州連合（EU）が一九九三年にマーストリヒト条約によって設立され、教育分野の大掛かりなプロジェクトとして一九九六年から取り組んだソクラテス事業の正式な学生交流事業として開始した（堀田 二〇一三：二三六〜二三七）ソクラテス事業のなかでエラスムスは、(1)学生交流、(2)教員の短期交流、(3)欧州単位互換制度（以下、ECTS）の普及、(4)事前交渉のための教職員の派遣、(5)教員の共同教育（中期）交流、(6)ヨーロッパ研究モジュール（科目）開発支援、(7)学部学生対象の国際カリキュラム開発、(8)大学院生対象の国際カリキュラム開発、(9)欧州全域の多言語教育科目の開発、(10)集中講座の共同開発という一〇の事業を実施した（European Commission

図７-１　エラスムスへの参加学生数（年度別人数）

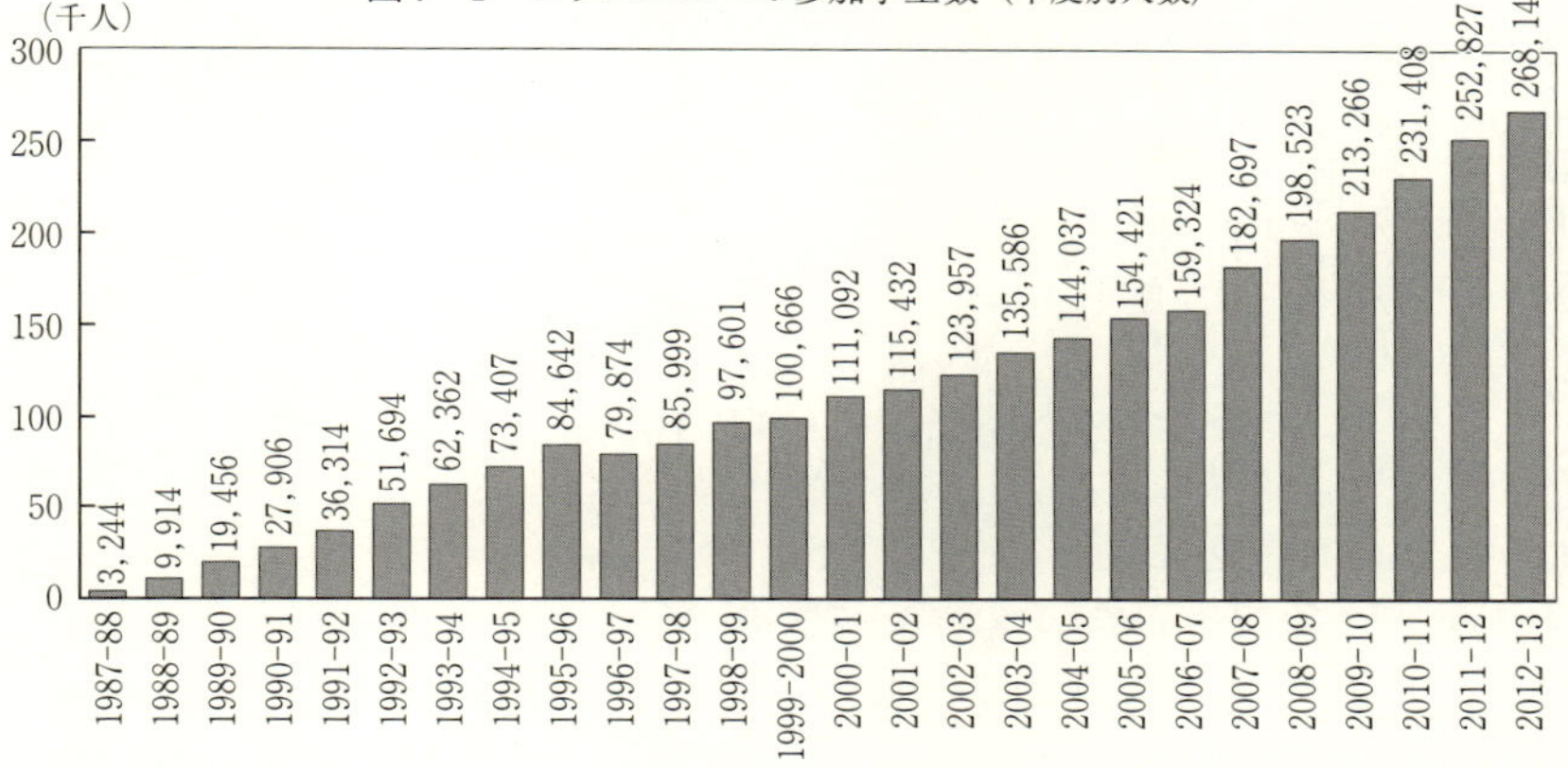

出所　European Commission (2014), *Memo ERASMUS 2012-2013 : the Figures explained*, p. 2（ダウンロードしたファイルの掲載頁）http://europa.eu/rapid/press-release_MEMO-14-476_en.htm?locale=en,［2014年９月６日検索・確認］

1998）。そして、エラスムス事業は順調に拡大し続け、ソクラテスの後継事業であるソクラテスⅡにおいても欧州全域の三〇〇〇校以上が参加する巨大な学生交流事業として成長し続けた。

さらに一九九八年には、フランス、イタリア、ドイツ、英国の教育大臣が欧州市民の流動性と人財育成をめざし、欧州全体の高等教育がひとつの教育圏として発展することを謳ったソルボンヌ宣言を発表した（CRE 2000：7-8）ソルボンヌ宣言では、欧州の高等教育制度の収斂化と欧州域内の教育交流並びに域外からの留学生獲得をめざし、とくに二サイクルシステム(8)とECTSのような欧州全体で単位相互認定が可能な制度の導入を提唱した。そうした一連の宣言の流れを集約し具体化した計画として、「ボローニャ・プロセス」（欧州高等教育改革計画）が立案され、最終的には一九九九年六月に二九か国、三一の高等教育行政区分担当官が合同で署名した（木戸 二〇〇八：七〜八）。構想では、二〇一〇年までに以下の六つの改革案を遂行し欧州全体の高等教育をひとつの教育圏として発展させる計画であった。

①ヨーロッパ全体に通用するような共通の学位制度の確立

②学部と大学院の二つのサイクルをもった大学システムの確立

③ＥＣＴＳのような単位認定システムの確立

④学生と教員の交流の促進
⑤高等教育の質と共通性・互換性の向上と協力体制の構築
⑥「ヨーロッパ」的視点／思考を取り入れた高等教育開発の推進（CRE 2000）

エラスムス事業は、六つの改革案のうち、③ECTSのような単位認定システムの確立、④学生と教員の交流の促進、そして、⑥「ヨーロッパ」的視点／思考を取り入れた高等教育の改革を中心的に担った（堀田 二〇一〇b：三一二〜三一三）。

（2）欧州単位互換制度の利点

ECTSは、八〇年代からエラスムス事業の重要な単位互換制度として発展していった。ECTSを理解するためには、二つの重要な概念を念頭に置くべきである。第一にECTSは、欧州諸国の平均的な労働者の年間就労時間数である一五〇〇〜一八〇〇時間に基づく概念である点である（堀田 二〇一四：九五）。そして第二に、年間の取得単位数として、年間六〇ECTS[9]を定めたのは、六〇という数字の約数が非常に多く、一から六〇までの異なる単位数の科目であっても、比較的簡単に六〇ECTSへ変換しやすいように考案された点である。そして、一ECTS＝二五〜三〇学修時間数という定義は、一五〇〇〜一八〇〇時間を六〇ECTSで割った数字であり、どの国にも存在しないきわめて実践的な換算方式である。また、ECTSは、学生が実際に費やす学修時間数で単位を換算するが、これは、一般的に使われる概念ではない。授業時間数で単位を換算することが多いなか、学修時間数のみで規定したのは、どうしてであろうか。理由は、欧州では、講義をもたない実習、実験、プロジェクト型の専門教育科目も多く存在し、欧州全体の高等教育をひとつの教育圏にするためには、授業時間数ではなく、学修時間数で統一した方が科目間での互換性が上がるからである。また、もうひとつの理由は、学生に学習させる時間数であるが、それは、むしろ教員が宿題を採点したり、レポートを読んで評価したりすることを保証する時間数でもあり、教員の責任並びに教育の質を保証する観点からも採用された経緯もある。エラスムスで開発・使用され、ボローニャ・プロセスでは、欧州諸国の正式な単位制度となったＥＣＴＳは、それぞれの教育科目、大学、さらに国ごとの学習量や成績評価の設定の違いを明確化させ、相互の教育の中身の違いや特徴を公平かつシステマティックに判断できる「透過性のある教育フレームワーク[10]」のひとつとして、学生交流を促進したことは、アジアの今後の高等教育の地域化にとって、とても重要な欧州から学ぶべき点である。

（3）学生と教員交流の特徴

欧州の学生交流は、図7－1でもわかる通り、一九八七年からその参加学生を飛躍的に拡大してきた。そして、現在は、毎年二七万人近くの学生が欧州域内を交換留学生として行き来している。これまでに延べ約三〇〇万人ものヨーロッパ人がエラスムスを通して、欧州域内の他国で半年または、一年間の留学経験をもっていることになる。その結果、当初期待していた、欧州域内の相互理解・交流はさらに盛んになり、欧州地域全体の国際的視野をもつ人財育成にも貢献した（de Wit 2011）。しかし、エラスムスという学生と教員の交流事業は、それらの学生の人財育成だけに貢献したのではなく、欧州の高等教育機関の国際化に対しても、交換留学生の拡大、それに係る事務的処理、外国語による教育科目の開講、異文化理解活動等への対応を強いるかたちで、多くの課題を解決しなければいけない状況を作り、改善する経験をもたせた点では、多いに貢献した。

また、教員の交流もエラスムスを通して拡大していき、二〇〇八年には、約二万七〇〇〇人だったのが、現在は、年間五万人を超す教員が、エラスムスを通して海外のキャンパスで、教鞭をとったり、研修を受けたりしている（European Commission 2009b : 2, European Commission 2014 : 5）。エラスムスにおける教員の交流の効果は、派遣規模だけでなく、他にも特徴がある。第一に、エラスムスによる学生交流は、教員がすでにもつネットワークを有効に活用し、部局間の交流から始めたため、八七年開始当初から相互に顔のみえる交流を実施できた点である。これは、アジアの今後の学生交流の促進を考えるうえできわめて重要な要因である。第二は、次に述べる「ヨーロッパ」の視点をもった国際カリキュラムを教員が協働で開発し、教えた点である。

（4）「共に教え、共に学ぶ」協働教育の構築

上記の学生交流拡大と連動して、教員による国際的な共同学習科目の開発と実践についてもエラスムス事業は、継続してその発展を支援してきた。エラスムスのソクラテス事業内での一〇の事業項目をみても、学生・教員の交流以外、ＥＣＴＳの普及、そして教員が海外の教員と国際カリキュラムを開発し、教える事業に向けた支援が多いことがわかる。そして、この協働で国際カリキュラムを開発する活動を八七年の開始当初からエラスムスのひとつの重要な事業として重点的に支援してきたことが、さらに、教員同士の信頼関係を生み、また、共に授業を教える機会をもつことで、間接的に教育内容、教授法、授業評価の仕方等で相互に影響しあい、インフォーマルなかたちで、教員同士が自ら教える授業科目について対外的な質保証を行っている環境を築いたのは、アジアの同様の国際化にとって非常に重要な点である（de Wit 2011）。しかし、そうした協働で開発した授業が多く開講され、学生交流が盛んになると、さまざまな異文化や制度の違いによる弊害がみえ、既存の高等教育制度に重大な問題があることが判明したのも事実である（Wahlers 2005, Neave 2003）。エラスムス事業は、交流を通してそれらの課題を共に克服しながら、「共に教え、共に学ぶ」協働教育の環境を構築していった点は、アジアの将来にとって、非常に重要な現象である（de Wit 2011）。

三　アジアの学生交流と単位互換制度の発展と課題

欧州の経験からアジアも、すでに九〇年代から、地域レベルの「共に学ぶ」学生交流体制を構築しようと試行錯

誤してきた。そして、いくつかのアジア地域のコンソーシアム型学生交流事業を開発し、共通の単位互換制度のモデルも開発している。しかし、現在、進められている単位互換をはじめとする多くの試みは、欧州で開発されたものをそのまま受け入れようとする傾向がみられ、必ずしもアジアのニーズや現状を十分に調査し、それに即したものになっているか明確ではない。それを検証するためには、いくつかのすでに開発され実施されている学生交流プログラムとそれぞれが開発を試みた単位互換制度について解説する必要がある。[11]

(1) アジア・太平洋大学交流機構の旧単位互換制度

UMAPは、一九九四年にアジア・太平洋諸国間の学生・教員の交流促進を謳って設立された、大学並びに政府間が参加する地域レベルの大学間学生交流事業である（UMAP日本国内委員会 二〇一〇）。九〇年代には、すでに欧州のECTSを参考にオーストラリアが中心となり、UCTS（UMAP単位互換制度）を開発した。そして、その活用を促進するために、参加国により普及活動が促進された。学生交流を促進すると同時に旧UCTSの活用を促し、二〇〇〇年以降は、わが国においても、旧UCTSの促進を図り、政府からの財政支援とともに、全国の大学における留学政策を促進するための会合等でもその促進が図られた。旧UCTSの概念は、欧州の年間取得単位数である六〇ECTSと同様の概念を活用し、各大学が設定している。たとえば四年間の学士課程の学位取得に必要な単位数が一四〇単位の大学の場合は、一単位は、約一・七一四UCTSとなる。[12] さらに一二〇単位の場合は、一単位＝二・〇UCTSである。旧UCTSは、欧州が活用した学修時間数による概念は導入することなく、UMAP参加大学の一年間の学習量はおよそ同等であり、教育内容も同等であるという大前提のうえにどの大学の単位数でも、すべて六〇UCTSで換算する方式を活用した。これは、オーストラリアの単位制度が現在も同様の概念で国内の異なる教育機関の単位制度に対し採用している換算の概念である。しかし、現在は、後述するAACs（アジア学術単位）の概念の導入が検討され、二〇一三〜一四年の移行期を経て、UMAP参加大学で取得した一単位は、他の参加大学でも一単位として認める新たな単位互換制度へと変わろうとしている（堀田 二〇一四：九八〜九九）。

（2）アジア大学ネットワークの単位互換制度

アセアン諸国は、一九九五年にアセアン地域の教育と研究の発展をめざし、高等教育連合組織としてアジア大学ネットワーク（AUN）を設置した（AUN 2010）。設置当初は、六か国であったが、その後参加国は一〇か国になり、現在、それらの国から国を代表する三〇大学(13)が参加し、教育、研究、質保証等さまざまな分野で連携と交流を促進している。大学が参加するためには、審査があり、新たな参加大学では、数回にわたる審査の結果、参加許可を得たケースもある。交流学生数は、それほど規模は大きくないが、多くの大学が奨学金を提供し、域内の相互交流を図っている。現在はアセアン諸国の三〇大学だけでなく、中国、韓国、そして日本の大学も連携している。活動は、学生交流だけでなく、研究や質保証でも連携する総合的な教育交流コンソーシアムである。二〇〇九年、AUNは、ひとつの大きな試みとしてECTSをモデルにAUN独自の単位互換制度として、AUN-ACTS(14)（アセアン単位互換制度）を開発し、域内学生交流に活用している（AUN 2009）。AUN-ACTSの基本理念は、一年間取得単位数は、年間六〇AUN-ACTSで、一AUN-ACTS単位＝二五〜三〇時間の学修時間数であり、欧州のECTSの概念をそのまま受け入れている。

（3）アジア協力会議の単位互換制度

二〇〇二年にアジア、中東の一八か国の外務大臣が検討しアジア地域全体が連携・協力し、二〇の分野における地域全体の競争力向上をめざし、中東諸国、中央アジア、南アジア、東南アジア、東アジアの諸国を含む広範囲枠組みのアジア連携ネットワークとして、アジア協力会議（ACD(15)）を立ち上げた（ACD 2011）。開始当初は、参加国が一八か国であったが、二〇一三年には三三か国にまで拡大した[16]。ACDは、実際には、直接学生交流事業を実施しているわけではなく、あくまでも現段階では、高等教育の学生交流については、まだ話し合いを行っている段階である[17]。二〇〇五年、二〇〇六年に、ACDの重要テーマのひとつであるオンライン教育について話し合われた時、共通の単位互換制度の開発が取り上げられ、二〇〇八年にマレーシア政府が中心となり、ACD独自の共通の単位互換制度であるACD-ACTS[18]（アジア単位互換制度）の概念を提案した。当初は、ECTSの概念が検討されたが、最終的には、マレーシアの既存の制度に似通った概念が提案され、二〇一一年には、第四回実務者会議が開催され、具体的な概念が検討された。ACD-ACTSの特徴は、第一に基本的概念が一ACD-ACTS単位＝四〇時間の学修時間数[19]で換算している点である。四〇時間の概念は、参加国の学修時間数を調査したところ、四〇時間から五五時間という時間数の幅があったので、一ACD-ACTS単位の時間数を一番一般的な四〇時間に定めたところからきている。一年間の取得単位数について年間三〇ACD-ACTS単位と定めており、これも欧州の年間六〇ECTSという概念とは異なる。その他にも成績や実施に当たり必要とする事務手続きの要件等を定めており、ECTSをあくまでも基調に発展させた旧UCTSやAUN-ACTSとは、まったく異なった発想から発展した概念である。

（4）アセアン国際学生交流の単位互換制度

SEAMEO[20]（アセアン教育大臣機構）は、メンバー国の高等教育の地域的統合をめざし、二〇〇九年からマレーシア、インドネシア、そしてタイと検討を進め、二〇一〇年にパイロット・プロジェクトとして、Malaysia—Indonesia—Thailand（M-I-T）学生交流事業を開始した（Hepworth 2011, Aphijanyathamn 2010）。このプロジェクトでは、各国政府が参加大学とそれぞれの専門分野を選定し、各国への派遣学生に対し、それぞれ二五名分の奨学金[21]を提供し、一学期間の相互交流を促進した。初年度は、一五〇名の奨学金に対し、一一七名が参加した

(SEAMEO-RIHED 2010)。その後、学生交流の規模が拡大し、さらに参加を希望する国も増え、二〇一二年には、ベトナムが参加し、交流プログラムの名称もM-I-TからAIMSへ変えられ、二〇一三年には、さらにブルネイ、フィリピン、日本も参加し、アセアン六か国と日本の域内学生交流事業へと成長した。

ＡＩＭＳ単位互換制度については、二〇一〇年の開始当初は、前述したＵＭＡＰの旧ＵＣＴＳの概念を取り入れ、単位互換を実施しようとしたが、二〇一三年度よりアジア開発銀行の支援を受け、新たにＳＥＭＡＯ-ＲＩＨＥＤ[22]が中心になりＡＣＴＦＡ[23]（アジア学術単位互換の枠組み）というアジア全体の共通単位互換制度を独自に開発しようとしている。ＡＣＴＦＡは、単に単位互換だけでなく、(1)域内の教育の質に関する相互認証、(2)単位互換、(3)成績評価の互換、(4)それらの互換を円滑に行う方式並びに制度の四つの要素について、域内共通の概念を形成しようとしている。

（5）アジアと欧州の単位互換制度の比較

現在、アジアには、以上の通り、共通の単位互換制度として、三つの概念が存在する。以下の表７-１は、欧州諸国のＥＣＴＳとアジアで発展したＵＭＡＰの旧ＵＣＴＳ、ＡＵＮのＡＣＴＳ、そしてＡＣＤのＡＣＴＳの三つの単位互換制度の概念を比較した表である。

これらの既存の制度の課題は、まず、表７-１の通り、ＡＵＮ-ＡＣＴＳと旧ＵＣＴＳの二つは、欧州のＥＣＴＳの影響を強く受けている点である。ＡＵＮ-ＡＣＴＳは、ＥＣＴＳとまったく同等の概念を用いている[24]。一方ＵＭＡＰの旧ＵＣＴＳは、オーストラリアが中心となり開発したが、基本理念は、年間の六〇ＥＣＴＳの概念だけを採用し、学修時間数による規定はない（堀田 二〇一四：九五～九六）。これは、欧州のＥＣＴＳの学修時間数に基づく本来の算出方法とは異なる。しかし、ＥＣＴＳの概念をアジア太平洋地域で活用する場合、いくつかの矛盾点や活用するための条件がある。第一に、一ＥＣＴＳ単位＝二五～三〇時間の学修時間数という概念は、あくまでも欧州諸国の平均的な労働時間数から算出したもので、アジアの大学には、直接関係のない時間数の概念である。アジアで多くみられる一単位二五～三〇学修時間数という体制のなかでは、一単位二五～三〇学修時間数で各大学の単位数を換算すると、アジア地域間の交流でも単位互換の際にいつも細かい換算が必要となる。また、ACD-ACTSでは、一ACTS単位の概念を四〇時間だけにしたため、アジア地域の異なる制度から換算した場合、端数が多く生まれ、換算の手続きが非常に煩雑になることが予想される。

表７-１　欧州の単位互換制度とアジアの三つの単位互換制度の比較

地域	制　度　名	学修時間数	年間取得単位数	年間学修時間数
欧　州	（欧州）ECTS	25-30h	60 ECTS	1500-1800h
アジア	旧 UCTS(2)	—	60旧UCTS	—
	AUN-ACTS	25-30h	60 ACTS	1500-1800h(1)
	ACD-ACTS	40h	30 ACTS	1200h(1)

注　(1)　旧 UCTS 以外は，すべてそれぞれの学修時間数の定義に基づき算出。
　　(2)　旧 UCTS は，2013年度まで UMAP 学生交流事業において活用された概念である。

出所　筆者が以下の資料を基に作成し，堀田（2014：95）に掲載した表を一部改訂している。(1) European Commission (2005) ECTS User's Guide, (2) AUN (2009) Concept Paper of The Establishment of ASEAN Credit Transfer System,（未発表会議資料）。(3) ACD (2011) Asian Credit Transfer System (ACTS) : Base Paper.（会議資料）(4) UMAP (2006-2010) UCTS User's Guide.

四　アジア学術単位の概念と活用にむけて

これまでに開発され、使用されてきたアジア地域共通の単位互換制度には、それが果たして、アジアの現状に即した一番効率的、かつ効果的な単位換算の手法であるかといったひとつの懸案があった。筆者はそうした懸念に対し、堀田（二〇一一b）にて初めて、まったく新たなアジア共通の単位互換制度の概念を提唱した。二〇一〇年に受託した文部科学省の委託研究において「アセアン＋三」の一三か国の高等教育の単位制度や成績、学事暦等、制度の枠組みの違いについて比較研究した結果、(1)アジア一三か国の一単位は、多くの場合、一三～一七授業時間数によって認定されている、(2)単位を学修時間数に換算した場合、多くの国では、一単位は四〇～五〇時間前後で認定しているということが判明した（堀田　二〇一〇a）。これを受け、アジアの現状に即した共通の単位互換制度として、筆者が以下のＡＡＣｓ[25]（アジア学術単位）の概念の開発を試みた。その後、欧米諸国の専門家からの助言やＵＭＡＰ国際理事会での検討を通して修正され、最終的にＡＡＣｓの基本概念は、以下の通り定められた（堀田 二〇一四：九八〜九九）。

一ＡＡＣｓ＝三八〜四八学修時間数とする。その学修時間数には、一三〜一六時間の授業時間数（academic hour）が含まれる。

この概念をもしアジア諸国全体が受け入れた場合、アジアの既存の単位制度の概念の違いは、三八時間から四八時間という一〇時間の幅のなかに入るため、アジア域内の政府並びに高等教育機関が定める一単位の価値は、他の機関の価値とほぼ等価であると判断できる。これによって、これまで個々のケースに対し、細かい授業時間数や学習時間数等を計算し、換算していた手続きが一切必要なくなり、単位互換に係る事務処理は大幅に簡素化できる。また、学生がアジア域内の異なる大学から単位互換を求めた場合、制度の違いによる誤解等で互換が充分できないという問題もなくなる。ただし、この概念はあくまでも異なる単位制度間の互換性を高めるだけで、教育の質に関する互換性については、別の互換方式が必要である。

二〇一二年から二〇一四年にかけ、さらにアジア二四か国の高等教育の制度の比較研究を実施したが、ＡＡＣｓの概念は「アセアン＋三」の一三か国だけでなく、インドや台湾等でも同様にＡＡＣｓの一単位を等価とみなすことができることが判明した。さらに表７‐２の通り、ＡＡＣｓをアジア諸国が共有すると世界の他の地域レベルの単位制度や単位互換制度との互換性が高まることも明らかになった。

もしアジア諸国全体がＡＡＣｓの概念を活用した場合、表７‐２の通り、ＡＡＣｓに対して、アメリカ合衆国の約四七〇〇校[26]の高等教育機関のうち約三分の二の大学、欧州地域の四〇〇〇以上の高等教育機関、南米のTUNING LATIN AMERICA に参加する一八か国の一四一校の高等教育機関、そして英国のイングランド地域でＣＡＴＳを導入しているすべての高等教育機関と、およそ一対一対一・五対三という単純な換算方法で単位互換が

表７－２　AACs に対するアメリカ，欧州，英国，南米の単位制度の互換性

国・地域	AACs	アメリカ(1)	ECTS	英　国	南　米
1AACsの換算	1単位	約1単位	約1.5-1.6 ECTS	約3-3.2 単位(2)	約1.5-1.6 CLAR(3)
学修時間数	38-48時間	約45時間	37.5-45時間 & 40-48時間	約30時間(4)	36-49.5時間
授業時間数 (Academic Hour(5))	13-16時間	約15時間	—	—	—

注　(1)　清水（2012）によれば，アメリカの高等教育機関の約３分の２が１単位＝約45時間の概念を制度として採用している。

(2)　英国の「約3-3.2単位」は，QAA（2008）において概説されている英国の単位累積互換制度（CATS：Credit Accumulation and Transfer Scheme）を導入している高等教育機関のECTSと英国の単位互換の概念に基づく。

(3)　南米諸国は，近年，欧州の支援を受け，地域内共通の単位互換制度の導入に合意した。CLARは，１CLAR単位＝24～33時間となり，１年間に60 CLAR単位取得が条件となっているので，ほぼ欧州のECTSと概念を同じくしたかたちになっている。

(4)　QAA（2008）によると英国のCATSを導入している高等教育機関では、一般的の１英国単位＝約10時間の学修時間数という概念が定着している。しかし，この比較表ではCATSの学修時間数の概念はAACsの換算には活用していない。

(5)　授業時間数は，各国並びに大学が２学期制の場合に多くみられるacademic hourに基づく。日本の場合は、多くが１academic hour＝45分授業，その他のアジアは45分から60分，米国は50分等，実際の授業時間数は異なるが，この比較表では，すべて１academic hourとして換算する。

出所　筆者がQAA（2008），清水（2012），堀田（2011b），TUNING Project（2013）を基に作成し，堀田（2014：99）に掲載したものを一部修正した。

できるようになる。このことによって、少なくとも学修時間数に関する単位互換方式は効率性を上げ、世界的な学生交流事業自体のグローバル化が発展する。そして、学生は、単位互換が保証され、世界のより広範囲な地域への留学が可能になり、モビリティーの自由度が増すことになる。こうした換算方法に加え、教育の中身についても学習成果等を活用し、相互に保証し合えば、さらに公平で信頼性のある交流事業が世界的に発展できる。しかし、現段階では、質の相互保証については、さまざまな試みはすでにあるものの、世界的に合意を得て展開可能な透過性のある教育フレームワークの構築までには至っていない。

ＡＡＣｓの今後の発展については、すでにその概念は二〇一三年にＵＭＡＰの国際理事会において、新たなＵＣＴＳの概念として二〇一四年よりＵＭＡＰの学生交流事業において、活用していく合意を得ており、それに向けた各国でのワークショップ等も始まっている。また、現在、ＳＥＡＭＥＯ-ＲＩＨＥＤは、アジア開発銀行の支援を受け、アセアン諸国の高等教育全体の単位互換制度に関する総合政策を立案し、アセアン諸国教育大臣の合意を得ようとしている。もう一方で、大メコン川流域地域（Greater Mekong Sub region：ＧＭＳ）のカンボジア、中国雲南省、タイ、ベトナム、ミャンマー、ラオスを含む地域とその他のアセアン諸国、並びに日本、韓国を含む共通の単位互換制度を活用した学生交流を促進する検討会が開かれている。それらの二つのアセアン諸国のプロジェクトでは、現在、ＡＡＣｓの概念の活用が真剣に検討されている。

五　質を保証した多方向な学生モビリティーへ

この章でみてきたように欧州でおきたこの新たな「共に学ぶ」学生交流の発展は、同時にそれを成功させるために必要となるＥＣＴＳが代表するひとつの測定基準を共有することで制度間の違いを正確に理解する透過性のある教育フレームワークの構築を促進した。そして、教員並びに学生のモビリティーの促進は、高等教育のグローバル化を推進するうえで最も大きな課題のひとつである相互信頼関係の構築に大きく貢献した。一方、欧州が構築した新たな学生のモビリティーの体制は、アジアに大きく影響し、アジア地域の高等教育圏の調和化の検討が進められ、すでにいくつかのアジア地域共通の単位互換制度のモデルも開発された。しかし、既存の地域共通の単位互換制度は、欧州で開発されたＥＣＴＳの概念に大きく影響を受け、必ずしもアジアのニーズや現状に即した概念にまで発展していない。本章では、そうした課題に対し、ＡＡＣｓ（アジア学術単位）というアジア全体の単位制度の違いを網羅し、一単位の価値を等価とみなす概念を紹介した。ＡＡＣｓの概念の導入により、大学間の単位制度の違いによる「単位の換算」という作業は簡素化され、また、システマティックで公平な単位互換制度は、大学間の信頼性を高め、アジア域内の学生のモビリティーを促進することができる。

さらに現在は、「共に学ぶ」学生交流の環境は、学生交流以外にも国際カリキュラム、ジョイント・スタディープログラム、ダブル・ディグリープログラム等さまざまな教育形態の交流を生んでいる。近年、わが国においても、政府が積極的に高等教育の学位認証の概念を再検討し、海外と日本の複数の高等教育機関においてひとつの学位を共同で授与する国境を越えた、共に学ぶ学位プログラムを開講する環境を整えつつある。二〇一四年五月には、そのひとつの具体的な活動として、フランス大学長会議並びにフランス技師学校長会議が日本の国立大学協会とそれぞれの傘下教育機関間の学位制度を相互認証することを謳った協定書を締結した（国立大学協会 二〇一四）。これは、二国間の教育内容の互換性を保証し、学生交流、さらにジョイント・ディグリープログラムの開設を促進するための大学連合組織間での協定である。それは、「共に学ぶ」学生交流の発展が新たな段階へと進んだことを意味している。今後は、日本を含むアジア諸国は、まずは、域内でＡＡＣｓのような共通の単位互換制度の発展に協力し、共通の枠組みを構築し、さらに学習成果やコンピテンシーの活用による質の互換性の向上についても、積極的に取り組む必要がある。さらに現在、次章で説明のある世界規模で教育や技能の資格枠組み（Qualifications Framework）とその評価システム等を構築しようとしているチューニング事業等にも積極的に参加していくべきであろう。

注

（1）エラスムス（ＥＲＡＳＭＵＳ）は、European Community Action Scheme for the Mobility of University Students の通称。

（2）ひとつの事例として、日本ＵＭＡＰ国内委員会が二〇〇五年に実施した日本国内調査の結果があげられる。報告書は、以下のＵＭＡＰ国際会議にて発表された［堀田（二〇〇五）「Issues and Challenges in the Provision of Higher Education Cross-Border Services」、ＵＭＡＰ国際会議『Cross-Border Services of Higher Education and UMAP Tomorrow』ＵＭＡＰ日本国内委員会主催、東京、二〇〇五年一〇月一四日］。

（3）アセアン（ＡＳＥＡＮ）は、Association of Southeast Asian Nations の略称。

（4）UMAPは、University Mobility in Asia and Pacific の略称。
（5）AUNは、ASEAN University Network の略称。
（6）ソクラテス（SOCRATES）は、European Community Action Programme in Education の通称。ソクラテス事業内のエラスムスの発展については、さらに堀田（二〇一一a：三四～三六）を参照。
（7）ECTSは、European Credit Transfer (and Accumulation) System の略。エラスムスでは Accumulation という表現は入っていなかった。
（8）二サイクルシステム（Cycle System）とは、各国の伝統的な四・五年間の教育課程を三～四年間の学士課程と一～二年間の修士課程に二分化することを意味する。これは、やがて博士課程を追加し、三サイクルシステムとして検討されるようになった。
（9）年間六〇ECTSポイントの六〇という数字は、欧州の異なる単位数を換算する際、できるだけ端数が生まれないようにするために使用された高度合成数（約数は、一、二、三、四、五、六、一〇、一二、一五、二〇、三〇、六〇）である。「六〇」は、とくに単位数として使用される頻度の高い一から六までのすべての約数で割ることできる特徴をもっている。
（10）透過性のある教育フレームワークとは、異なる教育制度間であっても、共通の測定単位をすべての教育機関並びに政府が使用することにより、相互の教育の中身がより明確にみえ、異なる教育内容を相互に十分に理解したうえで、教育交流を行うことができる共通の枠組みである。そして、それは、決して大学の教育内容を地域全体で統一するためのツールではなく、むしろ、お互いの違いをより明確に公平に理解することにより、留学する魅力が明確に理解でき、信頼関係がより強固になるという利点をもっている。
（11）さらに詳細な説明は、堀田（二〇一一：三八～四二）を参照。
（12）一四〇÷四年間＝三五年間平均取得単位数なので、一単位は、六〇UCTS÷三五単位となり、一単位＝一・七一四UCTSとなる。
（13）AUN参加大学は、（ブルネイ）Universiti Brunei Darussalam；（カンボジア）University of Phnom Penh；Royal University of Law and Economics；（インドネシア）Universitas Airlangga；Universitas Gadjah Mada；Universitas Indonesia；Institut of Teknologi Bandung；（ラオス）National University of Laos；（マレーシア）Universiti Kebangsaan

Malaysia; Universiti Malaya; Universiti Putra Malaysia; Universiti Sains Malaysia; Universiti Utra Malaysia;（ミャンマー）Yangon University; Yangon Institute of Economics; University of Mandalay;（フィリピン）Ateneo de Manila University; De La Salle University; University of the Philippines;（シンガポール）Nanyang Technological University; National University of Singapore; Singapore Management University;（タイ）Burapha University; Chiang Mai University; Chulalongkorn University; Mahidol University, Prince of Soogkla Univerisity;（ベトナム）Vietnam National University at Hanoi; Vietnam National University at Ho Chi Minh City; Can Tho University の合計三〇大学である［アルファベット順、二〇一四年九月現在］。

(14) ＡＵＮ-ＡＣＴＳは、ASEAN Credit Transfer System の略称。

(15) ＡＣＤは、Asia Cooperation Dialogue の略称。

(16) ＡＣＤ加盟国は、Afghanistan, Bahrain, Bangladesh, Bhutan, Brunei Darussalam, Cambodia, China, India, Indonesia, Iran, Japan, Kazakhstan, Republic of Korea, Kuwait, Kyrgyz Republic, Lao PDR, Malaysia, Mongolia, Myanmar, Pakistan, Philippines, Oman, Qatar, Russia, Saudi Arabia, Singapore, Sri Lanka, Tajikistan, Thailand, Turkey, United Arab Emirates, Uzbekistan and Vietnam の三三か国［二〇一四年九月現在］。

(17) http://en.wikipedia.org/wiki/Asia_Cooperation_Dialogue [09/2014] を参照。

(18) ＡＣＤ-ＡＣＴＳは、Asian Credit Transfer System の略称。

(19) ＡＣＤは、学修時間数を Student Learning Time（ＳＬＴ）と呼んでいる。

(20) ＳＥＡＭＥＯは、Southeast Asian Ministers of Education Organization の通称。詳しい情報は、http://seameo.org/ [09/2014] を参照。

(21) 三か国が参加しているので、各国二か国への派遣対して合計五〇名分の奨学金を用意した。

(22) ＳＥＡＭＥＯ-ＲＩＨＥＤは、Southeast Asian Ministers of Education Organization—Regional Center for Higher Education and Development の通称。詳しい情報は、http://www.rihed.seameo.org/ [09/2014] を参照。

(23) ＡＣＴＦＡは、Academic Credit Transfer Framework for Asia の略称。

(24) ＡＵＮ-ＡＣＴＳ、旧ＵＣＴＳ、ＡＣＤ-ＡＣＴＳに関する詳細は、堀田（二〇一一ａ）を参照。

(25) ＡＡＣｓは、Asian Academic Credits の略称で、アジア全域に通用する単位互換制度として開発された概念である。それは、二〇一〇年に実施された平成二一年度文部科学省・先導的大学改革推進委託事業『ＡＣＴＳ（ASEAN Credit Transfer System）と各国の単位互換に関する調査研究』（研究代表者、堀田泰司）のデータ分析から開発された。

(26) アメリカの大学数については、日米教育委員会のホームページ「アメリカ留学の基礎知識（大学・大学院）—アメリカ高等教育基礎知識-Ⅱアメリカの高等教育制度-Ａ．日本の制度との違い」を参照。http://www.fulbright.jp/study/res/t1-college04.html#5 [09/2004]。

参考文献

ＵＭＡＰ日本国内委員会（二〇一〇）「アジア太平洋大学交流機構」（事業紹介資料）。

外務省（一九九七）「ＡＳＥＡＮビジョン二〇二〇及びハノイ行動計画概況」http://www.mofa.go.jp/mofaj/kaidan/kiroku/g_komura/arc_99/asean99/hanoi.html [09/2014]。

木戸裕（二〇〇八）「ヨーロッパ高等教育の課題——ボローニャ・プロセスの進展状況を中心として」『レファレンス』六九一、五～二七頁。

国立大学協会（二〇一四）「日本国とフランス共和国の高等教育機関における履修継続のための履修、学位及び単位の相互認証に関する協定」http://www.institutfrancais.jp/apprendre/enfrance/reconnaissancemutuellediplomes/ [09/2014]。

清水一彦（二〇一二）「第三回　セメスター制・クォーター製の正しい認識」、連載「大学の単位制度を考える」大学新聞：ウェブ・エディション、一〇月一五日 http://daigakushinbun.com/post/view/665 [09/2014]。

堀田泰司（二〇一〇ａ）［研究代表者］『ＡＣＴＳ（ASEAN Credit Transfer System）と各国の単位互換に関する調査研究』平成二一年度文部科学省・先導的大学改革推進委託事業報告書（三月）四〇三頁（日本語版 http://ir.lib.hiroshima-u.ac.jp/00030347：英語版 http://ir.lib.hiroshima-u.ac.jp/00030722）[09/2014]。

堀田泰司（二〇一〇ｂ）「ボローニャ宣言にみるエラスムスの経験の意義」『大学論集』第四一集、三〇五～三二二頁。

堀田泰司（二〇一一ａ）「アジアにおける質保証を伴った学生交流への期待と課題——ヨーロッパとの比較分析」『メディア教育研究』（特集号：高等教育の国際化—アジアと日本）［オンラインジャーナル］第八巻第一号、三三～四五頁。

堀田泰司（二〇一一b）「東アジア地域における質の保証のともなった学生交流の挑戦と課題」『広島大学国際センター紀要』第一号、六七〜七八頁。

堀田泰司（二〇一三）「第九章、ヨーロッパの高等教育の地域統合と東アジア」黒田一雄『アジアの高等教育ガバナンス』勁草書房、二三一〜二五五頁。

堀田泰司（二〇一四）「透過性のある単位互換枠組みと国際連携：Asian Academic Credits（AACs）の可能性」『比較教育学研究』第四八号、九三〜一〇三頁。

吉川裕美子（二〇〇三）「ヨーロッパ統合と高等教育政策——エラスムス・プログラムからボローニャ・プロセスへ」『学位研究』第一七号、七一〜九〇頁。

ACD (2011), *Asian Credit Transfer System (ACTS)*. Base Paper.（会議資料）

AUN (2009), *Concept Paper of The Establishment of ASEAN Credit Transfer System.*（未発表会議資料）

AUN (2010), "The Initiative on ASEAN Credit Transfer System (ACTS): Mechanism Level" UMAP 国際事務局、SEAMEO-RIHED 共催、国際シンポジウム「New Dynamics of Student Mobility & UMAP Credit Transfer Scheme: Connecting the Asia-Pacific Higher Education」（発表資料）（六月二八日）。

Aphijanyatham R. (2010), *East Asian Internationalisation of Higher Education: A Key to Regional Integration*, [A Program Report by Visiting Foreign Research Fellows, no. 25] Center for Research on International Cooperation (CRICED) in Educational Development, University of Tsukuba.

ASEAN [Association of Southeast Asian Nations] (2009), *Roadmap for an ASEAN Community 2009-2015* (Jakarta, Indonesia, April 2009), p. 111. http://www.asean.org/images/2012/publications/RoadmapASEANCommunity.pdf [09/2014]

CRE [Confederation of EU Rectors' Conferences and the Association of European Universities] (2000), *Bologna Declaration on the European space for higher education; an Explanation* (February 29, 2000), p. 10. http://www.nvao.net/page/downloads/Bologna_Declaration.pdf [09/2014]

European Commission (1998), *Socrates Programme; ERASMUS Institutional Contact* (Final Agreement 1998/99), (Official Document, Brussels, April 3, 1998).

European Commission (2005), *ECTS User's Guide*, Directore-General for Education and Culture, European Commission.

European Commission (2014), *Memo-ERASMUS 2012-2013 : the Figures explained*, (ダウンロードファイル有) http://europa.eu/rapid/press-release_MEMO-14-476_en.htm?locale=en [09/2014]

Hepworth, F. (2011), *SEAMEO RIHED and the M-I-T (Malaysia-Indonesia-Thailand) Student Mobility Pilot Program-Towards the Harmonization of Higher Education*, SEAMEO-RIHED.

Neave, G. (2003), "The Bologna Declaration : Some of the Historic Dilemmas Posed by the Reconstruction of the Community in Europe's Systems of Higher Education," *Education Policy*, 17, 1, pp. 141-164.

QAA [Quality Assurance Agency] (2008), *Higher Education Credit Framework for England : Guidance on Academic Credit Arrangements in Higher Education in England*, (The Quality Assurance Agency for Higher Education), p. 23. http://www.qaa.ac.uk/en/Publications/Documents/Academic-Credit-Framework.pdf [09/2014]

SEAMEO-RIHED (2008), *Harmonization of Higher Education : Lessons Learned from the Bologna Process* (Lecture Series No. 1).

SEAMEO-RIHED (2010), *M-I-T Student Mobility Programme : Pilot Project Review 2010* (Bangkok, SEMEO-RIHED), p. 30.

Smith, A. and Dalichow, F. (1988), "ERASMUS : The European Community's Higher Education Action Programme in Its First Year," *Higher Education in Europe*, 8, 3, pp. 39-47.

TUNING Project (2013), *Tuning Latin America : CLAR (Latin American Reference Credits* (Bilbao ; Universidad de Deusto), p. 37.

Teichler, U. (1997), *The ERASMUS Experience : Major Findings of the ERASMUS Evaluation Research Project*, Wissenschaftliches Zentrum für Berufs-und Hochshulforschung der Universität Gesamthochschule Kassel (Luxembourg : Office for Official Publications of the European Communities).

Teichler, U. (2010), "Programme Construction and the Bologna Process," pp. 161-170 in Buer, J., Wagner, C. and Gausch, M. eds. (2010), *Innovation, Change and Sustainability in Syrian Higher Education*, (Joint European Tempus Project : Quality

University Management and Institutional Autonomy) Peter Lang Publishing Group.

Vossensteyn, H. *et al.* (2010), *Improving the Participation in the ERASMUS Programme*, (Director General for Internal Policies, Policy Department B : Structural and Cohesion Policies, Culture and Education) [IP/B/CULT/IC/2009-035] European Parliament.

Wahlers, M. (2005), *The Bologna Process : Background and Impact on Japanese-European Higher Education Cooperation* [公開セミナー「ヨーロッパの大学改革と日本の大学」資料、慶応義塾大学、三月二九日].

de Wit, H. (2011), "European Integration in Higher Education : The Bologna Process Towards A European Higher Education Area," pp. 461-482 in Forest, J. and Altback, P. (2011), *International Handbook of Higher Education*, II, Part 2, Springer.

第8章　資格枠組みと評価システムの構築(1)

――「チューニング」の貢献――

ローベルト・ワーヘナール

一　分野別枠組みづくりは「コロンブスの卵」か

この二〇年間高等教育の国際化は本格的に進み、莫大な数の学生が国境を越えて学び、自らの関心やニーズをグローバルな環境のなかから見出し実行に移し、国際的な体験を重ねている。このような状況は、一九六〇年代以降に進んだ高等教育の大衆化の派生的効果とみる向きもあれば、労働市場の国際化に伴う結果にすぎないとみる向きもある。比較的短期間で、個々人の自由な「構造化されていない」国家間移動が、十分に構造化された産業を生んだ。これまで、学位課程のなかだけ、あるいは課程間における学生移動の調整や手配を中心的業務としていた大学職員は、瞬く間に国際的な学生移動を企画できる「真のプロフェッショナル」であることが求められるようになった。恐らく、新たなスキルと能力が要求される新たな仕事が、機関レベルのみならず国家、そして世界レベルで、ここまで急激に創出されたことは、高等教育の歴史のなかでも例をみないことであろう。学生の流動性が爆発的に増加したことが、このような展開を導いたのであるが、その一方で、学生の国際的向上心の高まりと同時に、彼らの移動が多くの場合受け入れ国にとって重要な収入源として認識されたことが大きい。つまり、留学生が地域の成長を促し高等教育予算の地域不均衡を均衡化し得る特効薬として認識されたといえる。

高等教育の流動化は大学機関や国に利益をもたらすことは明白である。しかしながら一方では、流動化を支える教育の構造や手段が十分に整備されていないために、学習者にとって留学がコスト高になっているという現状もある。大学教育の国際化は就学期間を不必要に延ばす傾向をもたらし、海外修学経験の認証においても深刻な欠陥が生じている。たとえば、留学先で履修した授業の単位認定、国によって異なる課程期間の調整などが障害として指摘されている。実際、国際化が進むなかにおける教育の「質」に関する大学の準備態勢については深刻な議論が展開されてきた。[2]驚くべきことは、このような議論が大学や大学教員の積極的関与と、国際化計画を学術専門的見地から進める方向へと十分につながってこなかったことである。

ここで問いたいのは、学位課程のプロフィールや参照基準に加えて、領域別の資格枠組みや学習構成もしくは学習の枠組みを整えることは、今日の高等教育にとって世界的に不可欠な課題であるのか、ということである。つまり、それらの枠組みは、大学教員が、単位の認定、プログラム設計と配信、そして教育の質保証や改善を促すために活用し得る、シンプルで明快な「コロンブスの卵」、すなわち、示されたとたんに周囲を納得させ得る「解」となり得るのだろうか。そうだとすると、政府は概して教育の国際化には適宜に対応しているものの、国家レベルでも国際レベルでも、また、学位の面でも留学期間の面でも、他国における学習体験の認証を領域別に体系的に保証する効果的な構造を開発する作業は遅々として進んでいない。このことは、欧州以外の他の地域についても同様である。昨今どの国においても高水準な学位を取得した、教育レベルの高い労働力を確保することに注力している状況を鑑みると、この事態は深刻である。実際のところ、この溝を埋めるために決定的な主導権を握ったのは各国政府当局ではなく、その連合として「制度化された組織」の支援を受けた個々人の集団であった。本章では、このような体制がもたらす長所と短所を示すとともに、多くの作業が時に正式な非制度的プロジェクトなどのかたちで、多くの手によって相当の進捗をみせていることに言及したい。

欧州の進展を中心に扱うが、それは、欧州の近年の高等教育改革が世界の他の地域における類似した構想の触媒となり刺激となっているからである。すでに述べたように、時とともに重要な進捗がみられている。多くの組織や構想が重要な役割をはたしており、具体的には、ボローニャ・フォローアップグループ、欧州委員会（EC）、ヨーロッパ学生連盟（ESU）、欧州高等教育機関協会（EURASHE）、欧州議会、欧州情報センターネットワーク・アイスランド全国学術認証情報センター（ENIC-NARICS）、欧州高等教育質保証協会（ENQA）、そして、いわゆるダブリン指標の創始者である共同質保証イニシアティブ（JQI）、欧州セマティック・ネットワークプログラム（TNP）およびチューニング・プロジェクトなどがあげられる。(3)

無論、アイルランドとデンマークの国内資格枠組みの開発、英国の高等教育質保証機構（QAA）のベンチマーク・ステートメントなど、各国レベルでも重要なイニシアティブが存在する。ただ、ここでは、チューニングをはじめ、共同質保証イニシアティブ（JQI）、欧州セマティック・ネットワークプログラム（TNP）など、欧州レベルで始まった取り組みを特筆したい。それは、これから述べるように、構造的なレベルにおいて、国際的に最大のインパクトをもたらしたからである。ここでいう「構造的なレベル」とは、学位と学習期間の認証を促すための、国際的な視点に立った高等教育の枠組みづくりを意味する。つまり三つのサイクル（学士、修士、博士）および准学位や短期課程の指標に関する系統的論述化であり、そして、分野レベルの参照基準の開発である。これらは、後にメタ資格枠組み、並びに、チューニング構想の文脈におけるメタプロフィールと、専攻あるいは領域別の枠組みを生み出している。本章では、これらが「コロンブスの卵」と同様、周囲を納得させ得る大学教育質保証の解となる可能性、課題、展望を、探ってゆきたい。

二　パラダイムの変化

振り返ると、二〇〇二年と二〇〇三年は、欧州の高等教育の近代化と国際化にとって最も重要な年であった。この間にすべての主要な決定と方向性が示され、そして策定された。同じ期間に、ボローニャ・プロセスを具体化するための「ボローニャ・セミナー」が国を横断して開催され、そのほとんどが「欧州高等教育圏の実現」に向けたベルリン・コミュニケ（Berlin Communiqué）に沿ったものであった。ここには、欧州高等教育圏を創設する方法として、質保証に関する基準、手続き、ガイドラインの開発、並びに、包括的資格枠組みの入念な構築が含まれた。さらに重要なのは、各国の文部大臣はそれぞれの国に対して、国内の高等教育制度のために比較可能な互換性のある資格枠組みをつくり上げることを奨励し、そのなかで、資格については「学習時間、学習レベル、学習成果、養成されるコンピテンス、学位プロフィールの面から説明を求めるべき」であり、さらに、「加盟国は欧州高等教育圏のための包括的な資格枠組みを形成することに同意するものとする」との文言が組み込まれていたことであった(4)。

(1)「何を教えるべきか」から「何が、どのように学習されるべきか」へ

学習時間、レベル、学習成果、コンピテンス、学位プロフィールに明確な重点を置いたことは、文部大臣らが事実上、学位課程の設計と実践に関するパラダイムが大きく変わるという声明を発令したことと同義である。この方向性はチューニングプロジェクトの影響を受けたものであった。「何を教えるべきか」から、「何を学習すべきか」、そして、「どのように学習されるべきか」への移行を教育の第一線にある高等教育機関とその教員に求めることを意味しており、おそらくは意識せずして政治が教育の責任に公然と介入したことになる。当時はまだ、大学教育は学習法よりも教授法の観点から語られていた。インプットとアウトプットを対峙させた指導と学習、あるいは教員

中心に対して学生重視の指導と学習を耳にしたことがあっただろうか。コミュニケでは、「高等教育機関と学生のボローニャ・プロセスへの取り組みを歓迎する、またボローニャ・プロセスの長期的な成功を保証するのは、最終的に全メンバー各国の積極的な参加である」と言及している。その後六年後のルーベン／ルーヴァン・コミュニケでは再度、改革の実践における大学と教員の役割について明確な言及があった。

ところで、ボローニャ・フォローアップグループはボローニャ・プロセスの推進と観察を目的に設置された組織である。当初この組織は右記のような、パラダイムシフトを実現するためのモデルや方法論、アプローチ等を開発する構想に直接関与することはなかった。しかしその後欧州委員会は、大学教育にとって非常に意義の深い構想を支援する決定を下した。それが、大学およびその教員が主導するチューニング・プロジェクトへの出資である。これにより、すでに活動していた、分野別に大学間交流を進める「分野別ネットワーク（セマティック・ネットワーク）」に対してチューニングアプローチを採用することが推奨されるようになる。その他工学ネットワークをはじめとする、他の欧州レベルのネットワークも独自に同様の路線で進めることとなった。ここでは欧州委員会の教育・文化総局が顕著な働きをした。彼らはこの行程に関与した他の誰よりも、ベルリン・コミュニケの影響と可能性を確信していた。注目に値するのは、ベルリン・サミット以前に二件の重要なボローニャ・セミナーが開催されており、ベルリンで各国文部大臣が決定した手順の方向性は、これらのセミナーによってすでに方向が定められていたことである。最初に開催されたセミナーは、二〇〇二年三月にアムステルダムで開催された、「欧州の質的特性に関する工程（Working on the European Dimension of Quality）」であり、二番目は二〇〇三年三月にコペンハーゲンで開催された、欧州高等教育の資格制度（Qualifications Structures in European Higher Education）」である。

これらのセミナーは、二〇〇一年のプラハ・ボローニャ・サミットの後に立ち上げられた非公式ネットワークである共同質保証イニシアティブ（ＪＱＩ）の実績を基盤としており、一九九〇年初頭以降に発展した欧州の国を越えた教育の質管理保証について討議を行った、まさに時機を得たものであった。[5] ＪＱＩのメンバーは、主に欧州北部地域の政府関係者と質保証機関の代表から構成されており、当初は学士と修士課程を対象とした質保証と資格認定に的を絞る予定であったが、後に短期、准学士、そして博士課程も対象とする。共同質保証イニシアティブの貢献は高等教育の各サイクルの指標を定義したことであり、これらは後に「ダブリン指標（Dublin Descriptors）」として知られるようになった。これら指標は二〇〇一年から二〇〇四年の間に開発され、二〇〇五年のベルゲン・ボローニャ・サミットで文部大臣により承認された欧州高等教育圏のための資格枠組み（Qualifications Framework for the EHEA）の基礎となった。このイニシアティブの重要性はいくら強調してもしすぎることはない。イニシアティブの推進者は、ボローニャ・プロセスを成功に導くための唯一の方法は、系統的なアプローチを構築することであることを完璧に理解していた。ＪＱＩのグループは、まず期待される学習成果の面から指標を言語にする方法を構築し、それをもとに欧州の高等教育の近代化に革新をもたらしたといえる。事実、彼らは欧州北部の数か国で少しずつ育ってきた議論を、欧州全体の議論へと変えたのである。

一方チューニングは二〇〇〇年秋、大学グループが欧州委員会との緊密な連携の下で構想された。ボローニャ宣言調印の直後、欧州単位互換制度（European Credit Transfer System：ＥＣＴＳ）に関する専門グループは、学位制度の構築と実践に関する概念を大幅に変えなければボローニャ・プロセスは効果を上げないとの考えに至っていた。学生の学習時間のみを対象とするだけでは、ＥＣＴＳの機能は限界をみると判断されたのである。単位制度の活用自体が、学位課程の透明化と柔軟化を進めるうえで大きな前進ではあるものの、互換と累積の両面で学習期間を認証するためには、学習工程で養成されるコンピテンスが常に最高レベルであるとの前提でなければ意味を成さないことは明らかであった。もうひとつの結論は、サイクル制を展開するためには学位の再構築が要求されるだけでなく、できれば国際的に合意された参照基準が分野別に必要となることであった。参照基準の必要性は英国でも理解されていた。英国では同じ時期にＱＡＡが、専門分野における分野別資格水準（Subject Benchmark Statements）を設置しており、その初版は二〇〇二年に発行されている。この水準は英国の高等教育にとってのみならず、欧州全体にとっても非常に価値の高いことが証明されている。教育と学習プロセスの成果に焦点をあてることにより、中心は知識の源泉である教師／教授から活動の中心としての学生に移行している。そこでは、知識の移転を学習工程の中心に置くのではなく、卒業後すぐに要求されるコンピテンスを基に社会で役割を担える卒業生を育成することが中核となる。このことから、ダブリン指標はコンピテンス開発の面において、学習成果を種類・分野別に区別している。同様の考えから、チューニングでは、分野特定のコンピテンスに加えて、分野に特定されない汎用的コンピテンスにも焦点をあてている。

(2) アムステルダム合意：課程指標と分野指標の連動を

二〇〇二年三月にアムステルダムで開催されたボローニャ・セミナーでは、各課程サイクル全体を定義するダブリン指標と分野レベルに落とし込んだ参照基準が連動すべきであるとの結論が下された。その結論はボローニャ・プロセスの進行に広範な影響を及ぼした。以下はその記録である。

修士および学士課程の包括的な成果を定義する「ダブリン指標」が有益である点については、広く共有され合意が形成されている。このような一般的能力の指標は、より具体的な分野知識レベル（学問領域）を対象に発展してきたチューニング・プロジェクトと補完し合う。換言するなら、「ダブリン指標」は「チューニング」を必用としているのである。さらに、チューニング・プロジェクトの成果は、規範としてとらえられていない。その点については、成果に基づきカリキュラムが定義されていないことに留意しなくてはならない。ダブリン指標とチューニング・プロジェクトの成果を組合せ、ここから質を構築するというアプローチは、「伝統的な」高等教育のほか、国境を越えた教育、遠隔教育などにも適用しうる（Westerheyden and Leegwater 2003）。

また、同じ会議で以下のようにも述べられている。「学位課程の指標がカリキュラムのインプットに基づくのではなく、アウトプット（成果）に基づいて考案されたことに対して、欧州の高等教育機関の間で予想よりも広範な合意が形成されていることも、チューニング・プロジェクトから得られた収穫である。同時に学位課程の期間／互換制度に関しては、想定されていたほどの多様化は見られなかった」。

右記に関連し、質保証について、機関レベルの対策に対するプログラムレベルの対策の相対的重要性について重大な議論がアムステルダムで起こったことも注目に値する。

いずれも重要というのが一般的な見解だった。ダブリン指標もチューニング・プロジェクトの成果も、主としてプログラムレベルのアプローチで指導されている。プログラムレベルの質評価は「消費者保護」の観点からも公的政策の優先事項として、学生の代表も含めた多くが採用しているが、それは直接的に質を保証できるというのが主たる理由である。機関的レベルの質保証は、自律的かつ健全な運営に付随する高等教育機関の責任とみなされてきたが、高等教育の「大衆化」あるいは「ユニバーサル化」そして、ネットワーク社会の出現に伴い、そのような統一性のある高等教育機関は希少となるであろう（Westerheyden and Leegwater 2003）。

（3）欧州高等教育圏（ＥＨＥＡ）の資格枠組み

アムステルダム合意から一二か月後、二〇〇三年のボローニャ・セミナー「欧州高等教育の資格構造（Qualifications Structures in European Higher Education）」においても同様の議論が続いた。この会合では、共同質保証イニシアティブとチューニングの役割が再度強調され、その際、欧州の資格枠組みと各国の資格枠組みの関係が明確にされた。会議の報告者である欧州議会のシュール・ベルゲン（Sjur Bergen）は、各国の高等教育制度はすでに資格枠組みを制定しているものの、その多くがインプット要因と固定化された性質のもとに組み立てられていることを指摘し、今後は教育課程の学習成果に基づいて構築されることの重要性を述べた。そして、欧州の資格枠組みは、各国の異なる資格が共通の構造と構成のなかに位置づけられるように、全体の合意のもとに構築されるべきことが強調された。本会議では、文部大臣によるベルリン・サミットに向けて複数の重要な提言が成された。本節に関連した提言を抜粋して以下に示す。

(1) 各課程レベルにおいて、資格枠組みは枠組みを構成する資格を学習時間、レベル、質、学習成果、学位プロフィールに関して記述するようにすべきである。欧州高等教育圏の枠組みは、「学士(バチュラー)」「修士(マスター)」など、ひとつあるいは複数の国の制度に固有の表現ではなく、「第一サイクル」「第二サイクル」など、一般的な表現で資格を記述すべきである。

(2) 資格枠組みではまた、それぞれの資格を高等教育の目標または目的を参照して記述すべきである。とくに高等教育の四大目標、すなわち労働市場への準備、民主主義社会の行動的市民としての生活に向けた準備、個人の発展、および高度な知識基盤の開発と維持に関して記述することが要求される。

(3) 資格枠組みの包括的ルールの範囲内で、個々の機関は各々の制度構築について相当の自由度を与えられるべきである。各国の資格枠組みと欧州高等教育圏の枠組みは、高等教育機関のカリキュラム開発と学習プログラムの構築を支援できるように構成されるべきである。また、資格枠組みにより、学際的な高等教育学習プログラムの導入が促されるべきである。[6]

ベルリン・コミュニケでは、教育や学習の成果をはかる指標として、「質(quality)」に代わって「コンピテンス(competences)」が用いられるようになったことに気づいたことであろう。あらゆる評価で用いられる「質」という指標ではなく、学習の成果を具体的に細分化し、定義しようとする文脈がベルリン・コミュニケにあったことがわかる。

チューニング：大学教員による学術専門性と社会応答性の同時追求

　ボローニャ宣言の調印日以降、ボローニャ・プロセスは高等教育制度の統一化につながるのではないかといった懸念が、大学、とくに学者グループから上がった。ボローニャ・プロセスは政府主導の工程であり、この懸念が現実的であることは、ダーク・ヴァン・ダムなどの高等教育専門家も指摘している通りである（Damme 2001）。実はこれこそが、ＥＣＴＳのエキスパートグループがチューニングを考案したもう一つの理由である。前述した、高等教育の焦点を学習者と学習プロセスの成果に移すべきとの主張とも明確に関連している。チューニングの提唱者は、教育の構造、学位プログラム、そして実際の教育と学習プロセスの責任は大学とその教職員が担うべきであるとする。その根底にあるのは、学術専門的観点から分野の一貫性、水準、質を十分に確保したうえで、多様性、柔軟性、そして個々の学習経路を満たさなくてはならない、という考えであった。さらに、カリキュラムの再構築を通して、これまで以上に労働市場と社会や経済の要求に即した制度が導き出される必要があった。チューニングという名称が選ばれたのは、個々の学位課程プロフィールの作成を可能とし推進する参照基準、つまり共通の基盤をみつけようとする目標を表現するためである。そのために、新しい制度を構築するための、また既存の制度を再構築し向上させるための一〇段階のアプローチが開発された。とくに以下に記す最初の三段階はチューニングの哲学をあらわす工程といえる。①高等教育のステイクホルダーと協議し、提案されたプログラムが専門的・社会的要求に応えるかを決めることにより、学位課程のニーズと可能性を判断する。②知識体系、学習の焦点、学習方法等を定義することにより、学位課程のプロフィールと課程から得られる主要なコンピテンスを定め、雇用分野を特定し、市民社会と人的文化への貢献性を明らかにする。③プログラムにおける学習成果を系統的に論述する。全一〇段階のアプローチについては、*Tuning Guide to Formulate Degree Programme Profiles*（Lokhoff *et al.* 2010）に掲載されている。

三　政策合意から実践へ

（1）参照基準―学位課程プロフィール

学位課程をプロフィーリングする条件は、一連の共通の参照点から成る、できれば国際的に合意された標準的枠組みが利用できることである。このような枠組みは、学位課程が最低限の質基準を満たすかどうかに加えて、学位の認証に値するか否かを決定する際の手段として重要である。参照基準は、高等教育機関に対し、多様性、自由と柔軟性、自律性をもたらし、大学が教育環境における使命、立場、役割に専念することを可能とするものでなければならない。国際的な機能を担う立場にありたいと考える大学もあれば、国内あるいは地元に根差した機能に絞りたいとする大学もあるだろう。このことは研究と教育への応用性にも関連してくる。二〇〇七年以降、欧州チューニング組織は「学位制度の構築と配信のための参照基準（Reference Points for the Design and Delivery of Degree Programmes）」を刊行した。[7] 多くの分野別ネットワークプログラムも、時にはチューニングの枠組み内で、時には独自に、ただし常に合意された共通の様式で参照基準を発行してきた。この様式自体は二〇〇五年に発行を開始し、⑴科目分野の概要、⑵学位プロフィール、⑶学習成果とコンピテンス―学位サイクルの記述、⑷学習時間とＥＣＴＳ、⑸学習、指導、評価、⑹質向上の六項目について記述されている。項目二には当該分野で通常付与される学位と、当該分野の卒業生が通常就く職業についての情報も載せられている。これら参照基準のとりまとめ結果は、二〇〇七年に独立したピア委員会によって有効性が確認されている。このような、参照基準をチューニングの文脈で作成し合意に至るプロセスは、チューニング・ジャーナルのゴンザレスとヤロッシュの寄稿論文のなかで詳細に説明されている（Gonzales and Yarosh 2013）。

チューニングの参照基準は、一般的・汎用的なコンピテンスと分野専門型のコンピテンスを区別することを原則としている。周知のように、チューニングのコンピテンスの扱いは包括的であり、知識、スキルの他、能力、責任、態度など広範なコンピテンスを対象とする。チューニングが汎用的コンピテンスにハイライトをあてるのは、雇用と市民性両方の観点から、社会への関連性を尊重するからである。二〇〇一年と二〇〇八年、大学教育のステイクホルダーを対象に欧州全域で行ったコンピテンス調査においては、このようなアプローチの有効性が確認されており、世界の他の地域で行われた同様の調査においても同様の結果に達している。

二〇〇八年に行われた調査および協議では、大学教員、雇用者、卒業生、学生の四グループを対象に七〇八七件の回答が得られたが、その際全四グループにおいて高くランクされたのは以下のコンピテンスである。

- 理論的かつ分析的に思考し発想を統合する能力
- 知識を実践に応用する能力
- 専門研究分野の知識と理解力、およびその専門性に関する理解力
- 問題を特定し、提起し、解決する能力

大学教員と卒業生は、「学習能力と学習により最新の知識を取り入れる能力」を第五位に評価しているのに対し、雇用者と学生は「チームで仕事をする能力」を五番目に重要な能力と評価した。また「母語により、口頭、筆記両方で意思疎通をはかれる能力」も重要なコンピテンスとして位置づけられていた。

右記の結果は、欧州高等教育圏のための資格枠組みにあるダブリン指標、すなわち知識と理解力、知識と理解力の適用、判断力、コミュニケーション・スキル、学習スキルと一貫している。つまり、チューニングアプローチは、欧州高等教育圏のための資格枠組みの構造に容易に関連づけられることがわかる。また共同質保証イニシアティブ（JQI）により開発された指標の精度が高いこと、実際には指標と参照基準の両面において、チューニングアプローチと補完し合うものであることが確認できる。したがって、これらは学位課程レベルで併せて適用する必要があり、実際、国によってはすでにそのように実践されているが、一方で遅々として進まない国もあるといわれる。

(2) 欧州の生涯学習のための資格枠組み

二〇〇五年ベルゲンで開かれた各国文部大臣によるボローニャ・サミットで、欧州高等教育圏のための資格枠組みが承認された時点で、欧州委員会はすでに、ボローニャ・プロセスの成果と二〇〇二年に設置された職業・教育・訓練のためのコペンハーゲン・プロセス (Copenhagen Process for Vocational, Education and Training) とを統合する、「生涯学習のための資格枠組み (Qualifications Framework for Lifelong Learning)」の開発にむけた構想に着手していた。高等教育部門と、職業・教育・訓練部門それぞれのエキスパートがこの枠組みの構築に参加していたが、その工程の主導権は職業・教育・訓練部門が握っていた。高等教育部門はすでに資格枠組みを独自に開発していたというのがその理由と思われる。活発な議論のすえ、「知識」「スキル」「より広範なコンピテンス」から構成される三種類の指標にわけることで合意に至った。欧州高等教育圏のための資格枠組みで用いられるのは独立した指標であるが、生涯学習のための資格枠組みの指標は下位のレベルの上に上位のレベルが構築される、累積的な八段階の構造をもつ。二〇〇八年、欧州議会と大臣理事会は、生涯学習のための資格枠組み設置に関する提言 (Recommendation on the establishment of an EQF for LLL) を可決した。加盟国は欧州資格枠組みの機能に基づき各国の資格枠組みを策定することが要請され、領域ごとに領域別資格枠組み (Sectoral Qualifications Frameworks) を開発することが要求された。そしてこの課題は二〇〇八年以降チューニングにより引き継がれることとなる。

チューニングが引き継いだ背後には多くの理由があるが、その説明の前にまず、生涯学習のための欧州資格枠組みで用いられているスキルとコンピテンスの定義を確認しておかねばならない。欧州資格枠組みにおける「スキル」とは、「任務を遂行し問題を解決するために、知識を適用しノウハウを行使する能力」を意味する。スキルは認知的 (論理的、直観的、創造的思考の活用が関与) あるいは実践的 (器用性、方法、材料、道具、器具の使用が関与) なものとして説明される。一方「コンピテンス」は、「仕事や学習の場、そして、専門的および個人的能力開発において、知識、スキル、個人的、社会的、方法論的に実証された能力」と表される。しかし欧州の資格枠組みの文脈では、コンピテンスは責任と自律性の面から説明される必要性が加えられている。チューニングの場合と同様に、コンピテンスの包括的な定義が用いられているのである。しかし、教育文化総局（ＥＡＣ）は生涯学習のための資格枠組みの最終版で、三種の指標のうち、「コンピテンス」への重要な付加語であった「より広範囲な（wider）」を削除する決定を下したのである。このことは後に、コンピテンス定義を解釈、適用するうえで矛盾を生むこととなり、キーコンピテンスという発想を強調する欧州委員会の他の活動にも反することとなる。たとえば、二〇〇六年に採択された欧州の生涯学習のためのキーコンピテンスの枠組み（European Framework of Key Competences for Lifelong Learning）は、「今日の急激に変化する世界で雇用、個人的充足感、社会参加、積極的な市民活動を達成するために万人が必要とする主要な能力と知識」を特定し定義しており、広範なコンピテンスを包括していることがわかる。このような矛盾により、欧州資格枠組みは当面、とくに大学関係者の間に混乱を与えることが予想される。

四　チューニング実践——異なる基準と定義の調整から、包括的枠組みの構築へ

(1) チューニングの領域別資格枠組みとプロフィーリング

ボローニャ・フォローアップグループは前節で述べた二つの資格枠組みを比較したうえで、共存可能と判断したが、実際にはそれは断言できない。欧州高等教育圏のための資格枠組みはＥＣＴＳをベースにし、生涯学習のための欧州資格枠組みはそのような構造をもたないという違いがあるだけでなく、両者は異なる理念に基づいて構築されている。したがって、チューニングの専門グループは、いくつかの問題と課題に直面した。それは、(1)独立した指標に基づく枠組みと累積的な指標に基づく枠組みの、二つの競合する枠組みが高等教育に存在するという問題、(2)そのような二つの資格枠組みをメタ的に橋渡ししなければならないという課題、(3)分野レベルでのチューニングの参照基準からメタプロフィールを作成するという課題である。このような問題や課題に対峙するなか、分野レベ

ルとメタレベルの中間に位置する領域別資格枠組みを開発することで解決するのではといった考えが生まれた。この場合、大学教育を領域あるいは専攻別に分類する必要がある。領域あるいは専攻はここでは、ある程度まで同等の学習プロフィールに基づく、関連性のある研究分野の組み合わせから構成されると理解してほしい。自然に五つから六つあがってこよう。人文科学およびクリエイティブ・パフォーミング領域、工学、自然科学、医療、社会科学などである。ここで用いる順序は、領域間の相互関係に基づき、図8-1のような視覚化が可能になる。

図8-1　大学教育の領域別分類

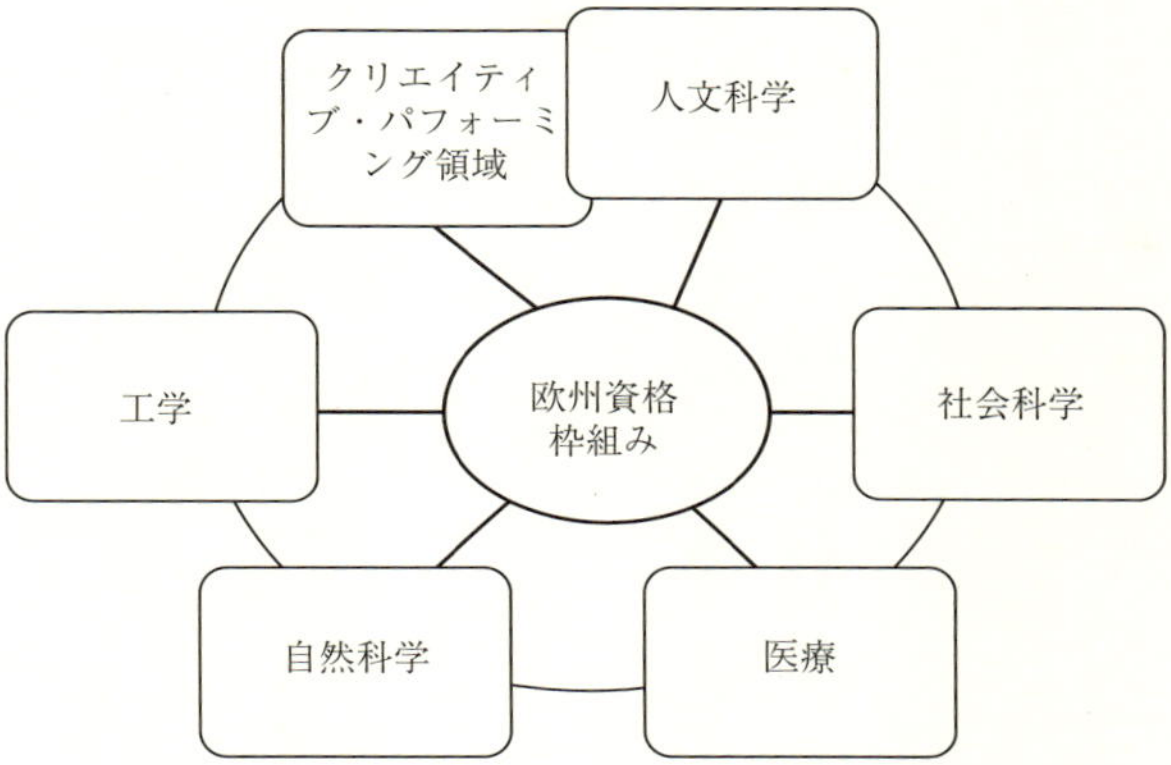

社会科学の例をあげよう。二〇〇八年から二〇一〇年までに、社会科学のためのチューニング（SQF：領域別資格枠組み）を開発するための初のプロジェクトが実施された。ビジネス研究、ヨーロッパ研究、教育科学、作業療法とソーシャルワーク、法律、心理学、および国際関係の分野が対象となった。このプロジェクトでは、欧州資格枠組みの5から8までのレベル（高等教育レベル）に加えて、レベル3と4（高等教育への入門レベル）を設計した。このアプローチは先駆的かつ革新的であり、何よりも、これまで別々に行ってきた枠組みを連携させる大きな一歩でもある。省察、ディベート、コンサルテーションを含む戦略的手法を用いて枠組みが開発され、このプロジェクト自体がスキルと少なくとも当初は「より広範囲な」コンピテンスの間に引かれた区分と奮闘した記録といえ、その結果は後述する。

プロジェクト自体斬新なものである一方、その工程は忍耐を要するものであった。さまざまな分野用に作成された参照基準を統合することに加えて、欧州高等教育圏のための資格枠組み指標に十分に配慮して、生涯学習のための欧州資格枠組みの原則に関連づける作業も行う。この工程から二重の成果が得られた。各領域のショートプロフィールの定義と、それに対応する期待される達成度とのマトリクスである。これらは各レベルで定義された欧州資格枠組みの三つの指標である、「知識」「スキル」「より広範なコンピテンス」に基づく。

次に示すのは社会科学のショートプロフィールである。系統的に論述されたプロフィールからは、当該領域が何を象徴しているか、また他の領域からどのように区別されるかについて見識を得ることができよう。

社会科学は、個人、集団、共同体に表現される社会貢献の研究とその提供に係る学問である。この分野では、社会的構造と組織（経済、法律、文化、宗教、政治など）を空間と時間の両面から検証する。動的なプロセスと各プロセスの相互関係、また異なる意味と意向がどのように創出され、どのように扱われるかが研究される。社会科学は人間の行動と発達の細かな点から大規模な社会的変動まで、幅広い範囲を扱う。社会科学は、社会的正義、幸福、団結、市民権に関連した強力な倫理的特性を持ち合わせている。(8)

右記のプロフィールは、領域別資格枠組みの有望性を示唆している。本プロジェクトの準備として、チューニングは領域別に理念を開発したが、その際特定の分野内で、あるいは関連性のある分野間で学生が流動することを前提とした。このことは、学位や単位の認証問題も視野にあったということを意味する。例として歴史分野を考えるとわかりやすい。歴史は人文科学に位置づけられるが、社会科学と明確な関連性を有する。社会科学に位置づけられて人文と密接に関係づけられる場合もある。このことはレベル別の学習成果のマトリクスに反映される。つまり、ここでは異なるレベルの学習成果のマトリクス、つまり社会科学のための領域別資格枠組みに基づく専門別参照基準だけではなく、歴史に関係する分野の参照基準も含まれてくるのである。しかし、社会科学の領域別資格枠組みで採用されるアプローチには弱点がある。生涯学習のための欧州資格枠組みの累積的アプローチとの近接性を維持しなければならないのである。その結果、レベル7の学習成果の報告を解釈する場合に、レベル5および6に定義される学習成果と結びつけざるを得ないといった問題が生じる。このアプローチの結果、レベル8のより広範なコンピテンスの指標に対応する学習成果の記述が、必要とはみなされなくなったのである。なぜなら、これらはすでに下位レベルで記述されているからである。

ここで生ずる問題は、「知識」と「スキル」を扱う、レベル7と8向けに設定された学習成果が広がりのある表現となり、実際に何がカバーされるのかを理解するためには、レベル5と6で期待される達成度も考慮する必要が出てくることである。さまざまなタイプの知識と認識を、「専門分野または特定の研究あるいは実践分野」などの中立的な言い回しにリンクさせることで、対象となる専門分野や研究分野と切り離して、すべての分野で使用される可能性がある。現況ではこのような事態は避けがたく、なぜなら、これらレベル5からレベル8までを対象にすると、専門分野は特定されていても、関連する多くの学術分野において教えられ、学習され、また評価されている幅広い専門性を包括することとなるためである。

このような累積的指標の重大な問題は、コンピテンスに基づく学習期間並びに達成される学習成果を認証するプロセスが非常に複雑なものになり、それは分野専門家の仕事となることである。累積的な指標は難し過ぎて扱いづらく、適用が困難なのである。このことは、大学教員がコンピテンス定義やプログラムおよびモジュールの学習成果を開発し、実際に使用することが期待されているなかにおいて、たとえば移動する学生の学習認証の段になると十分に機能しなくなるということを意味する。これでは不都合である。最終手段として、大学教員や教授個々人から構成される審査委員会が、各機関の認証の問題についての最終決定権を握るとはいえ、重要なのは、国内外の流動性と承認を促す手段を、大学人が保有し、「日常的に」用いることである。他機関で学生が学習した経験について、より広い心で対応することを大学教員に納得させることが、唯一の妥当な方法となる。その観点では、チューニングと分野別ネットワークは、大学教員がそれぞれの研究分野についてオープンな対話を通してお互いを理解し合うことができれば、信頼と確信が生まれ目覚ましい成果が得られることを示した具体例ともいえる。

そのことが確信されたのは、二〇一〇年、チューニングSQF HUMARTプロジェクトが、チューニングSQF Social Sciences プロジェクトを継承したときである。HUMARTは、Humanities and the Performing and Creative Arts の略語であり、「人文およびパフォーマンス・クリエイティブアーツ」を表すが、以下ではHUMARTをそのまま使用する。本プロジェクトを定義する際に、人文科学の定義には通常、ビジュアルアーツとパフォーミングアーツが含まれることを、これまでの経験から認識されていたが、関連する科目群を単一の枠組みに取り込むことは実現不可能であり有益でもないと考えられた。したがって、人文科学とパフォーミング・クリエイティブ領域の二つの枠組みを別々に開発する方向で、保留されていた。

HUMARTの主要目的は、社会科学の領域別枠組み構築の目的とおおむね同様であった。つまり、大学教員によって定義され、所有されるような、簡単に解釈できる領域別資格枠組みの開発である。よって、欧州の既存の二つのメタ枠組みを橋渡しするために、一貫性を維持し、独立した指標を基準としなくてはならない。三段階のアプローチが用いられた。第一段階では、ボローニャ・プロセスにおいて三つのサイクルに既定されていた分野別の指標について、生涯学習のための欧州資格枠組みに基づき表現と順序が変更された。この工程は歴史、ビジュアルアーツ・パフォーミングアーツ、建築学に適用された。音楽については、すでに早期の段階でこの手順を踏んでいた。文学、言語学、美術史、神学と宗教学については、欧州レベルの参照基準が開発されていなかった。第二段階では、関連する専門学術分野の指標同士を比較した。この比較から最終段階、つまり、領域別資格枠組みの構築と定義のための基礎が築かれた。第二段階を経て明らかになったのは、比較に基づき一つの枠組みのみを開発するよりも二つの枠組みを開発する方が断然有益であることである。二つの自立した枠組みが開発された場合、二つの独立した分野の特徴がより正確に表され、最終的に、単一の枠組みよりもはるかに優れた、質の保証と向上を含む学位課程の設計と実践、そして単位認定のための手段となり得る。

この点については、ビジュアルアーツ、演劇、音楽、建築の分野におけるチューニングエキスパートが、当該学術分野のプロフィールを次のように定義している。

クリエイティブ・パフォーミング領域は、創造性、解釈、美的判断が最重視される芸術的および技術的性質を有する幅広い分野を包括する。これらの分野には発想、表現形式、描写、音響、構造、パフォーマンス、テキストの発明と生成が含まれ、これらは新しい芸術、空間、装置、製品、あるいはプロセスを生み出すための経験的開発において用いられることができる。領域単位で統合された概念では、このような革新的可能性に焦点をあてることができるが、領域を構成する個々の専門分野を対象とする際にはこのような包括的革新性に注目することができない。クリエイティブ・パフォーミング領域は、科学、技術、哲学の寄与と同等の、あるいは補完する方法で、人生経験に貢献する。これら専門分野は伝統を説き伏せ、覆し、祝福し、伝統に立ち向かう力があり、強力な文化的媒体として振舞うことができる。個人の目標を確立し、人々が違いを認め、首尾一貫した価値体系を構築する方法を学ぶのを支援する力がある。クリエイティブ・パフォーミングの領域における発想、方法、優先課題は、独自の言語と手続きを用いて、確かな知識のネットワークを構成し、その機能は異なる形態の体験を説明、理解しそれに従事せしめ得る。この知識のネットワークは、芸術その他の研究における確かな概念を発展させ、とくに視覚的体験、創造、パフォーミング、そして研究のプロセスそのものをかたちづくることが、それにあたる。(9)

このプロフィールから、人文科学の広範囲な領域内におけるクリエイティブ・パフォーミング領域の特徴が明確に示されている。担当したエキスパートはこの作業を、「ビジュアルアーツ、パフォーミングアーツ、音楽、建築学のいずれかあるいはすべての学問領域において、学生に期待される到達水準に関する共通の定義を作成しようとする果敢な試み」と評したが、ここで重視したいのは、このような画期的なアプローチが実際に用いられたという点である。建築のエキスパート集団が先導して、同分野は共通の焦点をみつけることができたが、一方で他の分野から一線を画していった。この領域の中核的特徴としてあげられているのは、「創造と独創性」であり、この特徴はさらに細かな識別あるいは仕様につながる七つのディメンション（特性）で支えられた。中核的な特徴と側面的特性を用いているのは二重の意味合いがある。欧州の大学における芸術分野のアイデンティティを強化する一方で、この領域の革新的可能性も強調するのである。学習経験の認証、カリキュラムの開発、質保証と質向上の面から領域特定の重要な特徴を強調するのみならず、領域の特性を掘り下げ、むしろ政治的観点から調整された人材開発が可能であることが強調できる。

このアプローチは、人文科学の領域でも、分野別資格枠組みを構築する際に用いた。人文科学については、明らかな理由で「文化と社会における人間性」が中核的特徴あるいは焦点として特定されている。ここでは上記パフォーミング領域とクリエイティブ領域の場合よりもひとつ多い、八つの特性に関連づけられた。そして、これらの特性が、関連領域であるパフォーミング領域とクリエイティブ領域の特性と緊密に関連づけられた。表8－1は、両領域の特性と、各特性における中心的な「価値」をキーワードで表したものである。これらキーワードは、両領域の大学教員により策定されており、教員からは受け入れやすいものと思われる。

このような手法がどのように機能するかを示すために、表8－2を用いて、人文科学とパフォーミング・クリエイティブ領域それぞれについて、最初の二つの特性で（人文科学では「人間」と「文化と社会」クリエイティブ・パフォーミング領域では、「製作、パフォーミング、デザイン化、概念化」と「人間の再思考、熟慮、解釈」）を対象に、欧州資格枠組みの三つの指標である、「知識」「スキル」「（より広範な）コンピテンス」に基づくチューニングの成果と併せて解説する。ここでは学部教育に相当するレベル6の課程を対象とする。すでに明らかなのは、（より広範な）コンピテンスで、個人の責任と自主性に強調点が置かれていないことであろう。領域別枠組みの表現は、社会的責任を重視しガイダンスの提供というスタンスをとっているのにくらべて、欧州資格枠組みの表現は管理性や意志決定の観点から、より機能的な性質にある。これらの指標を単一の特性から用いることがいかに困難かがわかる。

上記のスキームからわかるのは、二つの領域は関連性こそあるものの、学習成果の面で予想される成果は明確に区別できるということである。他の領域と比較した場合は一層説得力があることは想像に難くない。ここで示されるのは体系的なアプローチの優位性であり、領域別の資格枠組みが事実上の付加価値をもたらすことである。以下にそれを実現するための条件を整理したい。

表８-１　社会科学資格枠組みの特性

人文科学の特性	クリエイティブ・パフォーミング領域の特性
人　間	製作，パフォーミング，デザイン化，概念化
文化と社会	人間の再思考，熟慮，解釈
テキストと文脈	実験，革新＆研究
理論と概念	理論，歴史，文化
学際性	技術的，環境的，文脈的な問題
コミュニケーション	コミュニケーション，協業＆学際性
イニシアティブと独創性	イニシアティブ＆進取性
専門能力の開発	

領域別資格枠組みが

- 当該領域に従事する大学教員により、その領域と学術分野の中核であると認識される
- 当該領域および領域の根底を形成する中核的特徴を把握した、独特のプロフィールと特性に基づいている
- 独立した指標として展開され得る、期待される達成度と学習成果に基づく
- 各レベルで、大きさが一ページに制限されるのが望ましい
- 指標は明快で、透過性があり、読みやすい構成となっている
- 枠組みの対象となる各専門領域で期待される達成度が、その領域で特定された特性に沿って表現される構成となっている

ここで取り上げた二つの領域別資格枠組みは右記の要件を満たしている。両資格枠組みはまた、非正規学生の学習にも適用できる。学際的プ

表8-2　欧州資格枠組み（EQF）とチューニング領域別資格枠組み（Tuning SQF）の組み合わせ例

〈パフォーミング領域とクリエイティブ領域（CPD）〉

レベル6EQFの領域	知　識	スキル	コンピテンス
EQF	理論と原則に関する批判的理解が関与する，就労または研究分野の高度な知識	特殊な就労または研究分野の複雑で予測不可能な問題を解決するために必要な，卓越性と革新性を実証する高度なスキル	• 予測不可能な仕事または研究の文脈での意志決定の責任を担い，複雑な技術的または専門的活動またはプロジェクトを管理する • 個人と集団の専門能力の開発を管理する責任を担う
CPD：製作，パフォーミング，デザイン化，概念化	個々の専門分野における創造性および／またはパフォーマンスの基礎となるプロセスと概念について高度な知識を有する	自身の創造的概念の創作，実現，表現に必要な高度なスキルを有する	異なる状況で独創的に行動し対応するために，研究内で得られた知識とスキルを駆使することができる
CPD：人間の再思考，熟慮，解釈	両専門分野内で発生する実践および／または創作がどのように人間性に起因し，人間性を形成するかを評価する	創造的実践の中で，解釈力並びに人間的特性の省察を駆使する	倫理的認識を以て行動するために，また発展を促し，他の個人と集団の幸福を助長するために，研究のなかで得られた体験を駆使することができる

〈人文科学（HUM）〉

レベル6EQFの領域	知　識	スキル	コンピテンス
HUM：人間	人間のさまざまな形態と環境における状況，経験，表現を批判的に理解する	専門分野の知識を用い，現代の社会的課題を理解し，解釈できる	個々の人間をその私的，文化的，社会的な特性で理解し，尊重することができる
HUM：文化と社会	人間の行動，慣習，表現方法が発想，信念，価値からどのように出現し，相互に作用するのかについて知識と批判的な洞察力を有する	社会的および文化的相互作用について重要な問題と探求分野をガイダンスに沿って特定し，定義する際に，関連分野の知識を活用できる	社会における人間性の役割と人間的視点を認識し，その活用において社会的つながりと持続可能性を達成するために倫理的に深く関与する

ログラムの場合はとくに、プログラムの学術的位置づけを確かにするために、二つの枠組間の関連づけを考慮する必要が生じると思われる。

次の段階は、分野レベルでのメタプロフィールあるいは参照基準と、関連する領域のメタプロフィールあるいは参照基準とをすり合せる作業となる。建築、音楽、ビジュアル・パフォーミング領域は、すでにそのプロセスを経て結果が得られている。これにより最終的に、これまでの成果よりも高質の、精度の高い参照基準が得られると断言できる。外部質保証審査や学位プログラムの強化にも貢献していくことであろう。

(2) 欧州高等教育圏のための資格枠組みと生涯学習のための欧州資格枠組みの橋渡し

欧州における二つのメタ資格枠組みである、欧州高等教育圏の資格枠組みおよび生涯学習のための欧州資格枠組みはともに、特性を一元的に設定している、前者は、知識と理解、知識と理解の適用、判断、コミュニケーション・スキルと学習スキル指標、後者はすでに述べたように、知識、スキル、(より広範な) コンピテンスを記述語として構成されている。これには短所も長所もある。短所は現実が簡略化され、意味と価値が限定される危険性である。一方、分野・学術領域を公平に記述することにより、期待される達成度を規定しようとするのが、資格枠組みの基本的発想である。したがってクリエイティブ・パフォーミング領域、および人文科学の領域において、複数の特性に基づいて記述された領域別資格枠組みは非常に望ましいと受けとめられる。このような領域別資格枠組みにより、各領域と専門分野特定の機能が十分に評価されると思われる。なぜなら、このような枠組みは二次元的であり、より深い機能をもたらす可能性が高いためである。さらに、期待されるコンピテンスや学習成果のレベルをより正確に測定する機会も生まれる。二軸あるいは二脚の優位性は、人工の手を加えずとも明確な構造を形づくるのである。

しかし実際問題として、高等教育に二つの競合する枠組みが存在する問題に対して、信頼が高くしかも実現可能な解決策があるのだろうか。これを検討するために、まず七から八つの特性を使った二つの領域別資格枠組みについて検討しよう。状況に合わせて、それぞれの特性は多少調整した。たとえば、クリエイティブ・パフォーミング領域の領域別資格枠組みには、八番目の指標である「専門技能開発」が追加される。これは恐らく、元の体系に欠けていた要素と思われる。また欧州高等教育圏のための資格枠組みの二番目の指標である「知識と理解」を横軸に移動する必要がある。欧州資格枠組みのスキルの記述語に同等であるためである。

右記の修正の結果としてのモデルを図示するために、欧州高等教育圏の資格枠組みの第二サイクルの指標を例にとりたい。表8‐3に示すように、欧州高等教育圏の資格枠組みの五つの指標に沿って、チューニングによる領域別資格枠組みの特性を配置することはまったく複雑ではないことがわかる。領域別資格枠組みに独特な特徴をもたらす最初の特別な特性が、独立した指標として配置されていることをみてほしい。これはこの特性が、欧州高等教育圏のための資格枠組みで使用されるカテゴリに適合しない中核的特徴として、他の特性よりも目立つためである。他のカテゴリはこのメタ枠組みに容易に関連づけることができる。より広範な資格枠組みの指標内で特性を細分化することが有意であることがわかる。とくに、指標1‐知識と理解、および指標3‐判断についてこのことが該当する。

各分野の記述が終了すれば表は完成する。そしてここから、音楽や言語学などの特定の学術分野に対応したメタプロフィールが作成される。そして、このプロフィールと表が、特定の大学、学部、あるいは特定のプログラムのミッションに沿って学習成果という観点から学位課程を説明する際のベースとして用いることができる。

このアプローチを用いることにより、入試部門および資格認定部門、そして教員が運用しやすくまた理解しやすい透過的なモデルを作成することができる。学位プログラムごとに、表内に記入する方式で説明することができるのである。その実践例として、今や広く知られるようになったエラスムス・ムンドゥス修士課程（Erasmus Mundus Master Course）の『*Euroculture : Europe in the Wider World*』の例がある。これが興味深いのは、*Euroculture* は

表8-3　チューニング領域別資格枠組み（Tuning SQF）の手法に基づき欧州高等教育圏のためのメタ資格枠組み（QF-EHEA）と，生涯学習のための欧州資格枠組み（EQF）の橋渡しをするチューニングモデル

QF EHEA 第2サイクル指標1，3～5	SQF パフォーミング・クリエイティブ領域レベル7	SQF 人文科学 レベル7	EQF 指標知識 レベル7	EQF 指標スキル レベル7	EQF 指標広範囲なコンピテンス レベル7
			• 高度に専門化された知識。その一部は元の思考・研究の根拠として就労または研究分野の最先端の知識とされる • 特定の分野および異なる分野の境界面での知識問題に関する批判的認識	• 新しい知識と手順を開発し，他の分野の知識を統合するために，研究：革新で要求される専門化された問題解決スキル **QF EHEA 第2サイクル指標から：** 2．新規または不慣れな環境で，研究分野に関連した広範（あるいは学際的な）文脈内で，知識と理解，および問題解決能力を適用できる	• 複雑で予測不可能な，また新しい戦略的アプローチを必要とする仕事や研究の文脈を管理し，変革する • 専門知識と実践に貢献し，チームの戦略的パフォーマンスを審査する上で責任を担う
特別な機能 SQF	1．製作，パフォーミング，デザイン化，概念化	1．人間			
1．通常第1サイクルに関連づけられ，それらをさらに拡大・向上させ，また多くの場合研究の文脈で発想を展開・適用するための基盤と機会を得ることのできる知力と理解力を有する	2．人間の再考，熟慮，解釈 3．技術的，環境的，文脈的な問題	2．文化と社会 3．テキストと文脈			
3．知識を統合し，複雑性を処理し，不完全あるいは限られた情報でも判断を行う能力を有する。ただし知識と判断の適用に伴う社会的および倫理的責任　がその能力に反映されている	4．理論，歴史，文化 5．実験，革新&研究 6．イニシアティブ&進取性	4．理論と概念 5．イニシアティブと独創性 6．学際性			
4．結論と結論を立証する知識と根本的理由を，専門家と専門家以外の聞き手に明確に，曖昧さを見せずに伝達することができる	7．コミュニケーション，協業&学際性	7．コミュニケーション			
5．主に自律的にあるいは自主的に研究を継続できる学習能力がある					

多面的なプログラムであるだけでなく、明らかに学際的なプログラムであることだ。今回示したモデルが、このような複雑なプログラムに適しているなら、すべての学位制度に適用できるという期待がもてる。このプログラムは人文科学と社会科学の領域に関連しているが、重心は人文科学に置かれている。したがって人文科学の特性を用いるのが妥当のようである。エラスムス・ムンドゥス修士課程の『*Euroculture : Europe in the Wider World*』の事例は、本章の土台となっているWagenaar (2013) "Columbus' Egg? Qualifications Frameworks, Sectoral Profiles and Degree Programme Profiles in Higher Education" に掲載されているので、参照されたい。

五　資格枠組みの課題とチューニングの可能性

学生の流動性が爆発的に増加し、欧州や世界に溢れかえる状況に対応するために、この一〇年間にさまざまな方法、モデル、ツールの開発が異常な速度で進められたと結論して良いだろう。冒頭で明記したように、この進化は主に洞察力を備えた個々人の献身によるところが大きい。彼らの発想は、国内および国際的なレベルで、正規の機関により制度化され、また、支えられた。

ベルリンのボローニャ会議で関係大臣が、「加盟国に対して、各国の高等教育制度のために比較可能な互換性のある資格枠組みをつくり上げることを奨励し、そのなかで、資格について、学習時間、水準、学習成果、養成されるコンピテンス、学位プロフィールの面から説明をすることを要求するよう奨励した」時点から、インプットもしくはスタッフ本位の学習からアウトプットあるいは学生本位の学習への根本的な移行が始まっていた。この発表により、政府のみならずほとんどの高等教育機関が、その後広範な影響をもたらすことになる任務を担うこととなった。すでに二〇〇〇年から二〇〇一年に、このプロセスは共同質保証イニシアティブ（ＪＱＩ）およびチューニング・プロジェクトにより準備され、質に関するアムステルダム・ボローニャ・セミナーで確認され、後にアムステルダム合意となったことは詳述した通りである。この会議で、政府当局、質保証の政府関係者、そしてチューニングに参加した大学教員のはたらきが一体化されたことは大きい。

一年後に開催されたコペンハーゲン・ボローニャ・セミナーでは、欧州高等教育圏の発展にとって資格枠組みと参照基準が絶対に欠かせないことが確認された。それまでの一五年間で互換制度を主機能とするＥＣＴＳでは十分ではないことがわかっていた。事実、ＥＣＴＳで測定される学習期間ではなく、コースとコースを比較する信頼性に欠くメカニズムが依然として広く用いられていたのである。

したがって、資格枠組み、領域別枠組みおよび学位課程プロフィール、そして参照基準が、今日の世界の高等教育にとって欠くことのできない手段であるか否かという、本章の中心でもあった問については、肯定的回答が得られるだろう。アウトプットに基づく学習は、明確な参照基準がなければ効果が上がらない。称賛にあたいするのは、ベルゲン・コミュニケ（二〇〇五年）において、ダブリン指標の先駆けとなった共同質保証イニシアティブ（ＪＱＩ）の作業に基づく欧州高等教育圏のための資格枠組みが承認されたことであろう。生涯学習のための欧州資格枠組みを開発した欧州委員会も、同じく称賛にあたいする。この欧州資格枠組みは三年後に関係大臣による議会と欧州議会により承認されている。しかし同時に、両枠組みが大学教員ではなく「当局」により開発されたことは留意しておかなくてはならない。このため、いずれの枠組みも大学の現場ではまったく採用されないか、採用がまったく進まなかったかどちらかであったことは不思議ではない。もし大学で受け入れられていたのだとすれば、質保証と認証基準のもとめに沿って構築されているという事実に拠るところが大きかった。

同じ期間中、チューニングと分野別ネットワークは、個々の科目分野に対して独自の参照基準を開発した。このプロセスは成果をあげ、作成された文書も広く受け入れられた。しかし、その応用については一様ではなかった。これは、参照基準という成果の普及が個々のプロジェクトに委ねられていたためであり、このことは戦略的な誤りであったといえる。ルーベン・コミュニケ以降、文部大臣以下、高等教育機関の支援を公に要請しているのであるが、大学関係者は国際的な仕組みとして開発された学習成果に基づくアプローチの実践に真剣な関心を示さなかった。このことはボローニャ・プロセス自体にとって思わぬ衝撃であった。学位課程の改革がメタレベルの参照基準を求めているのみならず、個々の分野レベル、そしてその分野が位置する領域のレベルで基準が要求されることが理解されていなかったのである。

高等教育機関が二つの競合する欧州資格枠組み、共存性に欠ける枠組みを五年以上も扱わなければならないのは無益だった。しかし遅すぎるということはない。チューニングに基づく領域別枠組みの開発は、突破口となりうる。これらの枠組みは欧州の二つのメタ枠組みの橋渡しをするだけではなく、分野レベルのメタプロフィールと参照基準を橋渡しする。これまで開発された二つの領域別枠組みあるいは領域別プロフィールは、学位制度の構築、実施、質保証と質向上、および学位と研究期間の認証に必要とされる十分な精度を備えている。他のすべての部門についても、共存可能な枠組みを早急に開発すべきである。それは学術機関とその関係者が探している「コロンブスの卵」ではないだろうか。それは欧州と世界の高等教育の近代化にかかわるすべての関係者により所有され、利用される、シンプルでわかりやすい手段となるだろう。

注

（1）本章は二〇一三年一一月に発刊された *Tuning Journal for Higher Education* に掲載された “Columbus' Egg? Qualifications Frameworks, Sectoral Profiles and Degree Programme Profiles in Higher Education” (71-103) を本出版用に松塚が抄訳したものである。著者の希望により日本の読者が読みやすいことを第一義として適宜抜粋および編集をしている。著者と訳者との綿密な打合せのうえで編集されたものであるが、完全かつ正確な内容は左記の原文をお読みいただきたい。

（2）国際化の進展と大学教育の「質」に関する議論や考察については、以下の各論文および報告書に詳しい。Jeliazkova and Westerheijden (2002), Knight and De Wit (1999), Van Damme (1999), Van Gaalen (2010), Van der Wende and

Westerheijden (2001), Van Vught and Westerheijden (1994).

(3)　それぞれの団体について関心をもつ読者を考慮し，以下にそれぞれの団体の英文名を併記する。ヨーロッパ学生連盟（前ＥＳＩＢ：The National Unions of Students in Europe／現ＥＳＵ：European Students' Union），欧州高等教育機関協会（ＥＵＲＡＳＨＥ：European Association of Institutions in Higher Education），欧州議会，欧州情報センターネットワーク・アイスランド全国学術認証情報センター（ＥＮＩＣ-ＮＡＲＩＣＳ：European Network of Information Centres-National Academic Recognition Information Centres），欧州高等教育質保証協会（ＥＮＱＡ：European Association for Quality Assurance），共同質保証イニシアティブ（ＪＱＩ：Joint Quality Initiative），欧州セマティック・ネットワークプログラム（ＴＮＰ：Thematic Network Programmes），チューニング・プロジェクト（Tuning Educational Structures in Europe）。

(4)　これら一連の声明は，以下に掲載されている。European Ministers for Higher Education, "'Realising the European Higher Education Area': Communique" of the Conference of Ministers Responsible for Higher Education in Berlin on 19 September 2003 [Berlin Communique], Berlin: Bologna-Berlin 2003 Project Team, 2003, http://www.bologna-berlin2003.de/pdf/Communique1.pdf [04/04/2012]

(5)　本セミナーで課題となった観点と議論については以下の各論文および報告書に詳しい。Campbell and Van der Wende (2000), Harvey and Green (1993), Van Damme, (2002), Van Vught and Westerheijden (1993).

(6)　本会合での提言について詳細および全文は，以下を参照されたい。"Bologna Seminar on Qualification Structures in Higher Education in Europe. Recommendations," Copenhagen: Bologna-Berlin 2003 Project Team, 2003. http://www.bologna-berlin2003.de/pdf/Results_copenhagen.pdf [04/01/2012]

(7)　Tuning Educational Structures in Europe (Tuning Europe), http://www.unideusto.org/tuningeu/. を参照されたい。

(8)　詳細は，Tuning Europe, "Tuning SQF for the Social Sciences," http://www.unideusto.org/tuningeu/tuning-sqf-social-sciences.html. を参照されたい。

(9)　全文は，Tuning Europe, *Tuning Sectoral Qualifications Frameworks for the Humanities and the Arts. Final Report 2010-2011* [SQF HUMART Final Report 2010-2011] (Bilbao: University of Deusto, 2012) を参照されたい。

参考文献

Campbell, C. and van der Wende, M. (2000), "International Initiatives and Trends in Quality Assurance for European Higher Education. Exploratory Trend Report," Helsinki : European Network for Quality Assurance in Higher Education. http://www.enqa.eu/files/initiatives.pdf [07/01/2015]

Gonzales, J. and Yarosh, M. (2013), "Building Degree Profiles. The Tuning Approach," *Tuning Journal for Higher Education* Issue No. 1, pp. 37-69.

Harvey, L. and Green, D. (1993), "Defining Quality," *Assessment & Evaluation in Higher Education* 18, no. 1, pp. 9-34.

Jeliazkova, M. and Westerheijden, D. F. (2002), "Systematic Adaptation to a Changing Environment : Towards a Next Generation of Quality Assurance Models," *Higher Education* 44, no. 3-4, pp. 433-448.

Knight, J. and De Wit, Hans (1999), *Quality and Internationalisation of Higher Education.* Paris : OECD Publishing.

Lokhoff, J. *et al.*, eds. (2010), *A Tuning Guide to Formulating Degree Programme Profiles.* Bilbao, Groningen, and The Hague : University of Deusto.

Van Damme, D. (1999), "Internationalization and Quality Assurance : Towards Worldwide Accreditation?" Paper commissioned for the IAUP XIIth Triennial Conference, Brussels, 11-14 July 1999.

Van Damme, D. (2001), *European Quality Assurance : Development and Challenges.* Brussels : Steering Committee of Tuning Project.

Van Damme, D. (2002). "Trends and Models in International Quality Assurance and Accreditation in Higher Education in Relation to Trade in Education Services," a paper presented at the OECD / US Forum on Trade in Educational Services, Washington, D.C., 23-24 May 2002, http://www.unizg.hr/fileadmin/upravljanjekvalitetom/pdf/docsmjernice/oecd_trends_and_models.pdf [07/01/2015]

Van der Wende, M. C. and Westerheijden, D. F. (2001), "International Aspects of Quality Assurance with a Special Focus on European Higher Education," *Quality in Higher Education*, 7, no. 3, pp. 233-245.

Van Gaalen, A. (2010), "Internationalisation and Quality Assurance," in *EAIE Professional Development Series for International*

Educators, Volume 4, Amsterdam : European Association for International Education (EAIE).

Van Vught, F. A. and Westerheijden, D. F. (1993), *Quality Management and Quality Assurance in European Higher Education : Methods and Mechanisms* (Luxembourg : Office for Official Publications of the Commission of the European Communities).

Van Vught, F. A. and Westerheijden, D. F. (1994), "Towards a General Model of Quality Assessment in Higher Education," *Higher Education*, 28, no. 3, pp. 355-371.

Wagenaar, R. (2013), "Columbus' Egg? Qualification Franewaks, Sectoral Profiles and Degree Programme Profiles in Higher Education," Tuning Journal for Higher Education Issue No. 1, pp. 71-103.

Westerheyden, D. F. and Leegwater, M. (2003), "Working on the European Dimension of Quality," Report of the Conference on Quality Assurance in Higher Education as Part of the Bologna Process, Amsterdam, 12-13 March 2002. Zoetermeer : Ministry of Education, Culture and Sciences, pp. 97-98.

第9章　知識の社会化と教育の可視化

——日本学術会議の挑戦——

北原和夫

一　大学とは何か

現代における大学の役割とは何かと問われれば、私は知識の創出（研究）、知識の継承（教育）に加えて、知識の社会化であると考えている。[1] かつては、研究と教育が大学の役割と考えられていた。とくに研究が最重要視されてきたように思う。しかしながら、今は過半数の若者たちが大学に進学し卒業後は社会の現場で働く時代である。したがって、社会の現場における多様なそして複合した課題に挑戦し新たな地平を拓いていくための素養を身につけることが重要である。往々にして、大学における専門的な研究は、基本的に対象を明確に限定し、そして手法を限定することによって、厳密な因果関係を明らかにしていくというものである。それが研究の専門化であり、限られた専門家の集団のなかで、成果を専門雑誌に投稿して議論しながら、研究が進められてきたのである。しかしながら、世界が直面しているさまざまな課題は、従来の大学で行われているような限定的な方法によって狭い分野を掘り下げるかたちの研究と教育では解決できないことが多いのではないだろうか。もちろん、厳密な対象と方法の限定によって得られた厳密な因果関係に関する知見が無意味であるといっているのではない。それらは限定的ではあっても因果の関係を保証している。強いていえば、世界の課題は、厳密な因果関係によって結ばれた事象を辿っていく「ストーリー」として理解されていくものであろう。「ストーリー」は曖昧さを残す推論であり、統計的な言明の域を出ないものではあるが、一方で「ストーリー」は現実との対比を通して修正されていくものである。そして現実というものは、単一の分野の中の単一の原理・原則で動いているのではなく、様々な要因が複合して起こるものである。したがって現実の理解というものは、様々な分野や様々な職種の人々との共同作業とならざるを得ない。これまで限定的な枠組みの中で行われてきた知識の創出と知識の継承に加えて、現代の大学の役割として、知識の共有すなわち「知識の社会化（socialization）」が必要とされるのである（Bijker and d'Andrea 2009）。

大学の役割として「学術の成果の社会への提供」がいわれるようになってきた。これは大学から社会への知識の提供という一方向の動きである。しかし、私が強調したい「知識の社会化」は、大学における研究が社会の現場との交流によって、学術が多層的、重層的に豊かなものとなっていく可能性である。こうして、知識の社会化こそが、これからの学術をより骨太にしていくのではないかと期待しているし、大学を職場としない大学卒業生にとっても、知識の創出、知識の継承、知識の社会化に関わり続ける機会を与えるものと期待している。こうして、すべての人々が生涯にわたって知識と関わり続けていくことによって、人類が真の意味での「知識の人（Homo Sapiens）」となっていくことを願っている。

さらに言えば、交通通信手段が発達している現代において、知識の創出、知識の継承、知識の社会化は、空間的に一地域、一大学に限定されない。特に知識の社会化は、分野を超え、職種を超え、地域を超えて行うことができる。むしろ、既成の枠組みを超えて、異種のものが接触したところで、本当の改革（イノベーション）がおこるのである。

二　知識の社会化における二つのあり方

大学のミッションについて、日本の教育基本法（二〇〇六年制定）の第七条に「大学は、学術の中心として、高い教養と専門的能力を培うとともに、深く真理を探究して新たな知見を創造し、これらの成果を広く社会に提供することにより、社会の発展に寄与するものとする。」とされている。

一方、デンマークの「大学基本法」（二〇一〇年制定）では、第一章第二条に法の目的として、「大学における研究と教育の成果は、社会の成長、繁栄、発展に寄与しなければならない。大学は知識基盤法人として、知識と能力を社会との間で交流させなければならない。そのために大学職員は公的議論（public debate）に参加することが勧められる」とされている。また、その目的を実現するための具体的な細則も制定されており、たとえば第三章では、大学は執行運営においてオープンであることに加えて、雇用者や学生など大学教育のステイクホルダーから構成される委員会が、学位プログラムの質、教育研究の社会に対するレリバンス、さらに、教育プログラムの設置や改善に加えて教授法や評価法の開発に至るまで関与することとなっている。

つまり、日本の教育基本法では、大学における知識創造の成果を社会に提供するという一方向性を強く主張しているのに対して、デンマークでは、「交流」とか「公的議論」というかたちで双方向的相互作用を促している。つまり、知識は大学でのみ創造されるのではなく、公共財として社会とともに創造するものであるとしているのである。

現代において、大学が社会と強く結びついている状況では、デンマークにおけるような知識の社会性もしくは公共性の概念を大学の研究と教育のなかで活かしていくことが望ましいと考えている。

三　分野別参照基準から浮かびあがる教育のあるべき姿

（1）二〇〇八年の中教審答申と日本学術会議

一方で、二〇〇八年頃における日本の高等教育においては、七〇〇ほどの大学があり、半数以上の若者が大学に進学し、またさまざまな名称の学科や教育プログラムが走っていて、何をもって「学士」とするかが曖昧であるという深刻な状況にあった。その背後には、急激に増大した大学の多様性に対応する基本的な改革の基本的な思考の枠組みが追いついていなかったということである。

そのような現状に対応すべく、二〇〇八年四月に中教審から「学士課程教育の構築に向けて（審議のまとめ）」が出され、高等教育における学びの意味を明確にすることを日本学術会議などの学術団体に対して審議を依頼することが提言された。(2) これに基づき、文科省から日本学術会議に対し審議が依頼された。

日本学術会議では、二〇〇八年九月に大学教育の分野別質保証に関する議論を開始し、二〇〇九年一月からは、質保証の枠組み、教養教育・共通教育、大学と職業との接続、を検討するため三つの分科会を発足させた。そして二〇一〇年七月に「回答　大学教育の分野別質保証の在り方について（回答）」という報告書をとりまとめた（日本学術会議 二〇一〇）。

第一部「どういう枠組みで質保証を行うのか」においては、分野別に教育課程編成上の参照基準を策定することを通して、各大学の自立的な教育改善を支援していくことを提案した。

第二部「教養教育、共通教育をどう考えるか」においては、二一世紀という時代においてわれわれが直面するさまざまな課題を考える時に、専門分野だけの狭い視点だけではなく、分野の壁を越えた協働をする市民を育成することが必要であるということから、市民性を涵養するための教養教育・共通教育を提案した。

図9－1　教育課程編成上の参照基準と各大学における実際の教育課程の編成の関係

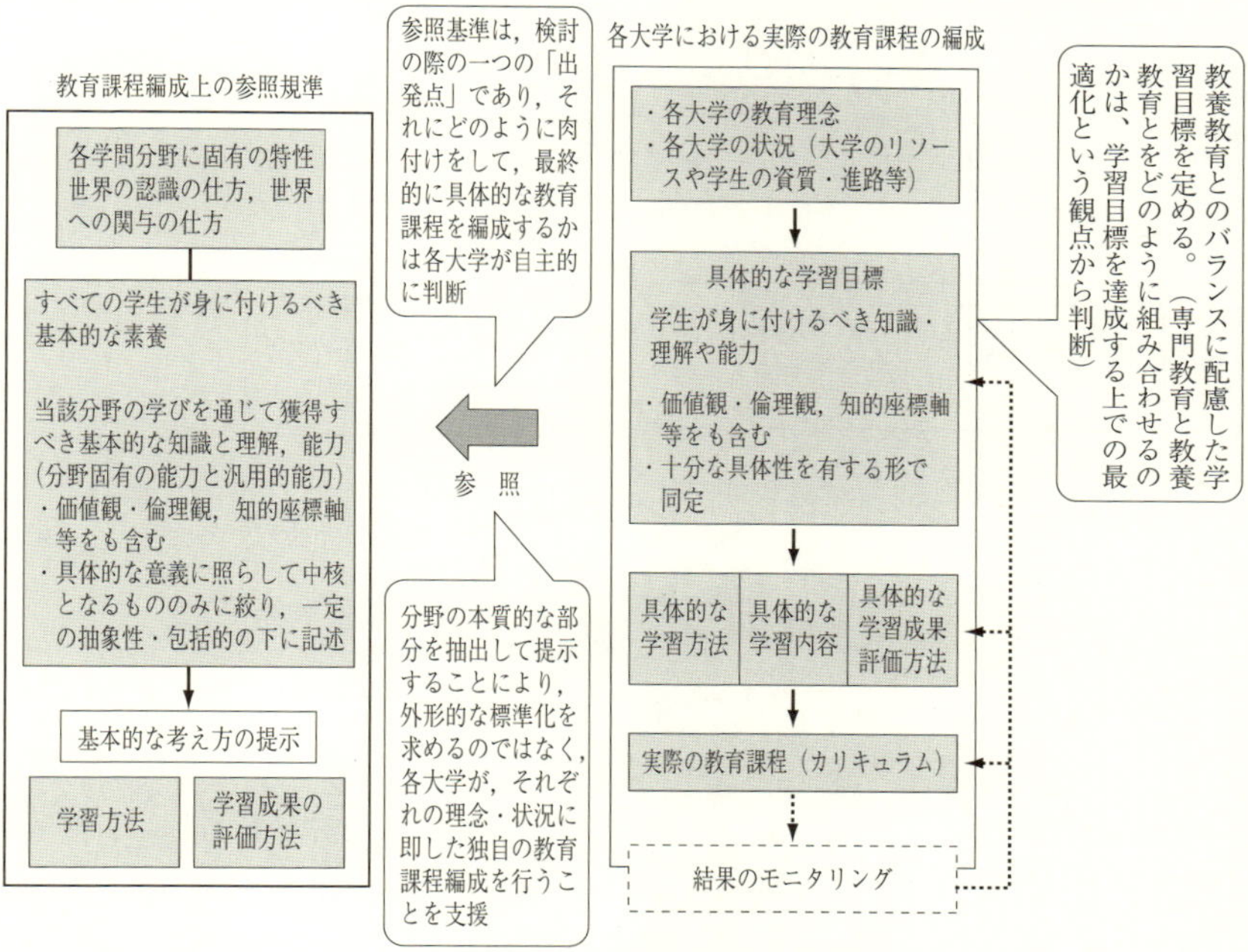

出所：日本学術会議（2010：図1，p. 6）『回答：大学教育の分野別質保証の在り方について』。

第三部「大学教育と職業との接続」においては、大学で学んだ専門的な知識や技能が尊重される社会を構築していくことを提案した。

（2）分野別参照基準策定のねらい

図9－1は、教育課程編成上の参照基準と各大学における実際の教育課程の関係を図式化したものである。

現状の大学教育の質保証の仕組みとして、大学の認証評価制度があるが、評価を受ける側は膨大な資料を作り、評価者は評価基準に沿って適合の可否をチェックする。しかし、それだけでは、大学の個性化とは逆の方向へ行くだけではないかという懸念がある。むしろ大学の自立的な質保証を支援しあるいは促すために、大学コミュニティーや学術コミュニティーが教育課程編成上の参照基準を策定し、各大学はそれを参照しながらそれぞれの建学の伝統精神、

図9-2　教育の現場と社会との協働

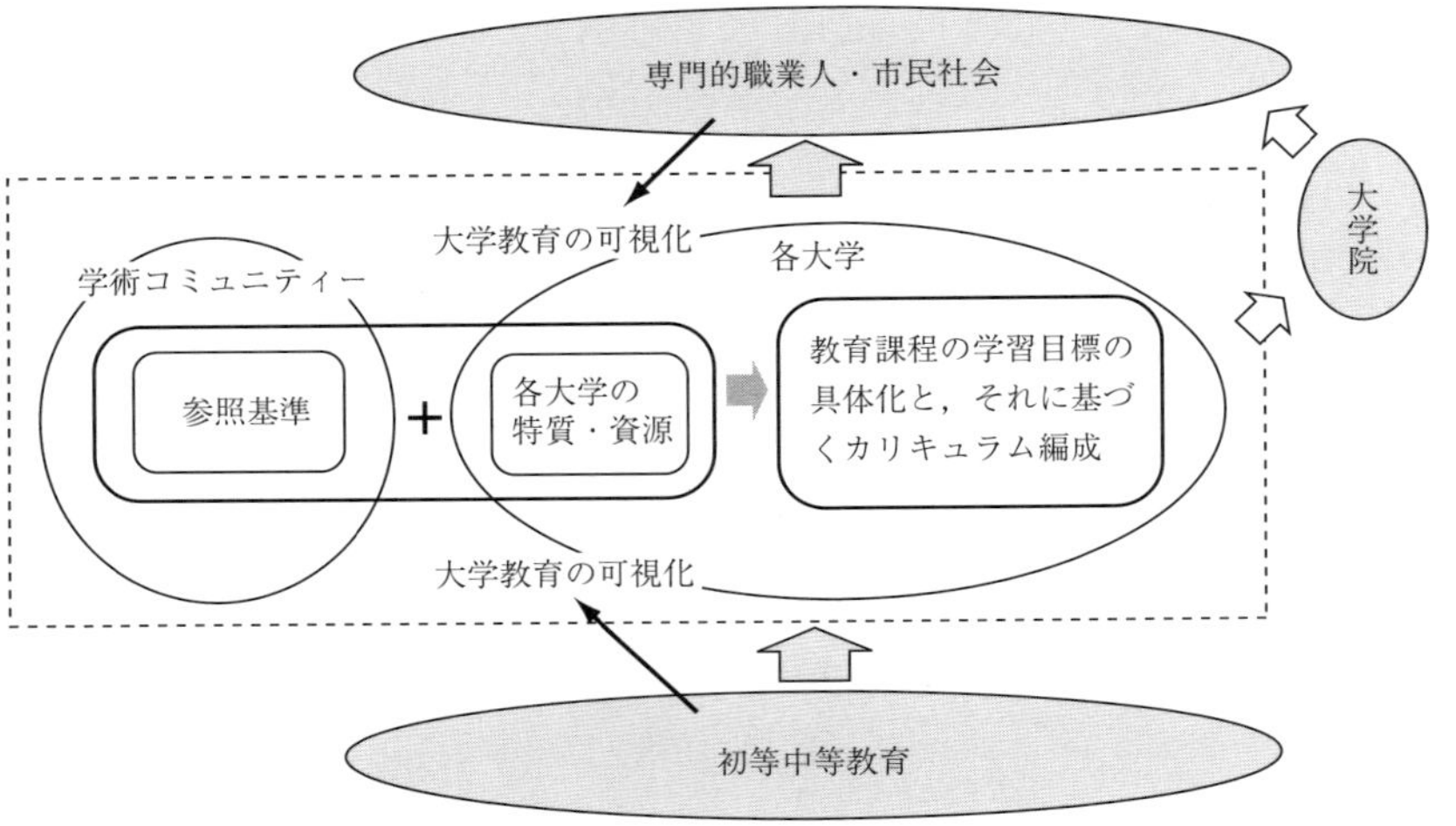

人的・物的資源を考慮して、最善の教育プログラムを実行することが重要であるとの考えに到達した。分野別参照基準においては、その分野の定義を言葉で表し、その分野に固有の特性を文章化する。その分野の教育において学生が身につけるべき基本的な素養も文章として表す。つまり言語化する。その際に、一人ひとりの学生にとって、職業人として、市民として、あるいは生活者として、意味あるものでなければならない。

この参照基準の策定作業を進めて、各学問分野の教育のめざすところが文章化されていくうちに、参照基準が単にその分野の教育を改善するための参照となるだけでなく、他の分野の専門家にも理解可能となり、さらに高校の先生や生徒たちにも進路決定の参考となることがわかってきた。つまり大学教育が初等中等教育の側にも可視化されるということになる。こうして、初等中等教育から大学を経て職業人社会に進む若者たちの人生を、初等中等教育の関係者、あるいは大学関係者、そして社会の人たち、これらが共通理解のもとにその成長をみていくということになる（図9-2）。つまり、教育の現場と社会とが協働して次世代を育成するための共通基盤を創ることになるのである。

(3) 参照別基準を世界へ

現在、二〇分野について参照基準が作成されている。[3] 最初にできたのは経営学分野の参照基準である。経営学全体が合同した学会、連合会があり、その傘下に簿記、金融など六四ほどの会があり、多様な方々が見事に経営学の本質のところで合意した。一言でいうと、経営学とは、「営利、非営利を問わず、事業体として社会貢献する仕組みや組織、これらに関する学問である」という定義を与えた。したがって、自分だけが大儲けして他のところを駄目にするような企業に対しては批判的になることを教える、つまり倫理的な教育も含まれる。

言語・文学分野の参照基準については、現在、文学部はドイツ文学、フランス文学、中国文学など、それから映像関係など、さまざまな分野があり、参照基準の検討の委員会にもいろいろな人たちが集まって議論をした。文学部というのはこの多様性のために、一体何をもって文学部なのかが曖昧になりかけていた。実際、文学部という看板を下ろした大学もあった。文学部としてのアイデンティティーが課題であった。しかし議論をしていくうちに、学術も含めてすべての人間の精神活動は文章によってできているということに気づき、人類が創造的な活動をするためには、文(ふみ)が重要な基盤であるということ気づいた。さらに、文章を通じて私たちは時代と空間を超えて、コミュニケーションできる。そのような意味で言語・文学は人類の創造性と連帯の基盤であるということになった。

機械工学分野には、流体力学、熱力学、材料工学と多様な分野が含まれるが、それらを貫く一本のスジ(基本)は何かを問う。つまり機械工学の「機械」とは何か、ということになる。結局議論の結果、「機械」とは「エネルギーあるいは情報を、よりよいエネルギーのかたち、よりよい情報に作り替えていく仕組み」であるということに落ちついた。そうすると、「よりよい」という価値観が入ってくる。つまり、技術は価値と切り離せない。むしろ、エネルギーあるいは情報という「対象」を、機械という「手段」で、「価値」の高いものに変換することが「機械工学」なのであるという認識に落ち着いた。

同様のことは、電気電子工学の参照基準でも、エネルギーと情報を、エレクトロニクスを使って、より質の高いものに変換することが電気電子工学の本質であるとしている。こうして、「対象」「手段」「価値」という枠組みが工学分野に共通の本質であるとすると、たとえば機械工学を学んだ学生は、エレクトロニクスについて学べば、同じような思考法で電気電子工学の分野で仕事をすることが可能となることが期待される。

農学分野は、林業に関わる林産学、農業に関わる園芸学、水産業に関わる水産学、そして農業経済学等がある。以前はそれぞれ個別分野と考えられていたが、農学全体として考える時代であるとの認識から「農学分野の参照基準」としての策定作業が進められた。

さらに、参照基準が外国語に翻訳されれば、海外に対しても、日本の学術コミュニティーが考える大学教育の本質が可視化される。実際に現在までに「機械工学分野」と「歴史学分野」が英語に翻訳されている。グローバル化の波のなかで、日本の高等教育が何をめざそうとしているのかを、世界に問いかけることはきわめて重要である。ちなみに、英国では高等教育質保証機構（Quality Assurance Agency：QAA）という団体がベンチマークステートメント（Benchmark Statement）というものを各分野の学びについて刊行している。[4] 分野によって書き方は多様であり、その分野のコアを重点的に書いているものもあれば、教育の現状についてまとめているものもある。われわれの「分野別参照基準」は、全分野共通のフォーマットを指定して、あるべき教育の姿をまとめたものである。

四　知識の社会化・公共化の課題

ヨーロッパの知識人の間では、後述のように「知識の公共化」という問題意識は近代市民社会の成立時から常に存在した。現在、コペンハーゲン大学には、「大学高等教育教授法」という研修プログラムがある。博士課程の大学院生全員、それから教員全員が受けなければならないものであり、大学でどう教えるべきか、大学とは何か、大学における倫理（ethics）は何かということを含めた研修である。ここで大事なことは、博士課程の学生と教員が、「大学とは何か」ということを共に語る機会があるということだ⑸。

また欧州共同体では、科学技術の社会化（Socialization of Science and Technology）（Bijker and d'Andrea 2009）から「責任ある研究とイノベーション（Responsible Research and Innovation）」、「責任ある市民となるための科学教育（Science Education for Responsible Citizenship）」へと進化している（Hazelkorn and Ryan *et al.* 2015）。

では、そもそもそのような流れは一体どこから来たのか。近代の大学は、一三世紀にボローニャ大学が始まりだといわれている。しかし、私はもっと以前の紀元前六世紀まで遡ってもいいのではないかと思っている。ユダヤ人は、紀元前六世紀に国が滅び、バビロンという今のイラクのあたりに連れて行かれた。その時に、ユダヤ人は、民族としてのアイデンティティーを保つため、シナゴーグという集会を作り、ユダヤ教のさまざまな教えを互いに助け合いながら継承してきた。これがキリスト教会に継承されていった。ところが、キリスト教が公認され、だんだん教会が世俗化していくと、この状況に満足できない人たちが修道院をつくった。この修道院では、学ぶこと、そしてお互いに助け合うことが基本であった。さらに一三世紀、ボローニャ大学が創設された時も、学ぶことと同時に、お互いに助け合うということが引き継がれた。ただ学びの対象が神学からサイエンスに広がっていったということである。ところが、一九世紀になり、フンボルト型の大学になっていくと、サイエンス自体がだんだん細かく分かれていく。そうすると、大学における分野を超えた一体感がだんだん失われてきたのである。

しかし、前に見たように、大学の起源をたどれば、知識の継承とともに相互扶助の仕組みを紀元前五世紀からもっていたことがわかる。近代の科学技術の始まりにおいても、そのような仕組みがあった。近代科学が始まったころ、一六六〇年にイギリスに王立協会が設立された。このときの基本的な考え方は「科学的知識を公開することが、学問の発展に役に立つ」ということであり、初めて科学雑誌が刊行された。それまでは、学問は気心の知れた者同士でやっていたのであるが、それを公開することによって学問は広く引き継がれ、発展していくことになる。それより少し前に、イギリスで特許制度が始まった。特許制度とは、「誰でも自分が発明をすることによって、社会改良のために知恵を出すことができる」という制度である。つまり、科学と技術がほぼ同時に公共財になったのである。科学と技術は共有されるべきものであり、それを発表することで誰かがまたそれを次に引き継いでいくというかたちによって社会にあって発展し続けるという基本的な考えかたである。引き継いでいくときに、嘘やごまかしがあっては発展が阻害される。学問における競争がややもすると、学問の公共性をおとしめる結果となりかねないことを近年私たちは見てきた。学術は自分の財産ではなく公共材であるという考え方を、強く若い人たちに伝えていかなければならない。

五　学生参加と知識の社会化

私は教育の目標は最初に述べたように人類が真の意味での Homo Sapiens になることだと思う。現代では科学技術の発達によって、われわれをめぐる世界の情報を瞬時にして手に入れることができる。したがって情報処理能力の高い計算機を使えばかなりの良い精度で、次に何が起こるのかを知ることができる。そのような時代にあって人類に問われているのは、あらゆる道具立てを手にした今、「何を次にするのか」という問いである。その問いに適切に答え、適切に次の行動を決めるためには、先を見通す叡智が必要である。

人類の叡智は教育を通して育成する以外にはない。私は二〇一〇年ベルギーのブリュッセルで欧州連合（EU）が主催する大学教育の問題について議論する会議に出席して目を見張ったのであった(6)。大学教育を議論する場であるから、大学の教職員、行政者がいることは当然として、その会場に若い学生たちがいた。「君たちはなぜ来たのか」と尋ねたところ、彼らは各大学の学生会の会長たちであった。つまり、学生が大学の運営に関わっており、このような会議に参加しているのであった。さらに大学教育の質保証という最もハイライトのセッションで司会を務めたのは、二四歳の若い女子大学院生であった。彼女は、欧州学生連合の副会長（Vice president of European Students' Union）で、社会学を専攻しているとのことであった。彼女が一時間半のセッションをきちんと取り仕切り、結論までもっていった。このようにして次の高等教育を学問的にも行政的にも責任をもって担う人材が育てられているのである。

振り返ってわが国の大学をみてみると、わずかな例外を除いて、学生たちは顧客の域を出ていない。学生参加という新たな大学像を求めて大学評価・学位授与機構は二〇一四年に「学生からのまなざし――高等教育質保証と学生の役割」と題したシンポジウムを開催した。(7) このシンポジウムでは、英国のＱＡＡに学生が理事会メンバーとして参加していることが報告された。

このシンポジウム開催には多数の参加者があり関心は高かったと思われる。シンポジウムの主催の趣旨を活かし一回限りのイベントで終わらせないで、大学評価・学位授与機構が学生参加という軸での大学評価のあり方を提言し、人材育成に寄与してくれることを期待したい。学生参加は、学生が「知識の社会化」に関与する最良の機会なのである。

六　流動性の推進にむけて

国際流動性は現在大きな課題となっている。確かに学生や教員が流動し、異なる背景をもつ教員から学び、また異なる背景をもつ学生を教えることは苦労も多いが、新しいものを生み出す契機となる。なぜなら異なるもの同士が理解を共有することによって、それだけ普遍的な価値や意味を創造するからである。

本章では、わが国において知識の社会化ならびに教育の可視化が大学教育に求められていて、そのために分野別参照基準の策定作業が進んでいることを述べた。分野別参照基準は大学教育と初等中等教育の連携、そして分野の壁を越えた流動と連携を促すための基盤となる可能性がある。

一方国際流動性については、大学教育や学問研究の概念が文化的歴史的背景によって異なることにも注意する必要がある。それは大学の社会との向き合いかたの相違として現れる。「社会貢献」なのか「社会との対話」なのかについて、日本とデンマークの例を挙げた。また学生は「顧客」なのか「協働者」なのかについては、欧州における大学運営への学生参加の例を挙げた。これらの相違を理解したうえで、国際流動性を推進する必要がある。

大学における倫理についての議論も最近多くなされている。「責任」ということばが、頻繁に聞かれるが、責任と訳されている responsibility は、責めを負う「責任」とはややニュアンスが異なり、本来は response（応答）と ability（能力）を合成した言葉であり、「応答力」とでも訳すべき言葉である。つまり、疑問に対しては応答し、情報を開示し、対話をすることが本質である。

このようなニュアンス、つまりその言葉が背負っている歴史や実態を理解して初めて正しい国際理解となる。そのことに気付くためにも、国際流動性は重要である。

注

（1）「あるべき大学像」を検討した報告書が筆者が研究代表者を務めた「文部科学省平成二三年度先導的大学改革推進委託事業」の報告書として、「大学における教育研究活動の評価に関する調査研究」にまとめられている（北原ほか 二〇一二）。
www.mext.go.jp/component/a.menu/education/detail/_icsFiles/afieedfile/2003/03/01/1330644_1.pdf [04/12/2016]

（2）「学士課程教育の構築に向けて（審議のまとめ）」は以下のサイトで全文が入手できる（文部科学省 二〇〇八）。
http://www.mext.go.jp/b_menu/shingi/chukyo/chukyo4/houkoku/080410.htm

（3）以下に公表された参照基準の分野と公表日および公表されているサイトを示す（括弧内は公表日）。

経営学分野（二〇一二年八月三一日）http://www.scj.go.jp/ja/info/kohyo/pdf/kohyo-22-h157.pdf
言語・文学分野（二〇一二年一一月三〇日）http://www.scj.go.jp/ja/info/kohyo/pdf/kohyo-22-h166-3.pdf
法学分野（二〇一二年一一月三〇日）http://www.scj.go.jp/ja/info/kohyo/pdf/kohyo-22-h166-2.pdf
家政学分野（二〇一三年五月一五日）http://www.scj.go.jp/ja/info/kohyo/pdf/kohyo-22-h130515-1.pdf
機械工学分野（二〇一三年八月一九日）http://www.scj.go.jp/ja/info/kohyo/pdf/kohyo-22-h130819.pdf
数理科学分野（二〇一三年九月一八日）http://www.scj.go.jp/ja/info/kohyo/pdf/kohyo-22-h130918.pdf
生物学分野（二〇一三年一〇月八日）http://www.scj.go.jp/ja/info/kohyo/pdf/kohyo-22-h131009.pdf
土木工学・建築学分野（二〇一四年三月一九日）http://www.scj.go.jp/ja/info/kohyo/pdf/kohyo-22-h140319.pdf
経済学分野（二〇一四年八月二九日）http://www.scj.go.jp/ja/info/kohyo/pdf/kohyo-22-h140829.pdf
材料工学分野（二〇一四年九月一日）http://www.scj.go.jp/ja/info/kohyo/pdf/kohyo-22-h140901-1.pdf
地域研究分野（二〇一四年九月三日）http://www.scj.go.jp/ja/info/kohyo/pdf/kohyo-22-h140903.pdf
歴史学分野（二〇一四年九月九日）http://www.scj.go.jp/ja/info/kohyo/pdf/kohyo-22-h140909.pdf
政治学分野（二〇一四年九月一〇日）http://www.scj.go.jp/ja/info/kohyo/pdf/kohyo-22-h140910.pdf
地球惑星科学分野（二〇一四年九月三〇日）http://www.scj.go.jp/ja/info/kohyo/pdf/kohyo-22-h140930-2.pdf
地理学分野（二〇一四年九月三〇日）http://www.scj.go.jp/ja/info/kohyo/pdf/kohyo-22-h140930-7.pdf
文化人類学分野（二〇一四年九月三〇日）http://www.scj.go.jp/ja/info/kohyo/pdf/kohyo-22-h140930-6.pdf
社会学（二〇一四年九月三〇日）http://www.scj.go.jp/ja/info/kohyo/pdf/kohyo-22-h140930-5.pdf
心理学分野（二〇一四年九月三〇日）http://www.scj.go.jp/ja/info/kohyo/pdf/kohyo-22-h140930-4.pdf
社会福祉学分野（二〇一五年六月一九日）http://www.scj.go.jp/ja/info/kohyo/pdf/kohyo-23-h150619.pdf
電気電子工学分野（二〇一五年七月二九日）http://www.scj.go.jp/ja/info/kohyo/pdf/kohyo-23-h150729.pdf

（4）高等教育質保証機構およびベンチマークステートメントについては、以下のサイトを参照されたい。
http://www.qaa.ac.uk/home

（5）コペンハーゲン大学の「大学高等教育教授法」に関する研修プログラムを取り上げるＦＤセミナーが東京理科大学教育

開発センターの主催により二〇一四年一〇月二日に開催されている。その記録は吉田（二〇一五）を参照されたい。

（6）Quality Assurance International Conference, December 14-15, 2011, Brussels.

（7）本シンポジウムの報告書（大学評価・学位授与機構 二〇一三）は以下のサイトで全文を入手できる。
http://www.niad.ac.jp/n_kenkyukai/no13_2013forum_report.pdf

参考文献

北原和夫ほか（二〇一二）『大学における教育研究活動の評価に関する調査研究』文部科学省平成二三年度先導的大学改革推進委託事業　研究成果報告書。http://www.mext.go.jp/a_menu/koutou/itaku/1330644.htm

日本学術会議（二〇一〇）『回答：大学教育の分野別質保証の在り方について』大学教育の分野別質補法の在り方検討委員会。http://www.scj.go.jp/ja/info/kohyo/pdf/kohyo-21-k100-1.pdf

大学評価・学位授与機構（二〇一三）『学生からのまなざし――高等教育質保証と学生の役割』。

文部科学省　中央教育審議会大学分科会制度・教育部会（二〇〇八）『学士課程の教育の構築に向けて（審議のまとめ）』。

吉田実久（二〇一五）「コペンハーゲン大学理学研究科での「高等教育教授法（UP）」授業について」東京理科大学教育開発センターFD通信、vol. 39（二〇一五年三月）。

Bijker, W.E. and d'Andrea, L. (eds.) (2009), Handbook on the Socialisation of Scientific and Technological Research : A Tool for Promoting Science and Technology Socialisation Policies Addressed to Policy makers, research and Innovation Actors and Stakeholders. Rome : River Press Group. Social Sciences and Europena Research Capacities (SS-ERC) Project. http://www.scienzecittadinanza.org/public/SSERChandbook.pdf

Hazelkorn, E. and Ryan, C. *et al.* (2015), *Science Education for Responsible Citizenship*. Report to the European Commission of The Expert Group on Science Education. European Commission, Luxembourg : Publication Office of the European Union.

第10章　流動性と仮想性
――「ムークス」がひらく高等教育の変容と機会――

ベルナール・ユゴニエ／松塚ゆかり

一　本章のねらい

本章では、近年世界各国において大きな話題となっているムークスに焦点をあてる。ムークス（MOOC（s）[1]）は、インターネット上で誰もが無料で受講できる開かれたオンライン講座として知られ、これにより、アメリカ合衆国を中心とした世界の有名大学の講義を世界中の誰もが学ぶことができるといわれる。本章でははじめにムークスが生まれるに至ったアメリカの大学の状況を振り返り、その発展の経緯を大学教育の現場、とくに教員の間に沸いたニーズに着目して説明する。次いで、ムークスにどのような期待が寄せられているのかを確認したうえで、このようなオンライン教育媒体において、いまだ解決されていない世界共通の課題を検討したい。そして、本書の主題でもあるモビリティーをめぐり、ムークスが留学等にみられる学生の流動性にどのような影響を有するかについて考察し、「流動性」と「仮想性」の代替性及び補完性について明らかにしたい。最後に、本書の第8章でも取り上げた「チューニング」について、そのカリキュラムの可視化と単位の相互認証性の効果に着目し、ムークスとの対応性について検討する。

二　ムークスの誕生

ムークスが短期間の間に急激には発展したのはどうしてなのか。これについてその概念および用語の発祥の地であるアメリカの高等教育を対象に、教育現場の教員をめぐるミクロ的環境を振り返って説明する。具体的事例として、マサチューセッツ工科大学（ＭＩＴ）とハーバード大学が創立したプラットフォーム、エデックス（edX）を取り上げる。

ＭＩＴやハーバード大学のような大規模かつ伝統的な大学では、かねてより大教室における講義運営が課題であった。大教室では多い時に五〇〇名を超える学生を対象に教員が講義を行うが、講義を理解するために必要な予習や復習はティーチングアシスタント（ＴＡ）による補習や演習などを通して支えるという形態をとっている。しかしながらこのような多人数の講義において学習の実質性を高めることは不可能ではないにしろ容易ではない。一般的には多人数講義はいかにティーチングアシスタントを配備したとしても、少人数の講義に比べて効果的な学習効果が得られないと考えられている。遅刻や欠席に寛容にならざるを得ず、講義中もすべての学生が講義内容に集中しているとはいえない。このような状況は、教員側にとっても学生側にとっても時間の浪費とされ、とくに授業料の高い私立大学においては、教育改善における重要な課題であった。

学生にしてみると、授業料に値する価値が、個々の講義（とくに多人数講義）にあるのか、という疑問がわく。とりわけ院生ティーチングアシスタントによる演習授業が続くと、「われわれは学生の授業を受けるために高い授業料を払って大学に来ているわけではない」という声があがる。有名大学において大規模講義を受けもつ教員は、研究実績が高い傾向にある。業務規程内の教育業務は行うが、それ以上講義に時間を割こうとする余裕もインセンティブも、著名研究者であるほど低いのは不思議ではない。このような状況から「有名あるいは有力な教員の授業を記録して、広く配信してはどうか」という案とニーズが学生と教員双方から生まれた。授業が記録され、それがネットで配信されれば、教員は同じ講義を複数回繰り返す必要がない。学生にとっては、まとまったコースコンテンツを大学に行かずして学ぶことができるために、授業あたりの知識や情報の習得度も充実する。このような発想や要求は、二〇〇〇年代インターネット、そしてソーシャル・ネットワークの普及と相俟って急速に拡大し、ムークスに対するニーズは一気に高まった。

このように、授業の内容を電子媒体で記録し、ネット上で流す、というコンセプトが一定の普及をみるにつれて、教員のほうから、オンラインコースの導入についてさらに積極的な要請があがるようになった。従来学生は、講義に出向き、受講し、教員の話を聞き、そして、質問をしたり、討論したり、応用問題を行ったりしていた。それに対して、たとえばインターネットで事前に予習できる授業内容を配信し、学生はそれを自宅で学習してから授業に臨む。教室では、質問、討議、応用問題に取り組むこととなり、時間的に無駄のない効果的な授業を展開することができる。つまり、予習や復習の教材をオンラインで提供しようという案であり、この発想は、「反転授業」や「反転コース」などの新しい教育概念や教授法の登場と時期を同じくし、積極的に導入が検討されるようなった。さらに、予習や復習の題材を断片的に提供するのではなく、授業記録と併せてコース全体を包括的にオンライン教材として公開することへと発展していく。つまり、ムークス発展におけるとくに当初の段階では、多忙な教員、そして効果的に授業を行おうとする教員の声が大きく反映していた。

そして次の段階は、このような仕組みを「世界の他の地域にも公開したらどうか。大学内やアメリカ国内に限定するのではなく、全世界に同様のサービスが提供できるのではないか」、ということであった。ムークスが既存の大学と違うのは、原則的に学位ではなく、単位や資格を認定するところにある。学位そのものは大学が授与するために、学位を受けるためには学生は特定の大学に在籍あるいは登録する必要がある。

むろん、ムークスは、大学に在籍していなければ受講できないということではない。たとえばすでに大学を卒業

ムークスによる授業形態

ムークスが生まれた当初、オンライン配信教材は授業の一部を構成する形態をとっていたが、現在ではムークスはコース全体を指すようになった。学生ははじめに履修登録を行い、適宜教材を活用しながら画面上で受講する。受講後はテストを受け、その結果をもとにグレードが登録され上位の段階へと学習を進めることができる。各受講の記録はすべて残され、コースの最後に試験を受けてコース全体を対象とした単位が認定される。

ムークスを真に活用して単位を取得するためには、毎週すべての授業を受講するよう最大限の注意を払うことが必要である。すべてのテストを受け、教員に質問し、チュートリアル（個別指導）を受ける。最後に試験に合格すると、それまでの記録を基に、単位が付与される。つまり、画面や授業を受動的にみるだけではなく、双方向的にムークスの機能を活用することでその特典を享受できる。とくに有名大学が主催するコースの難易度は高く、授業ごとにテストの難易度も高まる。内容を完全に理解したことが確認されてから、次のステップにうつれる構造となっている。

した者が、経済学の知識をリフレッシュしたい、最近の国際政治を学びたい、という場合に、特定の大学に入学することなしに、オンラインで授業を履修できる。知識を得ることのみに関心があるのであれば、必ずしもテストを受ける必要もない。ムークスの中退率が九〇パーセント以上ときわめて高いことはそのような受講者を反映しているのであろう。

三　ムークスの可能性

ムークスの主要プロバイダーであるユーダシティ（Udacity）の創設者であるセバスチャン・スランは、五〇年後に世界で高等教育を提供する機関はユーダシティをいれて、わずか一〇校になるだろうと豪語した。それは、すべての高等教育がムークス化されるからだという。ムークスが注目されるようになった二〇一〇年代以前も、アメリカを中心にオンライン授業やコースはすでにあった。しかしここ数年ムークスが急激に注目されているのは、その多くがアメリカの有名エリート大学によって開発されたことが大きい。ムークスに価値を見出した学生は、「ネット上で優れた教員から指導してもらえるのに、年間四万ドルもの授業料を大学に支払う理由が見出せない」という。

経済学の例をみてみよう。世界的に最高レベルの経済学者たちはアメリカや英国などの英語圏に集中する傾向にある。そのような経済学者がムークスを通じて世界各国に講義を配信するインパクトは大きい。たとえば、ポール・クルーグマン。彼は、ムークス上で一二～一五人ほどの学生を対象に小さなクラスで教えている。これは学生にとって大きな特権となる。一方でその評判は広まり、ムークスでクルーグマンから学びたい、という需要が高まることは必須である。しかし教授自体はそれ以上学生を増やすことはできない状況にある。このような場合の対応として生まれてきたのが、有名教授の授業を一部共有する、という仕組みである。クルーグマンの授業を他のムー

教員のオンライン技能

どのような教員でもムークスで教えることができるというわけではない。たとえば、通常の講義で魅力ある授業をできる教員がムークスでもそうであるとは限らないのである。物理的な親近感やヒューマンタッチがなければないほど、体系的な授業内容と方法が求められる。さらにヒューマンタッチが少ないなか、活気のある、興味深い授業を展開するのは簡単ではない。学生と対面で教えることに熟練した教員が、カメラを前に、その熟練性を発揮できるわけではない。たとえば、カメラを継続的に凝視する必要性、端的に質問をする必要性、質問に適切に答える能力、などが問われる。また、大学の教員は既存の伝統的形態の授業を受けもっており、そちらに多くの時間をとられるので、ムークスに不適応である場合が多い。したがって、多くの場合、ムークスでの講義は専門家の手をかりることとなる。つまり、すべての教員がムークスを開発できるわけではなく、専門家に頼るかもしくはそのようなスキルを教員のなかに養成する必要があるということである。

クスの授業や講義と組み合わせて、世界のあらゆる地域で受講できる、というサービスである。その場合のムークス専任教員の役割は、「今夜はクルーグマンの話を聞きましょう」と伝え、そして翌朝従来型の授業を行い、昨夜何を学んだかについて話し合い、クルーグマンから学んだ知識を確実にする。内容的に高度であり、方法的に最先端の講義と認知される。このような応用的工夫が多角的に展開されると、世界中で大学の数が減るという声があるのもそれなりに納得できる。

ムークスは原則的に、学位ではなく単位を授与するということを繰り返し述べているが、今後学位の授与機会が増えるとすれば、従来の大学の機能をかなり代替していくことは予想される。しかしながら、大学は課程教育のみが使命ではない。教学に関連したさまざまなサービスがあり、従来型の授業があり、また伝統に残る書物や有名教授による教科書がある。ここで、ムークスに欠けているサービスをいくつかあげてみよう。テストを終えるとグレードが付与される。たとえば、A、B、C、Dといったグレードで、Dであった場合、そしてその成績に納得できない場合があったとしても、その理由を詳しく聞くことができない。通常伝統的大学では、グレードに納得できなかった時は、担当教員あるいは教務窓口に行き、なぜDだったのか説明を求めることができる。そして教員に対して、成績を上げるために、また、欠点を克服するために何ができるのかを具体的に尋ねることができる。その点、ムークスでは少なくとも現段階ではこのような指導やサービスはみられない。

ムークスでは友人がつくりにくい、――というのも既存の大学にとって代わることができない理由であろう。大学では物理的に向き合って、相互交流の機会をもつことができる。多くの友人や教員と知り合い、懇親の機会をもつことができる。フランスでは高校生に「大学に入ったら何が楽しみか」と尋ねると、九五パーセントの学生は「友達をつくること」と答えるという。さらに、組織的な就職支援がないことも、既存の大学に比してムークスが欠く部分である。世界のいずれの大学も就職支援の機能を有している。学生の就職斡旋は重要であり、学位を取得することと別途支援が必要なことである。大卒の就職が困難となっている昨今の世界的傾向をみると、就職支援の機能は実に重要な大学の役割であるといえる。たとえばフランスでは、二四歳以下の若者の失業率は二五パーセントである。二三～二四歳で学位を取得した際、あるいはその前後に就職の支援を提供することは学生を送り出す大学にとって重要な役割となっている。

ムークスの可能性について最後に、そのビジネス・モデルについて考えたい。ムークスを導入するには、一定の投資が必要である。よって、投資に見合う収益が期待できなければ運営を維持することは原則的にできない。ではムークスのビジネス・モデルとはどういうものだろうか。ムークスはただ授業を聴くだけであれば原則的にお金を払う必要はない。しかしながら、各授業のテストを受け、コース履修後に試験を受ける場合は大概課金の対象となる。また、ディスカッション・グループに参加して双方向の質疑応答等が行われた場合においても、料金を支払う場合が多い。したがって、コストは学習の厚みと単位の取得に準じて増えていく。受講を重ね、進級するとさらに支払いが増え、最終試験を受ける時点まで増え続ける。

この仕組みはビデオ・ゲームに似ている。ビデオ・ゲームでは、ゲームを視聴したり遊んだりしているうちに、突然、先に進めなくなる段階がある。それ以上楽しもうとすると新しいアプリケーションやサービスを購入することが求められる。最初のゲームは無料だが、新しいアプリが必要になると、課金される、ということである。クリス・アンダーソンが二〇〇九年に出版した『フリー』（小林弘人監修、日本放送出版協会、二〇〇九年）のなかで、「無料との競争は可能性の問題ではなくて時間の問題である」と指摘し、また無料には購買者の「心のボタン」を押す魔力がある、と述べたが、このコンセプトが、教育で大がかりに導入されるのは初めてのことであろう。このアプローチが教育産業にとって持続可能なビジネス・モデルであるかどうかについては、まだ答えが得られたとはいえない。

四　ムークスの抱える課題

（1）教育と学習の質管理

ムークスのビジネスとしての継続性について、いまだ答えが得られたとはいえない他の理由として、ムークスが抱えているいくつかの深刻な課題がある。本節では、ムークスについて指摘されている課題あるいは問題を述べてゆく。ここではＭＩＴやハーバードによるエデックスや、カリフォルニア大学ロサンゼルス校（ＵＣＬＡ）やオックスフォード大学が中心となって進めるアカデミック・アース（Academic Earth）、あるいは個々の大学が自学の学生を対象に開設された非営利ムークスではなく、国際市場にむけて広く教育サービスを配信しようとする営利団体としてのムークスが抱える課題に焦点をあてる。

最初の課題は、ムークスで提供される教育の質をいかにして保証するかということである。先進諸国の既存の大学については、大学の設置基準や教育の質を評価する基準や制度がすでに確立されている。しかし、ムークスについては、そのような仕組みが設置されていない。オンラインコースは物理的な投資がほとんどないという点から、参入が比較的容易である。インターネット上でプログラムを開設、送信し、料金を請求し得るが、配信される教育内容の質については制度的な管理がなされているわけではない。また、教育の質が低い結果として需要の低下につながるわけでもない。これはオンラインで提供される「教育」と、教育といえなくもない「サービス」との境目が曖昧なためである。つまり、教育としての質は劣っていたとしても、受講者にとって魅力的である場合もあり、それがムークスでは「教育」という名のもとで配信され得るのである。

また、個々の授業内容は教育として充実していたとしても、カリキュラムの連続性が確保できていない場合は、教育課程の質保証という観点から問題となる。たとえば一定の科目が「導入」から「発展」へと進む場合、その流れを段階的に組み立てていくことが能力やスキルを養成するうえで重要である。学位につながる単位の組み立ては、大学の教育哲学を表すといっても過言ではない。中退率が九〇パーセント以上であるムークスにおいては、このような学びの連続性がつくり上げる学位の価値を保証することができない。

さらに、各授業やコースの質は十分であったとしても、それによって得られる知識や技能が学生にとって有効であるかどうかという問題もある。これは、世界のあらゆるところで受講可能であるからこそのムークス特有の問題である。たとえば会計学についてアメリカで開発されたムークスがアフリカの学生によって受講される場合を考えてみよう。アメリカでの会計学コースの基礎になっている会計基準がアフリカでの会計基準上有効であることをどのように保証できるのだろうか。したがって、アメリカの優れたムークスのコースを受講できたとしても、それから得た知識を職業現場での実践に活かせない可能性もある。

伝統的大学については、大学の評判や質保証機関の認証などをもとに、教育の内容や質に問題がないことを予め確認することができる。ムークスにおいては、ランキングなどの情報が公開されてはいるものの、「大学教育」としての質が確かであるかどうかを知ることは困難である。受講を経験しなければわからず、経験したとしても比較対象がない学生にとっては、質の良し悪しを判断することができない。営利ムークスにも既存有名大学が提供するコースは含まれているが、その場合も、コースとしての全体的な組み合わせが質の高いものであるかどうかを判断することは容易ではない。その点で、ムークスはいまだ慎重さを問われる学習選択といえる。

これらの課題には解決策がないわけではない。何らかの国際的な規制、国際標準、あるいはムークスを評価し、プロバイダーを指導する機関があればいい。先にふれたように、インターネット上でムークスの組織や制作者を紹介するサイトにアクセスでき、そこで評価情報、たとえば非常に良い、良い、標準、悪い、非常に悪いというような情報提供があり、それをみて学生がプロバイダーを選択することはできるようになっている。しかし、その評価の基盤となる国際的な評価基準はいまだ開発されていない。そのような役割を誰が、どのような体制で担うかについては、今後具体的な議論が求められることとなろう。

現時点で参考となるのは、オンライン教育を対象にOECDがユネスコとの協働を通して二〇〇五年に発表した、『国境を越えた高等教育の質保証に関するガイドライン』である。このガイドラインでは、オンライン教育の質管理を行うのは、輸出側の責任である。つまり、たとえばアメリカから諸外国にオンライン教育を配信するときには、その「クオリティー」がアメリカ内で提供されているものと同等であることを保証しなくてはならないということである。クオリティーを検査するのは輸出側の責任であり、輸入側の責任ではないということとなるが、このことは視点を変えると、受講者を有する輸入側がムークスの質管理において発言権や決定権を保持しないことを示唆するのではないだろうか。ガイドラインでは、政府機関、高等教育機関、質保証機関を含むすべての「ステイクホルダー」が、オンラインコースの質保証について責任を負うべきであるとしている。しかし、このガイドラインは強制的なものではなく、あくまでも「指針」の域を超えていない。つまり、当面は質を保証する厳正な管理機関は存在していないのである。

このような状況下において、消費者である受講者のなかに問題が発生するとすれば、それは提供される教育の質そして付与される単位について問題が「実質化」した場合であろう。配信される教育そのものの質については、受講が無料である限り、受講者の不服や不満は消費者問題とはならない。一方、一定の課金が伴い単位などが付与され、その単位に課金に値する価値がない場合に問題化する。たとえば、ムークスのプロバイダーを通して既存大学の講義を受講し、料金を支払い単位を取得したが、その単位が当該大学の学位につながらなかったなどの場合である。ムークスでは、付与されるのは単位認定であって、学位ではないということを明確にしている場合が多い。したがって、ムークスの受講を開始する前に、付与される単位が在籍する大学で卒業単位として認められるかどうかを確認しておく必要がある。受講後に単位が認定されないことがわかっても、ムークスにかけた費用は戻ってこない。このような事態は、学生にとって、むしろ質保証の問題よりも深刻な問題となりうる。

逆に、単位取得にかかわる学生側の問題として、試験時等における不正行為があげられる。たとえば、自分の兄弟や友人に代理でテストや試験を受けてもらい、ムークスの単位を取得することは、実際できないことではないし、不正行為が必ずみつかるというわけでもない。このような不正対応は原則的に大学にゆだねられている。単位を取得した学生が、本当に試験を受けた学生であるかどうかを確認するのは大学であるが、オンライン上のシステム設定が唯一可能な対応であり、その点では事実上プロバイダーの技術に依存している現状にある。

(2) 著作権とプライバシー保護の問題

次の課題は、著作権とプライバシー保護の問題である。まず、インターネット上からデータや情報を入手することに伴う著作権問題である。インターネット上の情報に対して著作権を軽視する傾向はかねてから指摘されているが、ネット上のテキストや画像をコピーし、ペーストし、授業の課題やレポートに使う学生は増えている。これは教員にもみられる行為であり、ネット上の情報、時に教材をダウンロードして講義に使用するケースは少なくない。オンライン著作権の問題についてはとくにアメリカで多くの議論がなされてきた。教科書を友人から借りてコピーしたり、図書館の本をコピーしたりは許されるのに、なぜムークス上のテキストに同様の扱いができないのか、という意見が多いのである。また教員も既存の教科書をコピーして学生に配ることはできるのに、なぜ同じ行為をムークスではできないのか、ということである。

もうひとつの問題は、学生がムークスのプロバイダーに対して提供し、残していった個人情報や提出課題等に伴う権利問題である。小テスト、テスト、試験、そして、場合によっては、学位論文があり、また、これらの情報をもとに行われた学習分析結果がある。これらの情報は適宜抽出され、学生や学習等に関する国際比較分析等にも活用される。これら学生が残していった情報は実に貴重である。また、学生のプライバシー保護に抵触する情報も含まれる。これらの情報の所有権は、ムークスのプロバイダーにあるのか、それとも学生のものであり、学生が何らかの所有権を認められるべきなのか。これらについて確かなきまりはなく、その判断は簡単ではない。このような判断をするうえで参考となる基準や国際協定はいくつかあり、国際標準化機構（ＩＳＯ）、World Wide Web コンソーシアム、全米規格協会（ＡＮＳＩ）などがそれにあたる。しかしながら、これらによる基準やガイドラインが具体的かつ系統立てて適用されている状況にはなく、早急な対策が待たれるところである。

（3）知識基盤の管理

次の問題は、ムークスで配信する情報について、アカデミアとしての知的な基盤をいかにして開発し管理するかである。国際的に配信されるコンテンツを対象に、国際的な点検が必要であり、それを可能とする体制的な仕組みと評価機能が不可欠となる。これを行うのが政府機関であっても民間であっても、そのような機能への然るべき予算の充当が問われるのではないだろうか。ちなみに、英国のオープン・ユニバーシティーであるオープン・ラーン（OpenLearn）は予算の一二パーセントをリサーチと評価に充てている。

コースは開発すれば終わりということではない。継続的に更新し改善していかなくてはならない。時間の経過に伴って、学ぶ内容も、方法も、そしてそれを表現する教員の技能も向上する。世界中の同じ分野の研究者による研究成果が随時組み込まれ、コースの質は時を経るにつれて向上するだろう。先に述べた質管理体制は授業やコースの質を評価し管理するものであるが、アカデミック組織である高等教育による知の普及をオンラインという媒体でどのように高めていくかについて、同等もしくはそれ以上の関心と予算、そして労力を向けなくてはならないのではないだろうか。

質管理、単位の価値保証、著作権等は総じて「知識基盤の管理」構造をつくり上げていく。ムークスの質をどのように保証し維持するのか。ムークスが輸入国に適したサービスであることをどのように説明できるのか。ムークスプロバイダーの持続性をどのように保証するか。教育は商品の売買と異なり、継続的なサービスが求められる。

ムークスを受講し、授業料を払い続けてきたにもかかわらず、突然、プロバイダーがサービスの提供を取りやめた場合、受講者が支払った受講料は無駄に帰するのみならず、その間の時間的コストも無駄になる。さらに、そこから付与された単位や学位についても価値を失うことになる。悪質なプロバイダー、あるいは営業の継続性が危ういプロバイダーが介入しないようにするためにはどうすればよいのか。悪質なプロバイダーであることをどのように見極め認定するのか。どのような国際的組織が基準策定を行い、また評価・認定するのか。学生の個人情報はどのように管理され、また保護されるべきなのか。これらの課題は、信頼のある評価と認定制度のもとに、ムークスの知識基盤を支え続けるための包括的制度を作ることによって解決可能となるであろう。

五　モビリティーへの影響——伝統的授業の補完か代替か

ムークスは学生のモビリティーにどのような影響をもたらすのか。これまで述べてきたように、ムークスがあれば、学生は大学の講義を受講でき、テストや試験を受けることができ、合格すれば単位が付与される。つまり教育を提供している場所に物理的に移動しなくとも良いということであり、このような高等教育形態が普及すると、大学生の地理的移動は減少するのではないかという考えに行き着く。このような予測はムークスに限らず、オンライン教育全般にいえることではある。しかし、ムークスが著名大学の先導により進行していることを考慮すると、世界有数の大学の講義をそこに行かずして受講できるということは、とくに高度な学問に対する学習意欲の高い学生の流動性を減少させるのではないかという見解が出てくる。

一方で、学生は知識を得、単位を獲得することのみに大学教育の存在意義を見出しているわけではないことが、多くの学生および大学関係者によって指摘されている。ムークスで海外留学の利点や特典のすべてが得られるわけではない。実際に現地に行ってその国の人間と接し、対話し、交流することによって学ぶことの価値は大きい。したがって海外に留学する経済力のある学生の渡航は減少することはないという考え方もある。事実、積極的かつ大がかりにムークスを展開しているハーバードとＭＩＴの例をみても、ムークス開始以来受講生は急増する一方で、留学生の数も確実に上昇している(2)。

留学は、訪問したその地に一定期間生活することによりさまざまな意味をもつ。たとえば受け入れ国が留学資金を出している場合は、外交政策の一環でもあり、留学生は滞在中に受け入れ国の言語、文化、政策、経済等について学びまた理解してその国に対して親密になる。その地の言語で友人をつくろうとし、親交を深め、これらの経験は両国の国交の向上に貢献するが、それはムークスによって得ることはできない。

さらに、留学は帰国後の雇用機会や社会的ステイタスをあげることはもとより、留学の経験そのものが個々人の人格形成において有益であるとされることは、学問の旅が発展した中世ヨーロッパから引き継がれる共通理解であろう。リチャード・ハードの『外国旅行についての対話』は、ジョン・ロックとシャフツベリの大陸旅行に関する見解を記しているが、そこでシャフツベリは、大陸旅行を「教育において最も重要で本質的な部分」と述べている。なぜなら、「社交や一般の交際」によって得られる「世界の知識」こそあらゆる学問を統括する「マスター・サイエンス」であり、「精神を拡げ、同時にまた、頑固で悪質なあらゆる偏見を矯正する」からである（木村 二〇一〇）。

フランスでは、留学から帰ってきた学生に「最も学んだことは何か」と尋ねると、最も多いのが「自立して生きること」である。学部生であれば一八歳か一九歳で外国へ行き、九カ月間滞在すれば、突然の環境変化に順応し、自身の身の回りを家族の手をかりずに整理する術を得る。一方で異文化のなかで新しい親交をつくっていき、まさに自立して生きる力が育つ。

おそらくムークスの最大の推奨国であるアメリカにおいてもムークスによって自国の学生のモビリティーが減少するとは考えていないであろう。なぜなら、アメリカの文化では、大学に入学後はほとんどの学生が出身地や親元を離れて他の町の大学に行き、その後の人生のほとんどを実家や両親から遠く離れたところで過ごす。アメリカでは大学は子どもが家族との「近すぎる絆」を断ち切る一つの節目ともいえ、大人として自立し生きる方法を学び始める具体的な一歩なのである。

したがって、大学時におけるモビリティーは教育と学習における便宜的理由だけで減退するとは考えにくい。アメリカのみならず、世界各国において学生の留学を奨励する動きが一貫して高まっていることは周知の通りである。学部段階の留学を義務づける大学も年々増えている。むしろネット上で講義情報が共有されればされるほど、その講義を担当する教員に会いたいという欲求も深まることも考えられる。ムークス履修に伴って交わされるチャットでは、履修後にプログラムや担当教員について、「彼は素晴らしい、実際に合って話を聞きたい」というようなコメントがよくみられる。

このような見解を尊重するならば、ムークスは既存の大学所在地で行われる既存の講義や授業に「取って代わる」つまり代替するのではなく、互いに「補完」し合う可能性が高いのではないか。つまり、仮想環境における情報配信の拡大は流動を促進することこそあれ、抑制することはないと考えられるのである。一方で、ムークスの拡がりは目を見張るものがあり、第四節で取り上げた課題が順次解決されるのであれば、その便利性と費用負担の軽さをもって補完から代替の要素が深まっていくことは想像に難くない。先述した五〇年後に世界の高等教育機関の数が一〇件になるという見解は、物理的な移動が減少することを含意する。それら一〇組織としてあげられた大学はアメリカと英国の名門大学、および急激に受講者を伸ばしているムークスプロバイダーによって占められていた[3]。

事実、アメリカの有力大学は優れた講義を配信し、高度な教育を提供すると同時に、自学の優秀性を世界的にアピールすることができており、これによりこれらの大学は今後一層世界的名声を高めていくだろう。有力大学の講義や教員に感銘してその地を訪問したということが留学など海外渡航の動機である場合は、英語圏の有力大学はさらに高等教育の輸出パフォーマンスをあげることとなる。逆に、ムークスの国際市場において優れていると認識されない授業を配信することは、その大学の評判を世界的に落とすことになり、その国の留学需要が減退することにつながる。ムークスは既存の伝統的授業を代替せず、学生の地域間移動自体も抑制しないとしても、モビリティーのあり方を変えることは十分に予想される。

六　ムークスとチューニング——質保証とモビリティーの観点から

チューニングについては第8章でローベルト・ワーヘナールが具体的に述べているが、ここでは、チューニングに備わる質保証とモビリティー促進の機能がムークスにどのように対応するかを検討する。

まず、高等教育の質保証は現在のところ、国や地域単位で管理されており、とくに先進各国においては、高等教育の質管理・保証のための制度がすでに整備されている。一方で高等教育の国際化が進むなかにおいて、ムークスに限らず、大学の教育および学習の質的管理を世界的に進める必要性に迫られている。その形態については、質保証は可能な限り各国の管理下に留め置くべきだという考えと、できる限り包括的な国際標準を確立するべきだという両方の考えがある。前者の場合は世界に二〇〇もの質保証制度が存在することになり、後者の場合、おそらく五つないし六つの大陸に対応する五つか六つの質保証機関ができ、それらが開発する標準に参加各国が従うという構造があり得るだろう。

国単位の組織も、より広範な地域を包括する体制も、双方欠くべからざる役割を有している。大学のごく身近に質保証管理機関があることは重要である。なぜなら、基準が広い範囲を対象に設定されたとしても、それが機能しているかどうかの検証は地域レベルで行われることが望ましいからである。細やかな検証のうえで単位の認定を行い、研究や教育の細部に関する評価を行いつつ質保証へとつなげる手続きが必要なのである。欧州高等教育質保証協会（ＥＮＱＡ）の例にみられるように、相互の行来が多い国家間においては、共通の目的に即した一定の標準や枠組みを共同で設定し、交流促進を図るのは望ましいことであろう。しかしながら、そのような標準が、たとえば欧州高等教育圏内四七か国すべての大学において有効であり、機能しているかを確認することは、各国内の機関でなければ困難である。ボローニャ・プロセスにおいてこのような確認機能を各国の国家資格枠組み（ＮＱＦ）が任っているのはこのためである。

ムークスは既存の大学教育よりさらに地域的境界がなく、プロバイダーについても営利、非営利団体が混在している。したがって単一の地域における単一の観点に基づく基準を作成し、それに従い教育や学習の質を管理することはさらに困難といえよう。したがって「基準」ではなく、国家や地域の枠組みを越え、かつ各国独自の特徴を尊重しそれに基づく評価を可能とする「枠組み」を共有することが望ましいと思われる。教育や学習の内容や質を確認する「方法」を共有することで、自学の教育を「説明」することができるが、その「内容」と「質」をはかる基準は同一である必要はないということである。その点、チューニングは「工程」であり、基準そのものではないが故に、その方法は世界のどの地域でも有効である。各国および各大学の教育の多様性を重んじ、カリキュラムを説明する「手続き」を提供するという性質をもつので、汎用性が高く、国際的共有性が高い。それが故にモビリティーを活性させる効果を有しており、これらが総じてチューニングが急速に世界的に拡大している理由でもあろう。

第五節で言及したように、ムークスが提供する教育に関する質については、消費者は確信がもてる状況にない。したがって、ムークスが提供するコースの資格や単位の認定に信頼度をもたせるためには、教科やコースの内容や学習成果を定義し可視化する手続きが必要であり、その手続きは国際通用性が高いものでなければならない。さらに、ムークスは、少なくとも現時点では完全なる学位授与機能を有していないために、課程が複数の教育提供組織から構成されることを前提にしている。したがって、認定する単位の定義やその単位にあたいする学習成果を明確にして、学位課程のなかにおける位置づけを説明できなくてはならない。たとえば学位授与のためのカリキュラムにムークスの認定単位を統合する際など、チューニングの工程が有用である。

また、所属機関の異なる複数の教科を組み合わせるためには欧州で行っているように、欧州単位互換制度

(European Credit Transfer System：ＥＣＴＳ）などの単位互換を可能とする制度を適用しなくてはならない。この点、第7章で堀田が提唱した、汎用性の高いアジア共通の単位互換制度の概念（ＡＡＣｓ—アジア学術単位）は実に示唆的である。このような制度がなければ、ムークスの単位を円滑に学位につなげていくことができないのではないだろうか。学生が自身にとって最も有益だと思う授業を自由に選択することが許された時に、彼らはたとえば、ひとつのコースをムークスで、ひとつのコースを日本の大学で、他のコースをアメリカの大学で、というように選択するかも知れない。その場合に大学は、各学習経験を明らかにし、それらの学習経験がどのように組み立てられて学位に結びつくかという情報を具体的に提供できるか否かが問われることとなろう。

七　ムークスの未来

ムークスはその行き届く範囲が広大な故に、世界を網羅する一貫した制度や仕組みを確立することは容易ではない。しかし、そのためにムークスが高等教育の主要な提供者になり得ない、ということではもちろんない。ムークスの最も重要な貢献のひとつは、これまで教育機会に恵まれなかった開発途上国の人々に重要な教育機会、とくに高度な教育機会を提供できることであろう。途上国に住む、勉学の意欲がありながらもその時間がない、また留学ができない学生にとって、そこに居ながらにして世界最高レベルの学問にアクセスできることは、大きな恩恵である。ムークスはまた高度な教育のみならず、基本的生活維持のための教育にも貢献している。アフリカでは、女性に子どもの育て方や、子どものための飲み水の安全を確認する方法などを教えるムークスが開発された。アフリカでは飲み水の汚染により毎年多くの子どもたちが亡くなっていることを考えると、このようなムークスのあり方はきわめて重要である。インドでは教育を提供する主要な手段のひとつがラジオであり、多くの人々にとって学習とは家でラジオを聴くことである。このような状況において、ムークスはラジオ教育から内容的にも手段的にも一歩前進した教育機会となる。ムークスは世界の多くの人々のために教育の質を向上させる重要な手段となり得、そのようなムークスの貢献と可能性を無視することの世界的損失は大きい。大事なことは、配信を受ける側がムークスを活用し、活かしていく道を積極的かつ慎重に検討する一方で、個々の国あるいは大学が独自のムークスを開発し運用していくことであろう。既存の大学教育に付加価値を付けるものとして開発・運用するのか、新たな市場開拓の一貫として開発・運用するのかなど、世界のムークスの動きを注視しながらその可能性を模索していかなくてはならない。ムークスはアメリカで大学の教員によって、その潜在性が開花した。教育現場における日々の問題や課題を深刻にとらえ対処しようとする姿勢こそが大きな変化を生むのかもしれない。

注

（1）MOOC(s)はMassive Open Online Coursesをあらわし、大規模オープンオンライン講座とも訳される。日本でもMOOC(s)のまま使われることも多いが、「音」として日本での一般的通用性を高めるために、本章ではあえてムークスと表記する。

（2）HarvardXとMITxにおける受講者はMOOC(s)開始の二〇一二年以後、着実に増加し、累積履修者数は一日二二〇〇件のペースで伸びている。一方で、両時期、両大学における留学生の受け入れ数も絶対数、留学生の比率両方においてコンスタントに上昇している。

（3）セバスチャン・スランの声明をうけて、Hack Education の Audrey Watters があげた一〇大学は、1. Oxford, 2. Cambridge, 3. Harvard, 4. MIT, 5. Stanford, 6. Princeton, 7. The University of Pearson (acquires Coursera, 2016), 8. The University of Google (acquires Udacity, 2014), 9. The University of Walmart (acquires University of Phoenix, 2017), 10. BYU であった。

参考文献

木村俊道（二〇一〇）『文明の作法——初期近代イングランドにおける政治と社交』ミネルヴァ書房。

Anderson, C. (2009), *Free : The Future of a Radical Price.* Hyperson.

Ho, A.D., Chuang I., Reich, J., Coleman, C., Whitehill, J., Northcutt, C., Williams J. J., Hansen, J., Lopez, G. and Peterson, R. (2015), HarvardX and MITx : Two Years of Online Courses (HarvardX Working Paper No. 10).

OECD (2005), *Guidelines for Quality Provision in Cross-border Higher Education.*

第11章　ドイツにおけるギムナジウムと大学の教育改革

——揺れゆく独自の教養教育——

布川あゆみ

一　「欧州高等教育圏」のなかのドイツ

欧州ではボローニャ・プロセスを契機に、学生の移動を促進するためのさまざまな仕組みが整えられてきた。それはたとえば学士・修士からなる共通の二サイクルシステムの導入であり、留学制度（エラスムスやエラスムス・ムンドゥスなど）の充実化、単位互換制度（ＥＣＴＳ）の整備などがあげられる。欧州では仕組みを整えることで、移動の障害となっている要素をできる限り取り除き、モビリティーを促進することがめざされてきた。

しかし、一九九九年のボローニャ宣言から約一〇年。区切りの年として位置づけられていた二〇一〇年を迎えた時、欧州域内のモビリティーは期待したほどには高まっていないと総括された（Eurydice 2010）。そして二〇二〇年までに学生のモビリティーを二〇パーセント以上にすることが新たな目標として設定されたのである。移動にあたっては、一人ひとりの多様な状況が考慮されなければならないため、各国のモビリティーに関する政策と学生の移動傾向との間に因果関係を求めることは適切ではないが、モビリティーを促進するための何らかの政策を展開している国では、比較的モビリティーが高まっていると指摘されている（Eurydice 2010）。本章では二〇〇〇年代に入ってから大学への進学率が一段と高まっているドイツを事例に、モビリティーを促進するための仕組みがどのように整備されつつあるのか、後期中等教育段階にあたるギムナジウムとの接続の観点から論じる。

本章では、まず学士・修士の二サイクルシステムの導入状況を中心に、ボローニャ・プロセスにおけるドイツの特徴について整理する。その後、ギムナジウムの制度改革（通称Ｇ８：ゲーアハト）および州内統一アビトゥア・複数州共通アビトゥアの導入を取り上げながら、モビリティーを促進するための仕組みづくりは大学への接続機関であるギムナジウムにおいても進められていることを論じる。「欧州高等教育圏」の構築をめざすボローニャ・プロセスのもと、これまで高等教育改革に高い関心がはらわれているが、その改革の影響を受けているのは高等教育段階にとどまらないことをドイツの事例に着目することで、明らかにしたい。ギムナジウムが高等教育改革の「下支え」をしている側面もとらえることによって、ドイツにおけるモビリティーを促進するための仕組みを多角的に読みとる作業につながると考える。

二　ボローニャ・プロセスの影響

（1）二サイクルシステムの導入をめぐって

本節ではまずドイツにおけるボローニャ・プロセスの影響を、学士・修士の二サイクルシステムの導入状況に着目して整理する。欧州の大学の間を自由に移動でき、欧州のどこの大学で学んでも共通の学位、資格を得られる「欧州高等教育圏」の構築をめざすボローニャ・プロセスでは、各国が学部（バチェラー）・大学院（マスター）からなる二サイクルシステムを導入することが大きな課題のひとつとして位置づけられてきた（木戸 二〇一四）。それまで大学構造が欧州各国で多様であったことは学生の移動を困難にするととらえられ、共通のシステムを整備することが進められたのである。この新しいサイクルシステムは多くの国において、短期間のうちに導入されていった。

その一方で、非常にゆるやかに導入を進めた国もみられた。後者に含まれるのがドイツである。

　ドイツはこれまで学士、修士、博士というように段階化された基本構造を採用してこなかった。そのためボローニャ・プロセスを契機に、ドイツにおいて大規模な大学改革が行われることとなったのである。そのドイツは、三六の欧州の国のなかで、二〇〇七年においても二サイクルシステムへの転換率が七〇パーセントを下回る一一の国のうちのひとつであり、他国に比べて導入に時間を要している国として知られてきた。これらの数値は、この改革がとりわけドイツの教育制度にとっていかに大きな変化をもたらしているかを示していると指摘されてきた（藤野 二〇一〇：一七六）。なぜならばボローニャ・プロセスのもと、共通の学位サイクルシステムを導入することは、大学に元来備わっている構造の大幅な組み替えだけを指すのではなく、欧州の――とりわけドイツの――総合大学の伝統を揺るがすものであったからである（シュリーヴァー 二〇〇九）。この二サイクルシステムの導入は欧州の、そしてとりわけドイツの大学を大きく変革させるものとして位置づいたのである。

　ドイツ国内ではボローニャ・プロセスのもと、積極的に改革を進める大学や学部（とくに経済学、数学、自然科学分野）もあったが、二〇〇九年にはボローニャ・プロセスを契機とする大学改革による問題と混乱に対する憤りが高まり、ドイツ全土で大規模な「教育ストライキ（Bildungsstreik）」が起きた。この「教育ストライキ」ではボローニャ・プロセスそのものへの強い反発や改革をめぐる不満や抗議が表出された。学生が主導して行ったデモであったが、その様子は連日報道され、社会の関心も広く集めた。大学の教員も彼らに同情的であり、ボローニャ批判をメディアで繰り広げた（藤野 二〇一〇）。ドイツの場合、世界各国・地域から歴史的に留学生が多く集まってきたことにもみられるように、学術教育分野において国外からの尊敬を受けてきた国であり、勤勉で高い教養に支えられた国という自己認識をもってきた（小玉 二〇〇八：七三）。その強い自負があるがゆえに、ドイツがこれまで伝統的に維持してきたディプロームやマギスター制度[1]ならびに国家資格取得と密接に結びついた法曹や教員などの養成制度を二サイクルシステムに揃えることには、抵抗と大きな混乱が生じたのである。

しかし抵抗と混乱をみせながらも、今日においてはドイツの高等教育機関で提供されている学位プログラムの大半が学士・修士である。二〇一二／一三度において、ドイツには約二五〇万人の学生が計三九二の高等教育機関で学んでいる。その内訳は一一二の総合大学（Universität：一万三七五の学位プログラム）、二一五の専門大学（Fachhochschule：四八六七の学位プログラム）、五六の芸術・音楽大学（Kunsthochschule/Musikhochschule：九〇二の学位プログラム）からなる。そしてこれらの高等教育機関で提供されている計約一万六〇〇〇の学位プログラムのうち、約七二〇〇のコースが学士を、約六八〇〇のコースが修士の学位が取得可能なプログラムから構成されている（表11－1参照）。取得学位が学士・修士からなるコースは、全体のうちの約八六パーセントを占めるまでとなっている。残り約一四パーセント（約二二〇〇のコース）が、ディプロームやマギスター、国家資格の取得によって修了とみなされるなど、ドイツの伝統的な養成制度などからなる。(2)

二〇一二／一三年度には、ドイツにおいてもはじめて学士・修士の学位を取得した修了者が半数を超えるまでに共通の二サイクルシステムが浸透するに至っている。表11－2をみてみると、ドイツが伝統的に維持してきたディプロームを取得し、修了した学生が総合大学・専門大学あわせて約一三万人いることがわかる。加えて国家資格取得と結びついた教員養成制度を維持している州が多いことから、約四万人近く、教員養成課程修了者がいることがわかる。したがってドイツが伝統的に維持してきた学位制度にのっとって修了した学生が、依然としてドイツでは多数いることがわかる。しかし二〇一二／一三年度において着目すべき点は、学士・修士の学位を取得し、修了した学生数が約一九万人と全体の約五三パーセントを占め、過半数を占めるまでに増加している点である。(3)これまでディプロームや国家資格と結びついた学位を取得した学生が大多数であったことを考えれば、二〇一二／一三年度は共通の二サイクルシステムがドイツに確実に定着してきたことを示している。

したがって、この間ドイツでは大規模な混乱を伴いながらも、学士・修士からなる新しい学位サイクルシステムが主流となるまでに大半の大学が変化を経験し、新しいシステムを受容しているといえる。その一方で、教員養成

表11－1　ドイツの高等教育機関における学位プログラムのタイプとそのコース数
〈2012／13年度〉

総　　数	16,144
ディプローム（総合大学）	186
マギスター	43
国家試験	1,671
ディプローム（専門大学）	71
学士	7,233
修士	6,796
その他	144

出所　Hochschulrektorenkonferenz（2013）をもとに筆者作成。

表11－2　取得学位別にみる修了者数
〈2012／13年度〉

総　　数	365,190
ディプローム（総合大学）および同等の学位	94,018
ディプローム（専門大学）	38,638
教員養成課程（国家資格）	38,758
学士	152,484
修士	41,292

出所　Hochschulrektorenkonferenz（2013）をもとに筆者作成。

課程などの特定の領域においては、旧来のドイツの伝統的な制度がいまもなお維持されていることがみえてくる。それは教員養成課程がひとつの学位のカテゴリーとして構成されている表11－2からもみてとれる。学士・修士という欧州共通の学位制度が大部分を占めながらも、一部ではこれまで維持してきたディプロームや国家資格と結びついた養成課程など、ドイツの伝統的制度を残した（残している）のが、この間のドイツのボローニャ・プロセスとの向き合い方であり、付き合い方といえる。欧州共通の二サイクルシステムとドイツ独自の伝統的制度を共存させているのが、ドイツの特徴としてまとめることができよう。

（2）学生の移動傾向と移動にかかわる政策

モビリティー促進に向け二サイクルシステムの導入を進める一方で、ドイツ独自の伝統的制度を残していることをみてきたが、では翻って学生の移動はどのような傾向にあるのだろうか。ドイツの場合、二〇一三年において全学生に占める留学生の割合は一一・三パーセント（一九万二八五三人）であり、とくに中国（二万三八八三人）、ロシア（一万四〇一人）、オーストリア（七八八七人）、ブルガリア（七〇二六人）から多くの留学生を受け入れている（Hochschulrektorenkonferenz 2013）。一方で送り出しに関しては一二万五二一一人をドイツ国外へと送り出しており、オーストリア（二万七三五〇人）、オランダ（二万三八三二人）、英国（一万四九五〇人）、スイス（一万三四三六人）、ア

表11-3　エラスムス奨学金による送り出し・受け入れ学生数の推移―ドイツの場合

年　度	2000/01	2001/02	2002/03	2003/04	2004/05	2005/06
送り出し学生数（人）	15,872	16,626	18,482	20,688	22,427	23,848
受け入れ学生数（人）	15,275	15,503	16,106	16,863	17,273	17,889

年　度	2006/07	2007/08	2008/09	2009/10	2010/11	2011/12	総　数
送り出し学生数（人）	23,884	26,286	27,894	28,854	30,274	33,363	288,488
受け入れ学生数（人）	17,878	20,822	21,932	22,509	24,733	27,872	234,855

出所　European Commission (2012：1) をもとに，筆者作成。

メリカ合衆国（九四五八人）、フランス（六二五二人）に集中している（Hochschulrektorenkonferenz 2013）。

全体としては上記の移動傾向がみられるが、本章ではエラスムス奨学金[4]を受けた学生の移動に関する経年的変化を詳しく取り上げてみよう。送り出し・受け入れ数ともに二〇〇〇／〇一年度以降、一貫して増加傾向にあることが表11-3よりみてとれる。ドイツの場合、近年とくに送り出しの学生数が増加している。二〇一一／一二年度においてはエラスムス奨学金による送り出しの学生数は前年より約三〇〇〇人増加し、過去最高の三万三〇〇〇人を超えている[5]。学生の送り出しに関して、前年比一〇パーセント以上の増加をみせている国は六か国であるが、ドイツがその内のひとつを占めている（その他五か国はクロアチア、デンマーク、スロヴェニア、トルコ、スウェーデンである（European Commission 2013：10））。

ドイツから送り出した学生の特徴についてみてみると、二〇〇九／一〇年度においては欧州三二の国に移動し、奨学金の支給を月に二一三・二ユーロ受け、留学先に平均して約五・六か月間滞在していることが指摘されている（Symmank 2011：63）。ドイツの場合、大学進学率は女子よりも男子の方が高いが、エラスムスによる送り出し学生のうち六〇パーセント以上を女子学生が占めており、女子学生の方が移動する傾向が高いことが指摘されている（Symmank 2011：63）。また博士号取得志願者（Doktoranden）のうち約半数の学生が学士課程の際に留学を経験しており、学士課程での留学経験と博士号取得との間に関連がみられることが指摘されている（Symmank 2011：62）。

一方で、受け入れ学生数に関してもドイツは増加傾向で、二〇一一／一二年度では前年より約三〇〇〇人増加の二万七〇〇〇人をこえており、スペイン、イタリア、フランスから学生を多く受け入れている。受け入れ学生に向けては奨学金プログラムや住居などに関する情報提供、カウンセリングの充実化、手続きや語能力試験などの簡素化、インテグレーションプログラムの提供、あるいは英語での授業提供などのサポートがＤＡＡＤ（ドイツ学術交流会）(6)や各大学を中心になされている。またドイツ国内の多くの州において、大学の授業料が徴収されることはない。それは欧州連合（ＥＵ）域内の学生に対してのみならず、ＥＵ域外からの学生に対しても同様であるため、この点は中国を中心にＥＵ域外の学生が留学希望先の上位にドイツをあげる要因となっている。

ドイツの場合、欧州諸国のなかでも比較的送り出し、受け入れともに活発に行われていることがデータからも示されているが、学生のモビリティーを促進することは今なおドイツ国内において課題としてとらえられている。ドイツでは学生の移動に関して国レベルの政策に連邦政府とＤＡＡＤが主として関与しており、連邦政府においては国際化戦略のもと、エラスムス計画を中心に学生の移動を促進していくことがめざされている。(7)ドイツのエラスムス計画のエージェンシーであるＤＡＡＤ理事長は、欧州内の学術交流および国際的経験は若い世代の視野を広げ、国内労働市場だけでなく国際市場を強化し、欧州各国の連携を強める可能性につながるとして、より促進・投資されるべきだと強調している。その流れにおいて、エラスムス奨学金制度は重要な手段であり、より多くの学生に留学を可能とさせるよう、より手厚い経済的支援が求められていると述べている（DAAD 2008）。またエラスムス計画は移動プログラムとしてだけでなく、ドイツの大学の国際化を進めるうえでも重要な手段であることが強調されている（DAAD 2008：14）。そしてＤＡＡＤでは国際化を進めることを目的に、ドイツの大学の国際連携を支援する新プログラムを設け、年間最大二五万ユーロ、最長四年間支援することを二〇一三年に決定し、二九の大学のプロジェクトを採択している。ドイツにおいてモビリティー促進にかけられている期待は大きく、ＤＡＡＤへの支出が増加傾向にあることからも（二〇〇九年度は前年度比二〇パーセント増）、国際化は政治的にも経済的にも重視されていることが指摘されている（Bode and Davidson 2011：75）。

ＤＡＡＤは二〇二〇年までに、三五万人以上の外国人学生を受け入れ、かつドイツの大学を卒業する学生の二人に一人が数か月間、留学や研究、インターンシップなどで海外経験を有し、二〇パーセント以上が一学期以上を海外の大学で修了することを目標としている（JSPS Bonn Office 2013）。また受け入れ学生は一〇パーセント以上を目標としている。

ＤＡＡＤの伝統的な考え方として、留学とは長期にわたって現地で生活し、異文化への理解を高めることであるとされ、これまでＤＡＡＤの奨学金プログラムは一年間の留学を中核にすえて運用されてきた。しかし、近年志願者の間では一年間の留学期間は長すぎるととらえられ、短期間の留学が希望される傾向にある（Bode and Davidson 2011：74）。学生の移動を促進するにあたっては、こうした近年の学生の傾向を考慮したうえでの奨学金プログラムの運用も課題となっている。

本節をまとめるならば、モビリティーを促進させることに意味が見出されており、いかに学生の移動を促進する仕組みを整えていくかが、課題とされていることがみえてくる。そしてドイツの場合は、この課題が高等教育段階に限った話としてとらえられておらず、大学への接続機関である後期中等教育段階のギムナジウムも含まれている点に特徴がある。次節では、大学での制度改革とほぼ同時期に、ドイツ全州でギムナジウムの制度改革に取り組まれた背景をモビリティー促進の観点から論じる。

三　ギムナジウムの制度改革とその背景

（1）ドイツにおけるギムナジウムとは

ドイツにおいては、伝統的に三分岐型の教育制度がとられ、第四学年修了時（おおむね一〇歳）に、主に成績を基準に三つの学校種に生徒を振り分けてきた。このうちのひとつがギムナジウムである。ギムナジウムは前期・後期中等教育段階にあたり、修了試験であるアビトゥアを通じて一般的大学入学資格（Allgemeine Hochschulreife）を付与する学校種である。一般的大学入学資格を取得すると、専攻領域にかかわらず、ドイツのあらゆる大学で学ぶことができる。(8) すなわちギムナジウムでの学習が大学入学資格、さらに大学での学習につながるものであることが、ギムナジウムの授業の内容の前提となっている（桂 二〇〇七：三七）。ギムナジウムの授業は大学での学問への準備、すなわち大学への準備をするところとして、言語教育を中心に、エリート教育理念に基づいて発展してきた（今井 一九九三：三四〜三六）。とくにギムナジウム上級段階（ギムナジウム卒業までの三年間）では、大学での研究への導入教育が中心的な役割のひとつとして位置づけられている。その結果として、ドイツの大学ではいわゆるリベラル・アーツ教育を行わないのが原則である。ギムナジウム上級段階は、日本の大学でいう教養課程に重なっていると指摘されてきた（桂 二〇〇七：三六）。大学へ進学することを前提とし、高い教養を備えたカリキュラム構成をなしているのがドイツのギムナジウムの特徴として位置づけられてきたのである。

一九八〇年代以降、一般的大学入学資格はギムナジウム以外にも総合制学校などで取得可能なよう整備されてきたが、今日においてもなおこの資格取得者はギムナジウム出身者が圧倒的多数を占める。連邦教育学術省（ＢＭＢＦ）の分析によれば、学校種別における大学入学資格取得者はギムナジウムが約九割近くを占めており、総合制学校は一割に満たない。ギムナジウムへの進学率であるが一九五二年には一五パーセントであったが、一九六〇年に一七パーセント、一九七〇年に二三パーセント、一九八〇年に二七パーセント、一九九〇年に三〇パーセント、二〇〇〇年に三一パーセント、二〇一〇年に三八パーセントと増加の一途をたどっている（Bundesministerium für Bildung und Forschung 2013 : 37）。これに連動するかたちで、同一年齢層における大学入学者の割合も増加しており、二〇〇三年（三五・七パーセント）から二〇一一年（四六・三パーセント）の八年の間に一〇パーセント以上増えている[9]。

グローバル時代において高度技能人材育成は重要視されており、一般的大学入学資格取得者を増加させるのみならず、大学修了資格取得者を増加させることが課題として議論されている。その流れにおいて、大学への接続機関として位置づくギムナジウムは、これまでの教育の質を維持しながらもより多くの生徒を受け入れ、より多くを大学に進学させていくことが期待されているのである。

（2）八年制ギムナジウムの導入目的

総じてドイツのギムナジウムは一般教育を行う機関として、また大学教育の準備段階として位置づいてきたが、これまで旧東ドイツ地域のザクセン州およびチューリンゲン州[10]をのぞいた一四州では、アビトゥアまでに基礎学校四年（第一学年～第四学年在籍）に加えて、ギムナジウム九年（第五学年～第一三学年在籍）の計一三年体制がとられてきた。すなわちドイツは他の欧州諸国に比べて、大学進学までに必要な修学年限が一年長いという特徴をもってきた。それまでもドイツにおいて九年制のギムナジウムをめぐっては度々議論がなされてきた過去をもつ[11]。しかし一八三七年に九年制が確立されて以降、ナチズム期（八年制）を除いて一貫して九年制がとられてきた[12]（望田 一九九八：四二～四三）。なかでもフンボルトの教育理念の流れをくみ、ドイツでもっとも高く評価されてき、古典語（ギリシア語およびラテン語）の教授を重視してきた人文系ギムナジウム（江島 一九九六：ii）は、九年制であることに強くこだわってきた。

表 11 - 4　各州における G8 導入状況

州	G8 導入年度	2 学年同時アビトゥア実施年
バーデン・ヴュルテンベルク	2004/05	2012
バイエルン	2004/05（第 5 ・第 6 学年同時）	2011
ベルリン	2006/07（第 7 学年）	2012
ブランデンブルク	2006/07（第 7 学年）	2012
ブレーメン	2004/05	2012
ハンブルク	2002/03	2010
ヘッセン	2004/05：全体の約10％ 2005/06：全体の約60％ 2006/07：全体の約30％	2012，2013，2014
メクレンブルク・フォアポンメルン	2004/05（第 5 ～第 9 学年一斉）	2008
ニーダーザクセン	2004/05（第 5 学・第 6 学年同時）	2011
ノルトライン・ヴェストファーレン	2005/06	2013
ラインラント・プファルツ	2008/09：各校順次導入	—
ザールラント	2001/02	2009
ザクセン	1992	—
ザクセン・アンハルト	2003/04（第 5 ～第 8 学年一斉）	2007
シュレスヴィヒ・ホルシュタイン	2008/09	2016
チューリンゲン	1991	—

出所　各州文部大臣会議（KMK）のサイトをもとに筆者作成。

しかし主に二〇〇四年から二〇〇七年にかけて、各州でギムナジウムを一年短縮して八年制（第五学年〜第一二学年在籍）とする、通称G8（ゲー・アハト）と呼ばれる制度改革が進んでいる。教育に関する権限（文化高権）を各州がもつドイツにおいては、初等教育段階が四年制であったり、六年制であるなど、分岐する学年が州によって異なるが、大学進学までに必要な修学年限を一二年にすべく、各州が一斉にギムナジウムの制度改革を行っているのがポイントである。各州におけるG8導入状況の一覧を示したのが表11 - 4になる。表11 - 4から、G8導入の方法は、州ごとにバリエーションがみられることがわかる。またいずれの州においても九年制のもと第一三学年でアビトゥアを受験する生徒と八年制のもと第一二学年でアビトゥアを受験する生徒、すなわち二学年同時アビトゥアが実施される年があることがみてとれる。八年制の導入がいかに影響の大きいものであるかを示しているといえる。

ではなぜ、ギムナジウムの制度改革が行われたのか。ギムナジウムの修業年限をめぐっては、ドイツ東西が統一した一九九〇年当初においてすでに欧州統合の文脈から議論されてきた。東西ドイツ統一の際に問題になったことは、西ドイツ諸州は、初等・中等教育段階合わせて一三年間の教育を受けてから大学に入学するのに対し、東ドイツ諸州では、一〇年制の「普通教育総合技術上級学校」と二年制の「拡大上級学校」をあわせた一二年間の教育を受けて大学に進学していた。すなわち一年のずれがドイツ東西で生じていた。欧州の他の国々が一二年で大学進学するところが多いこともあり、欧州統合を見据えて旧西ドイツ諸州の年数を一二年に改編するとの議論もなされた（今井 一九九八：五三）。しかし結局教育の質の維持の問題から一三年となり、旧東ドイツの諸州に関しては、主に経済的な問題から、ブランデンブルク州を除いては一二年制が採用された（今井 一九九八：五三）。その後、メクレンブルク・フォアポンメルン州とザクセン・アンハルト州で、一三年間への延長が決定された。近代ドイツおよび西ドイツの学校制度では、一三年間の学修ののちにアビトゥアを受験することが一般的であり、これは他の欧州諸国よりも一年長かったのである。結果として東西ドイツ統一後、旧東ドイツ地域に位置した新五州のうち四州は、西ドイツと同じ在校年数を採用せず、東ドイツでも採られていた一二年制の学校制度が採用された。ここで重要なのはドイツ全域での一二年制か一三年制かという議論が、東アジアも含めたドイツ教育史の文脈ではなく、欧州統合の文脈によって進展・停滞しているという点であることが指摘されている（木下 二〇一〇：七九）。

欧州統合との関連でみれば、在学年数の問題は次第に深刻な問題としてとらえられていったことが指摘されている。企業がどこの国の学生も自由に採用できるとした場合、一年余分に教育を受けたからといって、その分高い給料をもらえるかどうか疑わしい（今井 一九九八：五四）。この年数の問題が、現在欧州統合をめぐるドイツ最大の教育問題のひとつであることは疑いないと指摘されてきた（今井 一九九八：五四）。したがって東西ドイツ統一を経た一九九〇年代当初から一年短縮については意識されてきたものの、実際は改革が長い間据え置かれていたのである。

しかし今日においては欧州高等教育改革との接続によってドイツ全域での一二年制という議論がおき、改革が実施されたと指摘されている。トラウトヴァインらは、ボローニャ・プロセスのもと、欧州全土において共通の学位制度（学士・修士制度）が構築されるなか、アビトゥアまでの修学年限を一年短縮し、国際標準化することで、国際比較のうえで時間がかかると指摘されてきたドイツの大学修了者の労働市場への参入を、国際的なスタンダードにあわせることに改革のねらいがあると指摘する（Trautwein und Neumann 2008：483）。すなわち欧州標準、ひいては国際標準を考慮して一二年制の初等・中等教育への転換が進められているという見方である。加えて修学年限の短縮化には、教育の領域における財政削減という見方も関係していることが指摘されている（桂 二〇〇三：一五六）。ギムナジウムは今、過去数十年のなかでも最も重要な改革が展開されていると指摘されている（Trautwein und Neumann 2008：483）。

表11－4にある通り、今日においてドイツすべての州で八年制のギムナジウムの導入が完了していることがわかる。ただし、G8に対する評価は必ずしも一様ではなく、いくつかの州においては九年制（G9）に回帰することが検討されている。以下では、G8が抱える課題として何が指摘されているのか、みていきたい。

四　G8導入をめぐる課題

ドイツの学校の多くがそうであったように、従来はギムナジウムも半日学校であった。この半日学校は八時から始まり、遅くとも一三時前後に終わり、午後の時間は各自（各家庭）で過ごす点に特徴をもってきた。ギムナジウムの生徒の場合は、この午後の時間を使って学校外教育を豊富に利用してきたことが明らかにされている。ビアル

表11-5　人文系ギムナジウムC校における第9学年の時間割（2009／10年度）

	時　間	月曜日	火曜日	水曜日	木曜日	金曜日
1	8.00- 8.45	数学	化学	美術	ドイツ語	フランス語
2	8.50- 9.35	数学	化学	美術	数学	フランス語
3	9.55-10.40	ドイツ語	数学	生物	生物	体育
4	10.45-11.30	英語	ラテン語	地理学	ドイツ語	体育
5	11.50-12.35	英語	物理	ラテン語	フランス語	歴史
6	12.40-13.25	昼休み	昼休み	ラテン語	昼休み	歴史
7	13.30-14.15	フランス語	英語	×	地理学	×
8	14.20-15.00	フランス語	ドイツ語	×	政治学	×
9	15.00-15.45	×	×	×	政治学	×

注　C校が位置する州において外国語教育は第2学年から英語が開始されており，人文系ギムナジウムに進学すると第6学年からラテン語，第8学年から第3外国語（フランス語または古典ギリシア語）が始まる。×とは帰宅を意味する。

出所　生徒に配布された時間割表をもとに，筆者作成。

ケによれば、週あたりの学校外教育の利用時間をトータルでみると、ギムナジウム生は他の学校種である基幹学校生の三倍以上にもおよび、「余暇の学校化」がとくにギムナジウム生にあてはまる現象として指摘されてきた（ビアルケ 二〇〇一：九三）。学校外教育の内容としては、家庭教師の利用もみられるが、ギムナジウム生においては楽器が顕著に多く、その他にも外国語のように教養性の強いものや乗馬、ウィンドサーフィン、ゴルフ等、コストがかかる活動、上流的活動を好む傾向が強いことが明らかにされている（ビアルケ 二〇〇一：九三）。

しかし、G8の改革においては、教育内容自体はG9（九年制）時代と変わらないため、半日学校体制から終日学校体制にすることで、一年分を埋めることがなされている。授業時間はそれまでの週平均三〇～三三時間から、週に三七～三九時間へと増加している（Trautwein und Neumann 2008：481）。終日学校は「時間割のリズム化」のもと、「リラックスと集中の時間」に特徴づけられるが（Kolbe und Reh 2009：177）、しかし、ギムナジウムには「時間割のリズム化」はもたらされていない。それは表11-5からもみてとれる。C校においては「集中の時間」である授業が、短い休憩をはさんで立て続けに行われている。これまでは週初めの月曜日や週の中日である水曜日、また週の終わりにあたる金曜日の一時間目は、生徒の体調や集中度を考慮して授業がなく、二時間目からの登校をとる学校が少なくなかった。そして五時間目を終えるころには帰宅するスタイルがとられていた。学校での滞在時間が短い分、授業が立て続けに行われてきた。しかし、終日学校となって学校での滞在時間が延びたものの、授業が立て続けに行われている点が、G8の時間割の特徴である。これまで学校外教育の利用が盛んであったギムナジウム生だが、終日学校の授業終了時間との兼ね合い、また短縮される一年分を補うために大量に出される宿題への取り組み時間にあてるため、学校外教育の利用を控える動きもみられる。

総じてG8は「詰め込み型（Turbo-Abi）」であるとして、生徒・保護者からの反発が高まっている。とりわけ人文系ギムナジウムでは時間をかけて言語を習得することに重きが置かれてきたことなどもあり、G8の導入そのものに懐疑的であったが、G8導入後は「詰め込み型」であることに大きな批判を投げかけている。ボローニャ・プロセスへの反対を表明するために、ドイツ各地で「教育ストライキ」が起きたことをすでに取り上げたが、大学生に混ざってギムナジウム生もG8の反対を表明し、「教育ストライキ」を行ってきた。とりわけハンブルク州では、G8への反対の声が大きくなっており、「今こそG9を！（G9-Jetzt!）」というスローガンのもと、ギムナジウム生の保護者、またギムナジウムの教員組合（Gewerkschaft der Gymnasiallehrer）を中心に九年制のギムナジウムであるG9の再導入に向けた運動が活発化している。と同時に、ハンブルクでは大学側からもG8への批判がなされ始めている。ハンブルク大学の学長はG8（通算一二年）で入学してくる学生は学問を探求する能力を十分獲得できていない（とくに書く能力の不足）と批判し、新入生のための「予備コース（Vorschule）」の導入を検討していることを表明している（二〇一三年四月二三日 Bild 紙）。これまでギムナジウムは大学での学問への準備をする機関として位置づき、批判とは無縁であったことをふまえれば、大学側からギムナジウムに対する批判が投げかけられたことは、ドイツ教育史上においても特筆すべき点である。

しかしバイエルンを除く、ほとんどの州でG8の生徒とG9生徒との間におけるアビトゥア不合格者の割合にほとんど差がみられないことをひとつの指標として、G8が評価される傾向もある（二〇一三年六月二一日Spiegel紙）。G8生とG9生を対象に同一年に同一のアビトゥアを実施したバーデン・ヴュルテンベルク州（二〇一二年）では、不合格者の割合がG8生では一・六パーセントであったのに対し、G9生は一・五パーセントとほとんど差がみられなかったことが報告されている。その他ザールラント州やハンブルク州でもその割合にほとんど差はない。しかし、ドイツでもっとも学力が高い州として知られるバイエルン州（二〇一一年）ではその差が大きく、不合格者の割合がG8生は二・八〇パーセントであったのに対し、G9生は〇・八パーセントとG8生のほうが約三・五倍高い結果であったことが示されている。この結果がG8導入初期による「混乱」の影響を受けた一過性のものにすぎないのか、あるいはG8制度そのものが示す限界なのか。G8に対する評価は今日においても論争的である。

G8の評価は今も検証されているものの、G8がすべての州で導入されたことによって議論も次の段階に移っている。教育機会の平等、学力の比較可能性、卒業資格の比較可能性およびギムナジウム卒業後の生徒の移動をしやすくすることを目的に、それまで多くの州で、学区ごとあるいは各学校の各教科科目担当の教師によって作成・実施されていたアビトゥアを州で統一して実施し（「統一アビトゥア」）、出口管理における質保証を強化する傾向がみられる。アビトゥア標準化の取り組みは一九七〇年代頃から議論されており、長い歴史があるが、二〇〇四年以降、順次、ほぼすべての州で州統一のアビトゥアが実施されるに至っている。(13) 近年では州をこえた統一アビトゥア（Laenderübergreifendes Abitur）の実施も予定されている。バイエルン州は二〇一三／一四年度において、ザクセン州、ハンブルク州、メクレンブルク・フォアポンメルン州、ニーダーザクセン州、シュレスヴィヒ・ホルシュタイン州と連携し、ドイツ語、数学、英語の筆記試験において、州をこえたアビトゥアを実施している。ただし口述試験はこれまでどおり、各学校の各教科科目担当の教師が行っている。また評価・採点も配布される採点基準リストをもとに、各学校で行われる予定である。なお、ベルリン、ブランデンブルクでも二〇〇九／一〇年度より先駆けて共通の統一試験をドイツ語、英語、フランス語、数学、生物、地理で行っている。

まとめるならば、二〇〇四年から二〇〇七年の間に、ギムナジウムを九年制から八年制へとするG8改革がドイツ各州で進められた。それはドイツの大卒修了者の労働市場への参入を国際的なスタンダードにあわせようとするものであった。その際、教育内容に変更がなかったため、ギムナジウムの多くが半日学校から終日学校体制へ移行し、授業時間を確保しようとの動きがみられた。終日学校となった結果、授業時間が増加したため、G8は「詰め込み型」であるとして生徒・保護者からの反対が大きいが、多くの州でG8とG9の生徒のアビトゥア不合格者の割合に差がみられないことから、制度上はG8が定着する傾向にある。そして各州が八年制で共通したことから、アビトゥアの比較可能性や質保証の視点、ギムナジウム卒業後の移動の促進が検討され、州をこえたアビトゥアの導入が進んでいる。

五　教育改革が問うもの

本章ではドイツにおいてモビリティー促進のための仕組みがどのように構築されつつあるのか、はじめにボローニャ・プロセスのもと進められた二サイクルシステムの導入状況について取り上げた。ドイツでは伝統的に維持されてきたディプロームなどの制度を一部残しながらも、学士・修士の制度が標準になりつつあることをみてきた。その後、大学への接続機関であるギムナジウムに着目し、長年据え置かれていた九年制から八年制への一年短縮の制度改革が欧州標準、ひいては国際標準を意識して各州で一斉に実施されていることを論じてきた。ドイツの場合にはボローニャ・プロセスは単に高等教育段階の改革にとどまらず、その接続機関であるギムナジウムの制度改革をもたらす、大規模なものであったといえる。それは言い換えればドイツにおいてモビリティーを促進することがいかに社会的課題として位置づいていたかをあらわしていると考える。

そしてこれらの一連の改革は、ギムナジウム・大学が時間をかけて教養を身につけさせるというドイツがこれまでもってきたエリート像から、国際標準を意識しながら、なるべく短期間で高度人材を育成するという方向へとドイツ社会が変わりつつあることを示している。それはまたギムナジウム・大学がごく限られたエリート層を輩出する機関ではなくなり、大衆化しつつある現実によっても後押しされている。

英国のギャップ・イヤーのように、ドイツにおいてはギムナジウムの第一〇学年から第一三学年の間に、あるいはアビトゥア合格後に社会を広くみるために、一年ほどかけて世界をめぐる旅や国内外でボランティア活動を行う生徒・修了生が多くみられ、「社会的な年（soziales Jahr）」として知られてきた。どの程度の割合で行われているかデータはみあたらないが、「社会的な年」はギムナジウム生にのみ与えられる自由な期間として、ドイツの文化として定着してきた側面が強い。しかし今日、ギムナジウム在籍中に、あるいは大学入学前に「空白の時間」を設けることは、G８のもとでのアビトゥアの合格に向けて、また労働市場への参入においてリスク要因になることなどが懸念され、敬遠されつつあることがギムナジウム生やその保護者から聞かれる。「詰め込み型」として批判がなされるG８であるが、授業が立て続けに行われ、日々の生活にゆとりがなくなっていることに対してのみならず、「空白の時間」を設けることに対する危機感も含めて「詰め込み型」としてとらえられているといえる。

短期間の留学を希望する大学生の今日的傾向も含めて検討すれば、ボローニャ・プロセスのもとドイツにおいて欧州標準、国際標準が意識された結果、ギムナジウム生、大学生の間でともに「標準年限」への目配せが働いていることをうかがわせる。従来、ギムナジウム生は「社会的な年」、そして大学生は「長期間の在学」で知られるように、ドイツの場合は時間をかけ「教養」を身につけることが重視されてきた。しかし、モビリティー促進のもと欧州標準、そして国際標準を意識した制度が導入され、「標準年限」に目配せされるようになった今日、標準年限をこえて在学することは、労働市場におけるリスク要因として受け止められていることをうかがわせる。

「社会的な年」や「長期留学」の敬遠が制度改革の混乱に伴う一過性のものであるのかどうかは、現時点では判断がつかない。モビリティーを促進するという社会的要請があり、そのための仕組みづくりが進むなかで、ドイツ独自の教養教育のあり方がどのように変容していくのか検討することが、今後の課題だと考える。

注

(1)　ドイツは「ディプローム」「マギスター」という履修課程を伝統的に採用してきた。ディプロームは自然科学や工学、経済学などの学科を修了したことを証明する学位として、マギスターは人文科学系や社会科学系の学科を修了したことを証明する学位として位置づいてきた。どちらも今日でいうところの修士に相当する学位として定着してきた。

(2)　なお国家資格の取得によって修了とみなされる領域には、医学、法学、薬学、などが該当し、州によっては教員養成課程なども含まれる。通常、約五〜六年の養成期間を経て、国家試験に合格することによって修了とみなされる。これらの領域は今後もドイツ独自の伝統的な養成制度が維持される見込みである。

(3)　なお大学入学者に対する修了者の割合は五割から七割程度であり、ドイツの大学を修了することは難しいとされる。

(4)　エラスムス（ERASMUS）は European Community Action Scheme for the Mobility of University Students の通称。「エラスムス奨学金」の他、「エラスムス計画」「エラスムス事業」などと表され、第3章および第7章等で言及している。

(5)　ただしドイツの場合、近年大学進学率が上昇しているため、学生全体に占める割合は二〇〇七／〇八年度の一・一七パーセントを最高に二〇〇八／〇九年度（一・一四パーセント）、二〇〇九／一〇年度（一・一三パーセント）、二〇一一／一二年度（データなし）と必ずしも増加しているわけではない（European Commission 2012: 1）。

(6)　DAADとはドイツ連邦共和国の大学が共同で設置している機関であり、大学間における国際交流を促進する役割を担っている。ドイツ国内外の研究者、大学教員、学生を対象にした多様なプログラムやプロジェクトを実施している。連邦政府の公的拠出金を財源基盤として運営されている。

(7)　ドイツにおいては、特定の国・地域を対象に優先的に移動を促進するための特別な政策はないが、東欧やインドにドイツからの学生の送り出しを高めるために“Go East”や“A New Passage to India”というプログラムが設けられている。また英国やアメリカから自然科学および工学分野の学生の受け入れ（短期間）を促進するために“Rise”というプログラムが用意されている。
(8) ただし医学、薬学、心理学など、一部の専攻では定員制限（入学制限）を設けている。なおドイツでは基本的に大学ごとの入学試験は行われていない。
(9) ドイツの場合、アビトゥアを取得しても大学に進学しない者が一定数いることで知られる。なお二〇一一年はギムナジウムの年限短縮によって、二学年同時にアビトゥアを取得した者が多数いるため、通常年とは異なる点に留意されたい。
(10) ドイツ東西統一以前、ドイツ民主共和国（ＤＤＲ）時には拡大上級学校を通じてアビトゥア（アビトゥアまでの修学年限は一二年）が取得されていたが、ドイツ東西統一後、旧東ドイツ地域（新五州）には、旧西ドイツ地域と同じ九年制のギムナジウム（アビトゥアまでの修学年限は一三年）が導入された。しかし、新五州のうちのチューリンゲンおよびザクセンの両州は、八年制のギムナジウムを導入し、アビトゥアまでの修学年限を一二年とした。
(11) たとえば桂は、旧東ドイツ地域に位置するザクセン・アンハルト州の教育改革を事例に、ギムナジウムを八年制とするか、あるいは九年制とするかは政治的な対立があったことを指摘している（桂 二〇〇三：一六二～一六四）。
(12) 第二次世界大戦直後は、ナチズム期の法令に則してギムナジウムを八年制としていたが、その後ワイマール時代と同様に、各州で徐々にギムナジウムは九年制へと戻された。一九五三年までに西側地区すべての州で、アビトゥアまでの修学年限は一三年（九年制）となった（坂野 二〇〇〇：四一）。
(13) 戦後、バイエルン州、バーデン・ヴュルテンベルク州、ザールラント州では州での統一試験として、アビトゥアが実施されてきた。またドイツ統一以降、五つの新州のうち、ブランデンブルクを除く四州でも、統一アビトゥアが採用されてきた。

参考文献

今井重孝（一九九三）『中等教育改革研究』風間書房。

今井重孝（一九九八）「二　欧州連合の教育改革――ドイツとフランス」『世界の教育改革』岩波書店、四六～六四頁。

江島正子（一九九六）『フンボルトの人間形成論』ドン・ボスコ社。

桂修治（二〇〇三）「ドイツ統一後の、東ドイツ地域の教育改革――ザクセン・アンハルト州のギムナジウムを中心として」

『言語文化研究』第一一巻、一五一～一七二頁。

桂修治（二〇〇七）「自立的テクスト解釈とその評価の問題——ドイツの統一アビトゥーアの実情から」『言語文化研究』第一五巻、一二七～一五二頁。

木戸裕（二〇一四）「ヨーロッパ統合をめざした高等教育の国際的連携——ボローニャ・プロセスを中心にして」『比較教育学研究』第四八号、一一六～一三〇頁。

木下江美（二〇一〇）『教師の生活誌と近代教育——東ドイツ地域における転換期のライフヒストリー』一橋大学博士論文。

小玉亮子（二〇〇八）「ＰＩＳＡショックによる保育の学校化——『境界線』を越える試み」泉千勢・一見真理子・汐見稔幸編著『世界の幼児教育・保育改革と学力』明石書店、六九～八八頁。

坂野慎二（二〇〇〇）『戦後ドイツの中等教育制度研究』風間書房。

シュリーヴァー、ユルゲン／木下江美訳（二〇〇九）「『知のヨーロッパ』という新しい神話」関啓子・太田美幸編著『ヨーロッパ近代教育の葛藤』東信堂、一四三～一七二頁。

ビアルケ千咲（二〇〇二）「学校および学校外教育の利用に関する親の教育戦略——ドイツ・ハンブルク州における調査にもとづいて」『教育社会学研究』第六九集、八五～一〇一頁。

藤野寛（二〇一〇）「『ボローニャ・プロセス』考——付：ベルリン出張報告」『講義＝演習連結型授業の創出、実践、普及——単位実質化の試み』（一橋大学大学戦略推進経費プロジェクト報告書）、一七四～一八六頁。

望田幸男（一九九八）『ドイツ・エリート養成の社会史——ギムナジウムとアビトゥーアの世界』ミネルヴァ書房。

Bode, Christian and Davidson, Martin (2011), 4. "International Student Mobility : A European Perspective from Germany and the United Kingdom," In: Ranjika Bhandari and Peggy Blumenthal (Edit.), *International Students and Global Mobility in Higher Education.* Palgrave Macmillan, pp. 69-82.

Bundesministerium für Bildung und Forschung (2013), *Bildung und Forschung in Zaheln.* BMBF
DAAD (2008), *Quality through Internationality-The DAAD Action Programme 2008-2011.* (Onlineausgabe)

European Commission (2013), *A Statistical Overview of the ERASMUS Programme in 2011-12.* (Onlineausgabe)

European Commission (2012), *DE-Germany.* (Onlineausgabe)

Eurydice (2010), *Focus on Higher Education in Europe 2010 : The Impact of the Bologna Process.* (Onlineausgabe)

Hochschulrektorenkonferenz (2013), *Hochschulen in Zahlen 2013*, http://www.hrk.de/uploads/media/2013-09-04_Final_Hochschulen_in_Zahlen_2013_fuer_Internet.pdf [06/20/2013]

JSPS Bonn Office (2013),『ドイツ学術情報』三九号、JSPS Bonn Office.

Kolbe, Fritz-Ulrich und Reh, Sabine (2009), "Adressierungen und Aktionsofferten," In : Stecher, Ludwig, Allemann-Ghionda, Cristina, Helsper, Werner und Klieme, Eckhard (Hrsg.) *Ganztätige Bildung und Betreuung.* 54. Beiheft der Zeitschrift für Pädagogik. Beltz Verlag, S. 168-187.

Symmank, Markus (2011), Die ERASMUS-Mobilität von deutschen Studierenden und Lehrenden—Entwicklungen und Trends. In : Nationale Agentur für EU-Hochschulzusammenarbeit im DAAD (Hrsg.) *Mit ERASMUS im Ausland lernen und lehren (1987-2012).* DAAD. S. 60-65.

Trautwein, Ulrich und Neumann, Marko (2008), "Das Gymnasium," In : Cortina, Kai S., Baumert, Jürgen, Leschinsky, Achim, Mayer, Karl Ulrich und Trommer, Luitgart (Hrsg.) *Das Bildungswesen in der Bundesrepublik Deutschland.* Rowohlt Taschenbuch Verlag, S. 467-501.

〈参照先サイト〉

Bild 紙のサイト：

Drews, Vivien-Marie. Volksbegehren gegen Turbo-Abi?. In : Bild Online. http://www.bild.de/regional/hamburg/allgemeine-hochschulreife/kritik-an-turbo-abi-30116840.bild.html [06/30/2013]

ＫＭＫ（各州文部大臣会議）のサイト：

http://www.kmk.org/bildung-schule/allgemeine-bildung/sekundarstufe-ii-gymnasiale-oberstufe.html [06/26/2013]。

Spiegel 紙のサイト：

Tobias Lill, Bayerische Turbo-Abiturienten scheitern am haeufigsten. In : Spiegel Online. http://www.spiegel.de/schulspiegel/wissen/g8-turbo-abiturienten-aus-bayern-scheitern-haeufiger-a-902581.html [06/26/2013]

第12章　人材流動化のなかの高等教育財政(1)

松塚ゆかり

一　本章のねらい

本章では、大学進学需要の急増、国際化、政府予算の縮小および経済の自由化が相互に連動することに着目して、その背後にあるメカニズムを経済学理論を用いて考察したい。とくに学生や就労者の国家間移動（国際的モビリティー）が高等教育財政にもたらす影響を探る。モビリティーをめぐるOECD諸国のデータおよび近年のモビリティーの特徴を示す事例を取り上げながら、国際化時代の高等教育財政はこれまでとどこが異なるのか、先進諸外国の動向や経験は何を示唆するのかなど、過去の研究成果をふまえながらも探索的に検討したい。

第二節と第三節では、高等教育国際化の代表的指標といえる学生移動に焦点をあてる。留学等に伴う学生移動が高度技能人材の流動化へとつながることは、昨今の世界の高等教育改革の方向性からも明らかである。日本においても留学生三〇万人受け入れ計画に伴い、外国人学生を戦略的に受け入れていくことが、「諸外国の成長をわが国に取り込み、わが国のさらなる成長を図るために」必要であることが示されている(2)。第二節ではまず、留学生が就労者へと移行する様相を概観し、第三節では、とくに高度な技能を有する人材はなぜ移動し、その移動によりどのような経済的影響をもたらすかを経済学理論を応用して説明する。

第四節では、各国における政府予算縮小の現況を把握するとともに、高等教育市場が自由化へと移行する経路を、大学教育への投資状況および大学教育から得られる私的収益率を参考材料として検討したい。第五節ではさらに、高度技能人材の移動と自由化の連動性を考察し、そこにおける高等教育財政の課題を、公・私間のコストシェアに焦点をあてて考察する。第六節では、高等教育国際化の先進国といえる英国、オーストラリア、アメリカ合衆国の一部で採用されている所得連動型ローンを高等教育の近代的財政システムの例として紹介する。とくに、公財政支出の根拠である機会均等、および、高度技能人材の誘致両方の観点から論じ、教育の公共性と高等教育財政の自由化をめぐるジレンマを探りたい。

最後に、世界で同時並行的に大学就学率の増加、国際化、政府予算逼迫が進行するなか、高等教育財政をめぐる日本独自の対応を問い終節を閉じたい。

二　高等教育における可動性

国際化と知識基盤経済の進展は相互にリンクしている（Audretsch 2000, Dunning 2000）。そして高等教育は知識基盤経済の主要なアクターであることが期待されており、Johnston and Marcucci（2010）は、世界中でみられる高等教育の需要増は、知識基盤経済が進行することについて、そのコンセンサスが各国に行き渡っていることを示すものであると記している（p. 276）。つまり、国際化、知識基盤経済化、高等教育需要の増加は、相互に関連しながら進行しているといえる。Olssen and Peters（2005）はこのような高等教育の位置づけを世界的に見られる新自由主義的政策の一翼を担うものと憂慮しつつも、大学は今や知識基盤社会の“Key Driver”であり、各国政府にとって経済政策の新しい“Star Ship”であると記している（p. 313）。高等教育が知識や技術の国際的な移転を支えていることはいうまでもなく、昨今は通信技術の発達により国境も時差も問わず知と情報が共有されている。一方、教育が労働集約型の営みであることも今だ事実であり、留学というかたちで、あるいは研究交流や派遣というかたちで学生や研究者の物理的な国家間移動の件数はむしろ増加している。

ＯＥＣＤ諸国全体で二〇〇〇年に一五八万八八六二人であった外国人学生数は二〇〇九年には二八三万八〇二七人となり、一〇年間で約八〇パーセント上昇した。全学生数に占める割合を見ると、二〇〇五年のＯＥＣＤ諸国における外国人学生の割合は大学と短大を合わせて平均六・五五パーセント、大学院では一七・五パーセントであったが、二〇〇九年には短大と大学で平均八・七パーセント、大学院では二一・一パーセントに上昇した(OECD 2011a : 333, Table C3. 1, OECD 2007 : 317, Table C3. 1)。ＯＥＣＤ主要国はこれら外国人学生を高度技能者の重要な源ととらえており、留学生の増加は高度技能人材の移民へとつながることが明らかになっている（OECD 2011b : 64）。そのことを示す資料として OECD（2010）は、留学生から就労者あるいは永住者へと滞在資格を変更する状況を報告している（p. 45）。そこから一部抜粋し、二〇〇七年一年間に資格変更を行った外国人学生の件数とその理由を表12－1に示す。

表 12－1　外国人学生の滞在資格変更

	資格変更変数	滞在率（%）	変更理由（%）		
			就労	家族	その他
オーストリア	200	18.0	—	—	—
ベルギー	280	—	66	17	17
カナダ	10,010	14.7	76	20	4
フランス	14,680	27.4	56	39	5
ドイツ	10,180	29.5	46	47	7
日本	10,260	19.8	100	—	—
オランダ	1,010	15.0	65	34	1
ノルウェー	660	22.5	80	18	2

出所　OECD (2010).

外国人学生の中で滞在資格を変更した者の割合は最大がドイツの二九・五パーセント、最少はカナダの一四・七パーセントである。これらのうち、就労のために滞在資格を変更する者がドイツを除くと五〇パーセントを超える。日本の場合は就労の目的以外のデータが提示されていないなどデータの取り方が他国と異なるものの、一〇〇パーセントが就労を目的に資格を変えたと報告している。

このような留学資格から就労資格への移行は「二段階移住（two-step migration）」といわれ、まず(1)留学枠で国外の学生を誘致し、(2)優秀な学生あるいは卒業者には長期滞在の資格を与えて国内にとどめるという、国家的な人材獲得政策を反映したものであるという（OECD 2010：41）。

三　人材の可動性「モビリティー」のメカニズム

（1）高等教育におけるモビリティーの動機

留学を含む人材の可動性、「モビリティー」のメカニズムを探ることにより、人材の移動が高等教育財政にいかなる影響をもたらすかに考察をつなげたい。ここで扱うモビリティーは自己裁量に基づくものであることを前提とする。政情不安や思想上の理由から個人の望むと望まざるにかかわらず移動を強いられる事態は深刻であり、その解明・解決に資する研究を重ねるべきことは言うまでもない。しかしここでは、Wächter（2010）が政情安定時のモビリティーのあり方について、「そこに居ながらにしては実現しないであろうこと、達成できないだろうこと、あるいは進展しないだろうことを、実現、達成あるいは進展させようとすることを動機とする」（p. 3）と定義したように、背後に政策的インセンティブがあったとしても、最終的に移動を決定するのは個々人の任意によることを前提とする。

Rumbley（2011）は高等教育のモビリティーに作用する動機として、(1)財政的ないしは金銭的な要因、(2)カリキュラムへの関心、(3)個人的な指向、の三つをあげた（p. 200）。財政的あるいは金銭的な動機とは、短期的にはローンや補助金など留学や渡航を可能とする資源があることである。中長期的には留学等により雇用の機会や所得が向上するなど経済的便益が期待できることがあげられる。カリキュラムへの関心とは、学びたい学問が渡航先にあることがまず条件であろうが、それに加えて単位互換制度が整備されていることや国が違っても学位が同等もしくはそれ以上に評価されることなどがインセンティブとなる。最後の人的な動機とは、個々の「精神的な」気性や資質によるものであり、日本では「外向き」「内向き」などとも呼ばれる、新しい経験との向き合い方がモビリティーを左右することをいう。

これら三種の動機は相互に関連する。たとえば単位や学位が複数国で認められるか否かはモビリティーの経済的動機に影響するだろう。財政的・金銭的なインセンティブを求める者は、おそらく上昇志向が強く「外向き」の気性であると想像する。そのような相関性を認識しつつも、本章では経済学の対象となる財政的ないしは金銭的なインセンティブに焦点をあててモビリティーに作用する要因とメカニズムを検討したい。

(2) 人材移動における意思決定のメカニズム

新古典派経済学では、定量化が可能な指標、たとえば在学中の授業料や奨学金、卒業後の雇用機会や所得などを用いて大学教育における期待便益並びに効用を想定し、意思決定の背後にあるメカニズムを探ろうとする。たとえば、学習によって培われた知識や技能は生産性を高め、生産性の向上は賃金に反映される。したがって教育を受けることは個々人の経済的効用を上げるというのは人的資本論の前提である。その前提において、教育の量、教育に付与された価値、教育後の賃金その他の便益を同時考察することにより、教育を媒介したモビリティー、すなわち留学や移民の力学を探ることができる。

ここでは、自己選択仮説（Roy 1951）を応用し、また Miyagiwa（1991）の頭脳流出における規模の経済性理論を参考に、人材移動における意思決定のメカニズムを検討したい。図12-1で、縦軸を賃金、横軸を教育量あるいはそれに付随して獲得されるスキルを有する人口の密度関数（0～1）とする。αという地域とβという地域があるとし、この二つの地域があらゆる点で同一であれば二地域間における人の移動はない。ここでは、Wという一定

図12－1　教育量，賃金，可動性

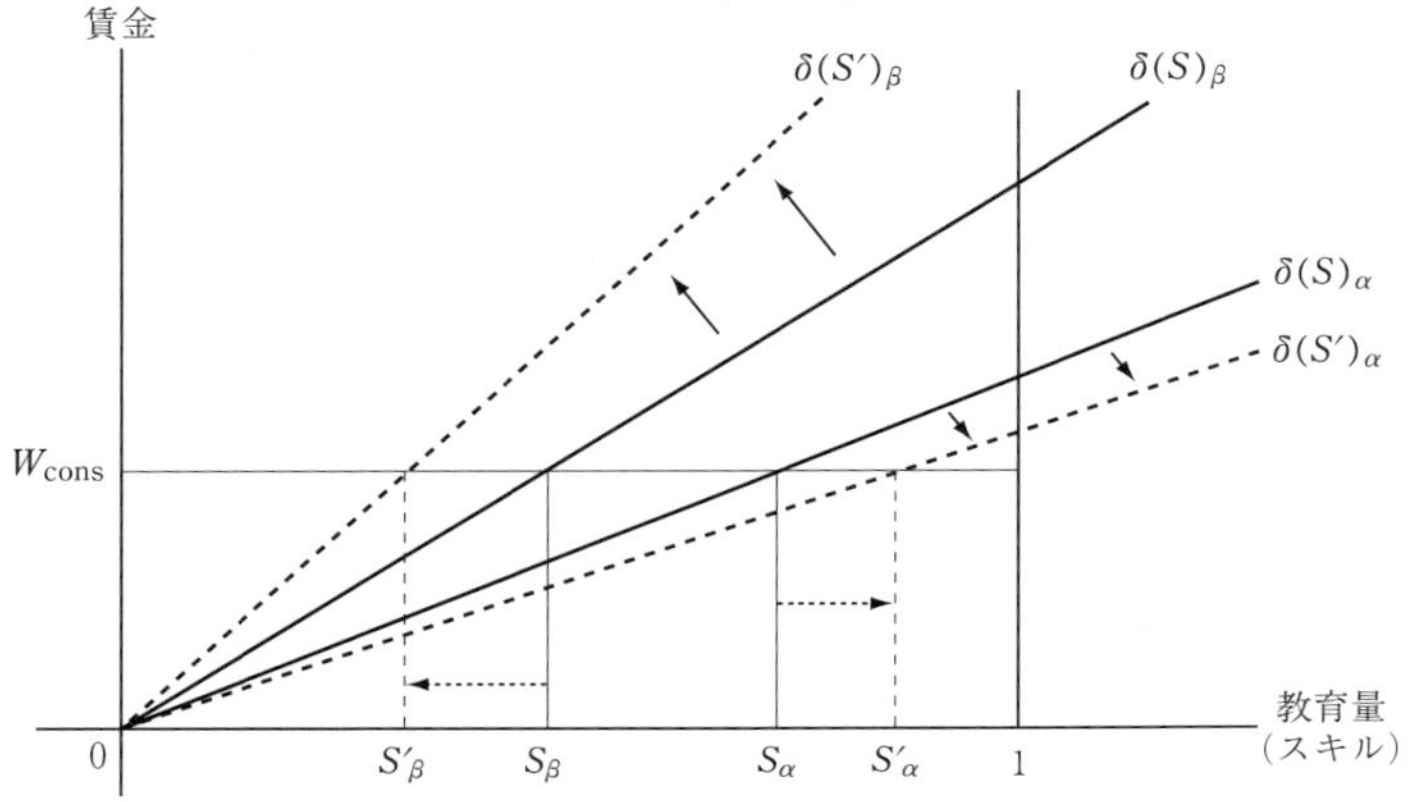

の賃金を得るためには、地域αではS_α、地域βではS_βの位置にいなければならないと仮定する。$\delta(S)_\alpha$は、地域αにおいて賃金に反映される教育の効用であり、一定賃金とS_αの交差点を通るスロープを描く。$\delta(S)_\beta$は地域βにおける教育の効用であり、一定賃金とS_βの交差点を通るスロープを描く。

$\delta(S)_\beta$が$\delta(S)_\alpha$よりも上に位置するということは、地域αに居りS_αに相当するスキルを有する個人は地域βに移動することにより、より高い賃金を得ることを表す。一方，S_βがS_αの左方にあること、つまりSという教育量を有する人口比率が地域αよりも地域βの方が多いことに着目すると、地域αから地域βへと教育量の多い人間が移動することによりS_βはさらに左方に移動し（$S_\beta \rightarrow S'_\beta$）教育の効用がより高くなる（$\delta(S)_\beta \rightarrow \delta(S')_\beta$）。同時に地域$\alpha$においては教育量の多い人間がより希少となり（$S_\alpha \rightarrow S'_\alpha$）、教育の効用は一層減退する（$\delta(S)_\alpha \rightarrow \delta(S')_\alpha$）[3]。

より高い賃金を指向して移住することは、すべての人間の行動原理ではないとしても、経済学理論を用いるまでもなく説明がつく。しかし上記のグラフでも示されるように、教育に対する効果の傾斜が急であるほど、高度技能人材の移動を招き、また送り出し側と受け入れ側におけるスキル偏差が拡大することはそれほど意識されているとはいえない。しかしながらこのことは国際化のなかで高等教育財政を考えるときに重要な意味をもつ。なぜならば、傾斜が急であるということは、高等教育の費用に強く反比例して教育の効用が上がることを意味するからである。具体的には、地域Aと地域Bがあり、地域Aにおける高等教育に充当する税金が地域Bよりも多い一方、地域Aにおける高等教育のリターンの傾斜が地域Bにおけるそれよりも緩やかな場合、人材は累進的に地域Bに移動する可能性が強くなる。より率直な表現を用いるならば、流動化が進むに連れ、税金が安いうえ、教育や技能の効用が高いところに教育や訓練を受けた人材は移動するということである。Ionescu and Polgreen（2009）はこのことを、個人は教育においてより高い費用対効果を欲することに加え、教育を受けた人間が集まることによるスピルオーバー、つまり外部性をも期待するからであると結論している[4]。

教育が準公共財であることが全世界的見地で認識されるのであれば、近年ＯＥＣＤのエコノミストを中心に主張される「人材循環説」、すなわち、グローバル社会においては、人材は絶え間なく「循環」し、高度技能人材による技術革新は受け入れ、送り出し両国にとって有益であるという説も成り立つだろう（ＯＥＣＤ 二〇〇九）。しかしながら「二段階移住」の例にみられるように、各国とも高度技能人材を獲得するために高等教育を窓口とした経済戦略ともいえるモビリティー政策を打ち出していることは、然るべき政策を行使しなければ少なくとも短期的には人材流出による経済損失を被ることが予想される。

四　政府予算の縮小と自由化のメカニズム

（1）高等教育の市場化

次に、国際化と並行して進む、大学進学者の急増、高等教育費の高騰、政府予算の縮小、経済の自由化を考えてみよう。二〇〇〇年から二〇〇八年にかけて、大学型高等教育への進学率はＯＥＣＤ平均で四七パーセントから五六パーセントに上昇した（OECD 2011a：317）。この間正規学生の就学数は二四パーセント上昇し高等教育費用は約四〇パーセント上昇した（OECD 2011a：214）。これを学生一人当たりで見ると約一四パーセントの上昇となる。このような高等教育費の上昇分は、多くの国において私費負担の上昇というかたちで賄われている。ＯＥＣＤ平均で見ると、二〇〇〇年、高等教育費の全負担額に占める公財政負担比率は七五・一パーセント、家計支出等私的負担率は二四・九パーセントであった。二〇〇八年には公的負担が六八・九パーセントに減少し、私的負担率は三一・一パーセントへと上昇する。インフレ調整後の実質値で二〇〇〇年を一〇〇とした場合、二〇〇八年度の公的負担額は三一パーセントの上昇に留まる一方、私的負担額は一一七パーセントも上昇している[5]。

このような公的負担率の減少はここ一〇年ほどのうちに進んだことではなく、金子（一九九〇）は、一九七〇年代終盤あるいは一九八〇年代より高等教育の公財政支出は減少しており、このことは欧米主要国に共通する傾向であることを指摘している。日本は国内総生産に対する公財政支出がＯＥＣＤ諸国のなかで最低の水準にあることを考えると、事態はより深刻である。市川（二〇〇〇）は、経済・社会の高度化に伴い高等教育の役割が一層重要になるにもかかわらず、日本は他の先進諸国に比較して高等教育財政支出が不十分であり教育研究条件が貧弱なのは「危機的状況」であると記している（p. 67）。

高等教育財政の縮小は、日本はもとよりアメリカや欧州連合（ＥＵ）における先進諸国全般において長期にわたる経済不振により政府予算そのものが圧迫され、支出を維持するのが困難な状況にあることが大きな原因であろう。しかしながら予算縮小時に高等教育予算は他の国家予算よりも大幅に削られることをアメリカの研究が明らかにしている。たとえば、Hovey（1999）は、高等教育予算は国家財政のなかで“Balancing Wheel――バランス輪”のようであり、好況時は国家にとって魅力的な投資対象であり他の予算項目よりも急激に上昇することもあるが、不況になると逆に何よりも先に削減対象となるばかりか他の予算項目よりも大幅に削減される傾向にあると指摘する。さらにZumeta（2008）は、不況時に削減された予算は好況時になっても十分に回復することがないと述べている。Dalaney and Doyle（2011）はその理由として、高等教育は初等・中等教育あるいは医療や福祉と異なり、授業料を始め寄付金や産学連携事業など可変の収入源があることをあげている。

供給当事者である大学が収入源を拡大できる裁量幅を有することを意味するが、このことは、需要側である学生や親がそのような変化に耐性があることを前提とする。事実大学教育市場において、需要側は価格変動に対する弾力性が小さいことが指摘されている（Gallet 2007 他）。つまり、授業料を多少上げても大学に進学しようとする学生がそれほど減ることはないというのである。逆に授業料を安くしたとしてもそこに学生が集中するということにもならない。このことは、大学教育への需要が価格以外のさまざまな要因によって規定されるからに他ならない。大学の知名度や難易度、学習環境の他、大学教育を受けることによる長期的な経済的便益、学ぼうとする分野に関する関心、家庭の経済状況、学費援助などが総合的に勘案され、大学への進学が決定されるのである。とりわけ、大学教育を経ることによって生涯賃金が高卒の場合よりも大幅に上回ることは、大学進学の大きなインセンティブとなり得る。

（2）大卒者の賃金プレミアム

ここで、先進諸国の大卒者の賃金プレミアムを概観してみよう。表12－2は、二〇〇七年にOECDが入手した、短大および大学教育を経ることによる公的便益、私的便益の現在価格（米ドルに換算）、およびそれぞれの内部収益率である。(6) 紙幅の関係から男性のみを対象にG8国からデータのないロシアを抜き、高等教育改革が進むオーストラリアと韓国を加えている。

OECD平均で公的収益額が九万一〇三六米ドル（一ドル一〇〇円として約九一〇万円）、公的内部収益率平均は一一・一パーセントである。私的収益額は一七万五〇六七米ドル（約一七五一万円）、私的内部収益率平均は一二・四パーセントであり、非常に高いといえる。とくに収益額および収益率ともに個人にとって高いことがわかる。つまり、実際の所得として大卒者が得る金額が高卒者のそれよりもはるかに上回っているということである。国によっ

表 12 - 2　高等教育修了者（男性）の公的・私的正味現在価値（米ドル）と内部収益率

	年	公的正味現在価値	公的収益率（%）	私的正味現在価値	私的収益率（%）
オーストラリア	2005	84,532	12.4	100,520	9.1
カナダ	2007	79,774	10.5	175,670	11.9
フランス	2007	63,701	7.5	144,133	10.7
ドイツ	2007	168,649	12.6	147,769	11.5
イタリア	2006	82,932	10.0	311,966	11.8
日本	2007	67,411	8.4	143,018	7.4
韓国	2007	89,034	17.9	300,868	13.6
英国	2006	95,322	10.4	207,653	11.2
アメリカ	2007	193,584	15.7	323,808	11.3
OECD 平均		91,036	11.1	175,067	12.4

出所　OECD（2011a：93），Table A. 9. 3, p. 94, Table A. 9. 4 を筆者が統合・編集。

て個人収益率が社会収益率を下回る場合もあるが、これは学費の個人負担が多いこと、あるいは高卒賃金と大卒賃金の格差がそれほど大きくないことを、またはその両方を反映するものであろう。他国と比較すると日本は公的負担を増やすべきことがここでも示唆される。

このような、大卒の賃金プレミアムは景気の低迷にほとんど左右されずに、むしろ一層の上昇傾向にある。高卒以上学士未満の所得を一〇〇とした場合、一九九九年における学士以上の所得はOECD諸国平均で一五一、二〇〇九年には一五七と、多少の上下はあるものの過去一〇年間ほぼコンスタントに上昇している（OECD 2011a：149-150, Table A. 8. 2a）。これらの国の多くは一九九〇年代から二〇〇〇年代にかけて大学進学率が五〇パーセントを超えトロウ（一九七六）によるユニバーサル段階に入っている[7]。大学教育が大衆化するに連れてそのプレミアムが低下しても不思議ではないのだが、むしろ高くなっている。このことは、先述した知識経済の進展が高学歴を求めているという根拠にもなっているのだろう。

高等教育の収益率をみることにより示唆されるのは、OECD各国では全般的に個人が教育費を負担する妥当な理由が見られることである。このことは高等教育の市場化、そして大学教育費用の負担が公から私へと移行する根拠となり得る。一方、大学費用の個人負担への移行に伴い、学生や保護者の大学選択における裁量幅が増える。先に、高等教育需要における価格への弾力性は小さいことにふれたが、他の需要規定要因である大学の知名度、学習環境、そして昨今の大きな課題である「教育の質保証」等により、学生を確保しようとする大学間の競争が促進される。よって供給側においても市場型の大学運営が進むのである。

日本でも高等教育の市場化については重要な指摘が成されている。たとえば白井（二〇〇二）は国立大学の公的補助について、「一般会計からの繰り入れの相対的割合が減少し、授業料収入割合の上昇というかたちで、受益者負担の原則に近づいている」とし、二〇〇〇年を挟む高等教育政策の特徴を「教育機関に競争させ、教育資源の効率的配分を達成しようとしている意図が伺える」と評している（p. 25）。市場化はその後も進展し、丸山（二〇〇九）によると、中央教育審議会の二〇〇五年答申は、「高等教育財政が、教職員数、学生数などに応じた一律的平均的資源配分から、今後ますます競争的・重点的資源配分と個人補助にシフトされる」ことを明確に示しているという（p. 34）。

五　モビリティーと自由化と高等教育財政

ではこのような高等教育の市場化にモビリティーの上昇はどのように作用するのだろうか。グローバル化においては、資本、物資、情報および知識が移動する自由度が高まるため、それ自体が国家や国境の意義基盤を弱める。Johnstone and Marcucci（2010）は、「グローバル化は小さな政府を指向し市場の自由化を促進する。そして自由化はさらなるグローバル化をもたらす」と記している（p. 279）。このことが高等教育財政にもたらす影響を考えてみよう。

国家が教育予算を拠出するのは、教育により養成された個々の知識や技能が集合的にその国の社会や経済に寄与することを前提とする。たとえば教育により個人所得が向上すると所得税も上昇する。雇用量も増え、科学技術も発展すると、国民の総生産は増加し、国の経済基盤が強化される。(8) これらの社会的便益はおおむね高等教育を経た後に発生し得るものであり、就労の機会があってこそ実現する。つまり、大学を経た者がそのまま教育を受けた地に留まり生産活動を行うことを前提としているのである。

グローバル化により人材が移動するとこの前提は変わる。すなわち、留学先に留まり就労する場合、あるいは国内で教育を終えた後に国外で就職する場合など、主たる生産活動を渡航先で行う場合は、「国家経済のための教育投資」という構図は成り立たなくなる。よって、モビリティーは教育への公的投資のディスインセンティブとなると考えられるのである。

移民や留学生の多いアメリカや欧州では一九七〇年代から人口流動と高等教育予算の関係について盛んな研究が成されてきた。これらの多くが高等教育予算と高等教育修了者の流出には負の関係があることを明らかにしている。初期の研究では Clotfelter（1976）が、地域所得や修学率は高等教育予算に顕著な正の効果を有するものの、当該地域からの人口流出は高等教育財政に強い負の影響を与えることを確認した。また行政は高等教育の投資効果を考慮して高等教育予算をたてることが明らかにされており、たとえば Strathman（1994）は、高等教育支出はその便益波及効果に依存すると説き、大学卒業後に大学の所在する地域を出ていく者が多い行政区では、大学教育のための税徴収に消極的であることを指摘している。支出が納税者に還元されないからである。

高等教育の予算支出根拠は大きく分けて、(1)国家の経済開発に寄与するため、(2)外部効果を達成するため、(3)市場原理では達成できない機会均等や再分配を促進するため、などがある。[9] 市場化と人材流動によって国民の国家への帰属性が弱くなるのであれば、(1)の国家発展のための高等教育投資という根拠はその説明力を減ずる。(2)の外部効果の達成についても、大学を経た個人がそこに居住することによって実現するものであるが故にその重要性はモビリティーが高まるに連れ減少する。

一方、(3)の機会均等や富の再分配の促進はどうであろうか。自由化により公的予算が縮減され授業料が上がると、上昇分を負担することができない者が教育の機会を失う。さらに、高等教育進学のプレミアムが高いということは教育機会の不均等がさらなる所得格差を招くということである。これにモビリティーの進展を加味すると事態はより低所得者層に不利になる。第2章で述べた、高度技能人材は教育のプレミアムが高い国に移動するというモデルを適用するならば、高度な教育機会を得ない者は母国に留まることとなる。高等教育を受ける機会のみならず、諸外国で学ぶ機会も自然と寡少になり、さらにその地には同様の状況にある者が集まることが予想される。

このような事態は市場の力学では解決し得ず、公共政策によってのみ対応し得る。高等教育の自由化や市場化の促進を支持する研究者も、高等教育への政府介入は必須であり、それは市場の失敗の分野に向けられるべきであることを主張している。たとえばBarr（2004）は、大学教育における行政の役割は、まず外部効果を認識して高等教育に部分的に資金投入をすること、次に、資本市場の不完全性に対峙し、学生ローンなど大学教育の消費がスムースに行われるメカニズムを体系化すること、そして資本市場の力学では需要を掘り起こせない分野あるいは社会層に対して大学教育へのアクセスプロモーターの役割を担うことを提起している。

このような議論は二一世紀初頭より世界各地で急速に盛んになっており、学生ローンを軸としたコストシェアの推奨、とくに小さな政府で弱者支援を可能にするとされる所得連動型ローンの要請へとつながるのである。

六　所得連動型ローン

（1）機会均等化への作用

モビリティーの上昇により、一方で高等教育機関への交付金の妥当性が低下し、他方で個々人が高い教育プレミアムを求めて可動的になるとすると、公と私の費用分担、いわゆるコストシェアに新たな工夫が必要となる。Income Contingent Loan—所得連動型ローンは、財政逼迫に対応しつつ、公平性における目的を達成し、さらに、高度技能者の誘致をも可能とする方策として英国、オーストラリア、アメリカの一部を中心に導入が進んでいる。

所得連動型ローンでは、財源を基金化し学生がその基金から学費の他、大学生活に必要な所費を借り入れる。そして返済は学生や家族の財政状況や将来の期待所得ではなく、卒業後の実際所得に応じて累進的に課される。大学を経た後でも予め設定された所得額を上回らない場合は支払義務がない。そして、所得が低ければ返済額も少なく、上がれば返済額が増える。

従来のローンは自分の借金を自分で返済する個人ローンの形式であるが、所得連動型では払える人間から徴収するリスク分散型ともいえる。このメカニズムによって、高等教育の予算が縮小されるなかにおいても、経済的に不利な学生に対して教育の機会を提供しつつ、高等教育の進学者数を伸ばすことが可能とされる（Barr and Crawford 1998）。

ローンのシェアが拡大すると、大学の授業料への依存度が高まる。同時に、学生の授業料負担が増えることから一見低所得者層の大学へのアクセスが一層閉ざされるかのように思われる。しかし、税金はすべての市民から徴収されている一方で、大学への進学者が概して裕福な家庭の子女で占められており、大学交付金の恩恵は主に高額所得者と中間所得者層に偏って享受されていることが指摘されており、その場合は、低所得者層をターゲットとする所得連動型ローンの方が機会均等の達成条件を満たすこととなる（Johnstone and Marcucci 2010, Barr 2001）。

コストシェア提唱者に共通する「公平」の概念は、高等教育は原則無料でその機会があまねく提供されるべきことではなく、既存の経済的・社会的格差を是正する、所得再分配の原理に基づいてこそ達成されるべきであるということである。たとえば Barr（2004）は、「公平性における目標は、優秀な学生が不利な境遇にあるという理由で大学教育を受けることができないことのないよう制度を整備することである」（p. 266）とし、Johnstone and Marcucci（2010）は、「アクセスを公平にするということは、高等教育への門戸を、聡明で意欲があり、そして貧しい人間に開くべき何らかの手法を駆使することである」（p. 7）としている。

所得連動型ローンは一九八九年にオーストラリアで導入されて以後、ニュージーランド（一九九一）、南アフリカ（一九九一）、英国（一九九七）、タイ（二〇〇七）などの国で導入されており、なかでもオーストラリアでの実践は成功例として広く共有されている。[10] 無論問題がないわけでない。有資格者の基準設定、金利の金額や助成の有無、返済対象者の所得金額などについて綿密な設計が必要である。さらにフリーライダーの出現も想像に難くない。また、本制度そのものが、大学教育は将来所得への投資であるという前提に立っているのだが、大学教育を投資ととらえず将来の回収を念頭に置いていない者にとっては制度の意義自体が機能しない。そして何よりも懸念されるのは、本章の主題でもあるモビリティーが高まるなか、資格者の選定から金利や返済条件の設定まで複雑になり、とくに回収の難易性が高まるだろうことである。それについてBarr（2001）は、所得連動型ローンは卒業生が就労する国の税務当局で回収可能であり、回収後にローンを提供した国に送金すればよいという。ローンを回収する国際的な協力体制を敷いてもよいし、世銀等が徴収を請け負うのも可能であろうという（p. 234）。地域で、あるいは国際的に連携して、回収のメカニズムをつくることは同制度提唱者のほぼ一貫した意見であるが、斬新なところではVandenberghe（2011）は、個々の教育機関が施行し管理することを提案している。つまり、ローンを提供するのも大学であり、回収も機関の責任・裁量で行う。それぞれの大学が学生ローンの管理運用者となり、たとえば卒業生組織を活用するなどして組織的なフォローアップを行うことが有効であると主張する。

事実、国際化とは相性が悪いかのようにみえる所得連動型ローンは順調にその適用地域を拡大している。それも国際化と流動化を促進しようとするイギリスやオーストラリア等において積極的に導入されているのである。

（2）高度技能人材獲得への作用

市場化の流れのなかでは、移動資金を自ら工面できる経済的余裕のある者と、ローンや奨学金を獲得できる優秀な学生がより移動しやすい。これらグループの帰国件数が減少すると、受け入れに対して送り出しが多い国ほど教育投資の回収機会を失うと同時に、送り出し国においては資金、スキル両方が減少することとなる。一方国外から優秀な留学者を積極的に受け入れる国では、国内における高度人材の割合を多くして知識基盤を強化することができる。第2章の自己選択仮説を適用すると、高度人材の割合が多くなると技能に応じた効用が一層高くなり、さらなる高度技能人材の誘致が可能となるのである。

そしてこのことは二つの理由で既存の国民所得をも上昇させることをMiyagiwa（1991）は指摘している。まず、技能に対する効用が高まることにより、国内における高度技能人材の賃金も高くなる。次に、高等教育の賃金プレミアムが高くなると、これまで大学に進学しようとしなかった社会層にも進学しようとするインセンティブが高まる。そうすると国内においても教育需要が上昇し、高度技能人材の国内供給量が増えることが予測される。したがってモビリティーが上昇するなか、質の向上に努め教育の効用を高めること、そして機会均等に配慮して高度技能人材の獲得を可能とする学生ローン等のスキームを整備することを、先進諸国は国際的見地から進めているのである。とくに欧米の名門大学では外国籍であってもニーズベースでローンや助成金を提供し、その多くが所得に対応して払い戻しが設計されており、国の人的資本政策が個々の大学に浸透していることを物語っている(11)。市場化と高等教育財政の充実は相対するものではなく、両者が融合した新たなパラダイムが求められているのであろう。

七　日本独自の対応を探る

国家間の垣根が低くなると、準公共サービスに対する公・私間の費用負担配分がきわめて複雑になる。国家としては投資回収のセーフティーネットを可能なかぎり整備すると同時に、国際的見地から機会均等を達成しなくてはならない。OECD主要国は技能や知が国際的に循環することを前提に、いずれかの地で高度な教育を受け高度な技能を修得した人材をより長く自国にとどめておくことを人的資本政策の要としているようにみえる。移民の歴史の長い欧州やアメリカではすでに教育と労働市場を接続した包括的対策が取られており、本章で紹介したモビリティーを巡る諸理論はそれらの対策の下地ともなっている。

しかしながら、高等教育の経済的意味合いが強調されることが、知や教養を獲得すること自体の重要性を減ずることにはならない。また、多くの者にとって大学教育は重要な消費上の便益を有するものであり、所得向上や雇用機会獲得のための投資対象として限定されるわけではない。

本章は人的資本論あるいは経済合理性に基づく費用負担構造を然るべき高等教育財政のあり方として論じたわけではない。先進国の多くが経済合理性を強く意識して大学財政を運営している事態に、日本の高等教育財政の針路はどのように定められていくのだろうか。そして日本の高等教育機関は、自立性の要求が高まるなかにおいて、いかなる独自性をもって世界的教育市場に対応していこうとしているのだろうか。そして、われわれ高等教育研究者はそれらの動勢を把握、解釈しつつも、日本がこれまで培ってきた固有の経験を活かし得る、示唆や提案に行き着くことができるのであろうか。本章はこれらの問いへの答えを模索するなかで、書き上げられたものである。

注

（1）　本章は、松塚ゆかり（二〇一二）「国際化における高等教育財政——経済学理論が示唆するパラダイム」『高等教育研究』第一五集、二九～四七頁を本書のために修正、加筆したものである。

（2）　文部科学省が二〇一三年三月に設置した「戦略的な留学交流の推進に関する検討会（主査：木村孟　東京都教育委員会委員長）」が取りまとめた報告書「世界の成長を取り込むための外国人留学生の受入れ戦略（報告書）」を以下のサイトで参照されたい。http://www.mext.go.jp/a_menu/koutou/ryugaku/1342726.htm

（3）　スキルの密度関数 $f(S)$ は、$\int_0^1 f(s)ds=1, f(s)>0$ であり、０から１までの値をとる。“n”を α あるいは β 各地域の全人口とした場合、スキル関数は、$n\int_{s\alpha|b}^1 f(z)dz$、と表され、各地域において教育を受けた人口比率が多くなれば図12－1において左に移行し W との交差点を通るスロープは急になる。教育を受けた人口比率が少なくなれば右に移行し、W との

交差点を通るスロープは緩やかになる。

（4）この場合の外部性には、教育レベルが高い地域では犯罪率が低く治安が安定していること、社会保障が充実していること、文化や教育レベルが高く次の世代にも恩恵がおよぶことなどがある。

（5）公私負担比率は国によって大きく異なり平均値を紹介するだけでは正確な概観は得られないため、詳細は OECD（2011a：244）、Table B3. 2b を参照されたい。

（6）教育を経ることによる賃金プレミアムの算定には投資収益の算出に用いる現在価値法と Mincer（1974）による計量分析モデルが代表的であるが、OECDでは前者を用いている。たとえば一九歳で大学に入学、二二歳で卒業、二三歳から六〇歳まで働く場合、t歳において必要な教育コストをCt, rを利子率として、在学中四年間に要する費用の正味現在価値PVCは、

$$PVC_{col}=C_{19}+C_{20}/(1+r)+C_{21}/(1+r)^2+C_{22}/(1+r)^3=\sum_{t=19}^{22}Ct/(1+r)^{t-19}$$

二二歳から就労し、t歳時における大卒と高卒の賃金差の現在価値は、

$$PVB_{col}=B_{23}/(1+r)^4+B_{24}/(1+r)^5+\ldots\ldots+B_{60}/(1+r)^{41}=\sum_{t=23}^{60}Bt/(1+r)^{t-19}$$

となり、内部収益率は、

$$\sum_{t=19}^{22}Ct/(1+r)^{t-19}=\sum_{t=23}^{60}Bt/(1+r)^{t-19}$$

が成り立つ場合の r を求めることにより得られる。

（7）大学および短期大学進学率を対象とすると、韓国は一九九七年から、アメリカは二〇〇二年から、日本は二〇〇五年から、英国は一九九五年から五〇パーセントを超えている。日本については『学校基本調査』（平成一七年度）、他は労働政策研究・研修機構の『データブック国際労働比較』（二〇〇八）を参照した。

（8）教育の社会的効果については McMahon（1982）、Wolfe（1995）等が詳しい。

（9）たとえば McMahon（1982）は教育に対する政府関与の根拠として、①民主主義の効果的実現、②市場と技術変化への効果的適応、③犯罪率の減少と刑罰制度の費用削減、④福祉、医療、失業保険、公共保険の経費削減、⑤資本市場の欠陥（不完全性）の補完、⑥公益事業の活性化、⑦生産における相補性の向上、をあげており、②、⑥、⑦を国家の経済発展への寄与、①、③、④、を外部効果の達成、①、④、⑤、⑥を市場メカニズムの補完といえる機会均等や再分配の達成の

ため、とまとめることができる。

(10) 所得連動型ローンの導入による大学在籍数全般の上昇やローン収益等の成果については Greenway and Haynes（2004）、経済・社会的に不利な社会層への貢献については Chapman（2005）を参照されたい。

(11) 例としてロンドン大学経済政治学院やマサチューセッツ工科大学のサイトを参照されたい。http://www2.lse.ac.uk/intranet/LSEServices/financeDivision/feesAndStudentFinance/feesAndLoans/Home.aspx および http://web.mit.edu/sfs/glossary/index2.html [02/01/2012]

参考文献

市川昭午（二〇〇〇）『高等教育の変貌と財政』玉川大学出版部。

金子元久（一九九〇）「高等教育財政の国際的動向」『大学論集』第一九集、一〇五～一二八頁。

丸山文裕（二〇〇九）『大学の財政と運営』東信堂。

白井正敏（二〇〇二）「高等教育に対する財政支出の分析」『中京大学経済学論叢』一三、一三一～一三一頁。

トロウ、マーチン／天野郁夫・北村和之訳（一九七六）『高学歴社会の大学――エリートからマスへ』東京大学出版会。

ＯＥＣＤ／門田清訳（二〇〇九）『科学技術人材の国際流動性――グローバル人材競争と知識の創造・普及』明石書店。

Audretsch, David B. (2000), "Knowledge, Globalization, and Regions: An Economist's Perspective," Dunning, John H. eds., *Regions, Globalization, and the Knowledge-Based Economy*. Oxford: Oxford University Press, pp. 63-81.

Barr, N. (2001), *The Welfare State as Piggy Bank: Information Risk, Uncertainty, and the Role of State*. London and New York: Oxford University Press.

Barr, N. and Crawford, L. (1998), "Funding Higher Education in an Age of Expansion," *Education Economics*, 6 (1), pp. 45-70.

Barr, N. (2004), "Higher Education Funding," *Oxford Review of Economic Policy*, 20 (2).

Bowen, Howard R. (1977), *Investment in Learning: The Individual and Social Value of American Higher Education*. San Francisco: Jossey-Bass.

Chapman, B. (2005), "Income Contingent Loans for Higher Education: International Reform," CEPR Discussion Papers, 491,

Centre for Economic Policy Research, Australian National University.

Clotfelter, C. T. (1976), "Public Spending for Higher Education : An Empirical Test of Two Hypotheses," *Public Finance*, 31 (2), pp. 177-195.

Dalaney, J. A. and Doyle, W. R. (2011), "State Spending on Higher Education : Testing the Balance Wheel over Time," *Journal of Education Finance*, 36 (4), pp. 343-368.

Dunning, J. H. (2000), "Regions, Globalization, and the Knowledge Economy : The Issues Stated," Dunning, John H. ed., *Regions, Globalization, and the Knowledge-Based Economy.* Oxford : Oxford University Press : 7-41.

Gallet, C. (2007), "A Comparative Analysis of the Demand for Higher Education : Results from a Meta-Analysis of Elasticities," *Economics Bulletin*, 9 (7) : 1-14.

Greenway, D. and Haynes, M. (2004), "Funding Higher Education," Johnes, Geraint and Johnes, Jill eds., *International Handbook of Economics of Education.* Cheltenham : Edward Elgar Publishing Ltd.

Hovey, H. A. (1999), *State Spending for Higher Education in the Next Decade : The Battle to Sustain Current Support.* San Jose : National Center for Public Policy and Higher Education.

Ionescu, F. and Polgreen, L. A. (2009), "A Theory of Brain Drain and Public Funding for Higher Education in the United States," *American Economic Review*, 99 (2) : 517-521.

Johnstone, B. and Marcucci, P. (2010), *Financing Higher Education Worldwide : Who Pays? Who Should Pay?* New York : Johns Hopkins University Press.

McMahon, W. W. (1982), "Externalities in Education." Faculty Working Paper. 877, College of Commerce and Business Administration, Bureau of Economic and Business Research, University of Illinois at Urbana-Champaign.

Mincer, J. A. (1974), *Schooling, Experience, and Earnings.* New York : Columbia University Press.

Miyagiwa, K. (1991), "Scale Economies in Education and the Brain Drain Problem," *International Economic Review*, 32 (3) : 743-758.

OECD (2007), *Education at a Glance 2007 : OECD Indicators.* OECD Publishing.

OECD (2010), *International Migration Outlook 2010 : SOPEMI 2010.* OECD Publishing.

OECD (2011a), *Education at a Glance 2011 : OECD Indicators.* OECD Publishing.

OECD (2011b), *International Migration Outlook 2011 : SOPEMI 2011.* OECD Publishing.

Olssen, M. and Peters, M. A. (2005), "Neoliberalism, Higher Education and the Knowledge Economy : From the Free Market to Knowledge Capitalism," *Journal of Education Policy*, 20 (3) : 313-345.

Roy, A. D. (1951), "Some Thoughts on the Distribution of Earnings," *Oxford Economic Papers*, 3 (2) : 135-146.

Rumbley, L. (2011), "Review of the Existing Literature on Mobility Obstacles and Incentives," Teichler, Ulrich, Ferencz, Irina and Wächter, Bernd eds., *Mapping Mobility in European Higher Education*, 1, Brussels : The Directorate General for Education and Culture of the European Commission.

Strathman, J. G. (1994), "Migration, Benefit Spillovers and State Support of Higher Education," *Urban Studies*, 31 (6) : 913-920.

Vandenberghe, V. (2011), "Some Thoughts about Mobility and Income-contingent Student Loans," *Mimeo, IRES.* Economics School of Luvain.

Wächter, B. (2010), "Youth on the Move Achieving Mobility for All," Background Paper : Belgian EU Presidency Conference, Antwerp.（http://www.education2010.be/wp-content/uploads/Conference-brochure-Background-paper-ENAntwerpen.pdf）[02/01/2012]

Wolfe, B. (1995), "External Benefits of Education," Carnoy, Martin ed., *International Encyclopedia of Economics of Education* (2nd ed.), New York : Elsevier.

Wasser, H. and Picken, R. (1998), "Changing Circumstances in Funding Public Universities : A Comparative View," *Higher Education Policy*, 11 : 29-35.

Zumeta, W. (2008), "Higher Education Funding : On the Way Up, But for How Long?" *The NEA Almanac of Higher Education.* National Education Association.

あとがきに代えて——なぜ移動するのか

移動の理由、効果、課題

我々はなぜ移動するのだろうか。なぜ、我々はひとつの所に留まらないのだろうか。人は移動する生き物だという意味において時に「ホモ・モーベンス」と定義されるが、それほどに移動は人にとって自然なことともいえるのだろう。しかし、「なぜ」という問いには歴史学、政治学、経済学、社会学、心理学など人文社会科学の分野だけでもさまざまな考察と説明が可能かつ意義があるように思える。ここでは、筆者が研究する教育経済学の観点から説明を試みてみたい。

本書は流動性とモビリティーを同一に扱ってきたが、序章でふれたように、英語でのモビリティー＝mobility はさまざまな動きや変化を表現する。進学も mobility であり、転職や昇進も mobility である。物理的な移動が伴わない、たとえば社会的地位が変わる時も mobility ということばが用いられ、社会的地位が向上する様態は upward mobility、その逆は downward mobility と表現される。

教育の場合は、下方に進行することはない。すべて upward mobility である。進学も編入も、総じて学ぶ者の意欲や向上心の表れととらえられる。事実、教育により個々人の知識や技能は向上し、暮らしは豊かに、社会的地位も向上することは共通した認識であろう。統計的にも平均就学年数が長いほど平均所得は高くなり、雇用の機会にも恵まれることが実証されている。さらに、教育は個々人を豊かにするだけでなく、社会全体にも恩恵をもたらす。国全体の教育レベルが上がると技術発展が促され、雇用も増加し、国家の社会経済基盤が強固になる。教育レベルが高い地域ほど犯罪件数は少なく、住民の健康状態も良い傾向にあることも確認されており、教育には治安や医療および福祉に充てるコストを削減する効果もある。このような社会的効果があるが故に教育は「準公共財」として扱われ、公的資金も投入される。したがって、我々は個人的にも社会的にも、質の良い学習を重ねることに大いなるインセンティブを有するのである。

また、教育の量と質は、モビリティーの発生と性質に大きな影響を与える。本書ではモビリティーを、留学をはじめとする自己選択による人の地域間移動に焦点をあてて扱ってきたが、第12章で触れたように、留学などの任意による移動は、進学と同様その個人にとって何らかのプラス効果を想定した移動とされる。留学の動機や理由について調べた研究は少なくない。他言語習得のため、特定の学問を究めたい、外国人の知人を得たい、などはっきりとした効果を求める動機から、環境を変えたい、自分を変えたい、視野を広めたいなど、大切でありつつも漠然とした期待をこめて留学する場合などさまざまである。第3章のポーランドの留学事例では、これらのほぼすべての期待が報われているようであった。一方で、留学移動の効果を検証することは容易ではない。第6章でアメリカ合衆国における地域移動の検証課題として言及したように、人の移動を正確に把握することができないことに加え、移動がもたらすさまざまな効果が、移動の故なのか、あるいは移動した者にもともと備わっていた資質の故なのかを厳密に判断することがおおよそ不可能だからである。しかし一般的には、(1)学歴が高い者ほど移動する傾向にあり、(2)移動に留学等を通した高質な学習が伴う場合、就職や雇用の機会が向上し、所得を安定させる相当な経済効果があることは、第2章のフランス、および第4章の東アジアの研究においても言及されていた。つまり、教育は移動を促し、移動は教育の効果を増強すると考えられる。

また、教育と同様、留学などの人材交流は確かな社会的効果を発現する。まず、それは平和の維持に寄与する。言語、文化、習慣等の「違い」に関する理解力や耐性が培われることによって、国家間、地域間の紛争や争いを緩和、解決することにつながるからである。また、人の移動に伴い技術移転が活性化し、さまざまな国や国民により議論や技術が共有されることによって、地球レベルでの技術力の向上、経済力の強化、環境改善や労働人口の偏差の改善などが見込まれる。したがって、教育と教育を受けた者の移動、あるいは教育を目的とした移動は、移動する者並びにそれらを送り出し、受け入れる国や地域両方にとって相当な恩恵があるものとしてとらえられる。序章で触れた中世のペレグリナチオ・アカデミカ（*peregrinatio academica*）から、二一世紀における留学や人材交流まで、人と知の移動がもたらす恩恵は、地域や年代を越えて共通するといえる。

一方で、教育と並行するモビリティーには課題があることも事実である。教育にも、留学その他の地域間移動にも、相当な資金を要する。本書では、高等教育の市場化が世界的に進行する様を複数の章で言及しているが、市場原理の下では、経済的理由によって進学や留学の機会を得ることができない者も出てくる。奨学金を得たとしても、留学により就職の機会が遅れれば収入を得る機会も遅くなるため、経済的余裕がない学生ほど留学は遠い選択肢となる。近年各国政府は、若者が国外で学ぶ機会を促進・支援する一方、国外の優秀な学生の誘引を図るべく諸策を講じ、相当な政府予算も投じている。これらは国家の技術開発と経済成長を促すうえで必要欠くべからざる施策であろう。しかし誘引に伴う条件提示が経済合理性に従って設計されている場合、つまり優秀かつ可動性の高い学生や人材ほど高額な支援や報酬を獲得できるような仕組みであれば、留学の機会を得る者とそうではない者の技能と報酬の格差は広がる一方となる。教育は個人や社会を豊かにする一方で、技術・経済格差の原因ともなり、その展開にモビリティーが作用すれば、富と格差の幅も拡大することが予想される。

大学への期待

ここで、序章であげた問いに立ち返りたい。「グローバル化とともに世界各地で進む人材流動化は政治的、経済的、社会的にどのように位置づけられているのか、そのなかで大学はどのような役割を期待され、その期待にどのように応えているのか。流動性を促進する、あるいは阻む要因は何なのか、それらの要因について国や地域によって一定の傾向がみられるのか、国際的に市場化する高等教育において、競争と協調による知の流動化は可能であるのか、そしてそのような関係により人と知のモビリティーは世界のどの地域、どの人々に対しても学術的進歩に基づく社会・経済的な恩恵をもたらすのであろうか」。これらが冒頭の問いであった。

第Ⅰ部の地域研究から明らかなのは、欧州そしてアジアにおいて人材の流動性を高めることは政治的、経済的な重要課題であり、国家を超えた地域あるいは大陸レベルの政策が講じられていることであった。その具体的かつ中心的なイニシアティブとして留学政策・制度が強化され、学生の流動化は各国・地域の高等教育の現場において急速に進行していた。一方で学生移動の地理的包括性や移動の量および性質については各国の歴史的経緯、政治的背景、経済的戦略によって一様ではなく、域内外における受け入れと送り出しの不均衡についても多角的な検証と考察が求められることが示唆された。アメリカにみられる、学生や就労者の移動性とその根拠を正確に把握しようとする国をあげた取り組みは、人の移動により成立した国家において、モビリティーのあり様が経済的、社会的、そして政治的にきわめて重要な意味を成すことを象徴するものであろう。

第Ⅱ部の事例研究では、人材の国際流動化における大学への期待とそれに応えようとする大学の姿が浮き彫りになった。単位互換の仕組みを革新的に開発しようとする「アジアの挑戦」や、欧州における「チューニング」を中心とした大学間連携による資格枠組みと評価システムの構築、そして、日本学術会議の「分野別参照基準」の開発は、大学教育の「中身」と「組合せ」を調整、改革しようとする試みであり、教員と大学が主体である。国境を越えた人と知のモビリティーは、国単位の政策や制度の拡充と併せて、大学単位、あるいは、学術分野を軸とした国際的調整によって具体的に実現されることが明らかになった。つまり、学生の移動が広域かつ多様になればなるほど、大学そして教員は学生の時間を尊重しつつ学びの質を高めるための緻密な調整が必要となり、それは翻って学術的に有意なモビリティーを実現することにつながる。流動性を阻む要因として、移動資金の不足や政治的制限などは大きな課題である。しかし、これらは個々人や大学機関が単独にあるいは主導して解決できる問題とは言い難い。しかし大学間でプログラムの連続性を確保することや個々の大学が特徴を打ち出し、その情報を共有することは大学、そして大学の教職員の力で成し得ることであり、その努力こそが学生そして社会人の自由意思による留学や学び直しを確実に促進するのではないだろうか。

実際、本書において研究対象となった大学では学生の流動性を高めるためには、他国の大学と教育内容の連携調整を行うことが重要であることを認めており、具体的成果として、共同カリキュラムやプログラムの開発および連携学位の設置が進んでいた。大学は高度技能人材の獲得を目的として互いに競争を繰り広げる一方で、その目的のためには互いに協調することが問われているのである。つまり、市場化する高等教育において、高質な人と知のモビリティーは競争と協調の組み合わせによって可能となるといえる。一方、有力大学間同士のネットワーク化にみられる協調は、ネットワークの内と外との競争力の格差を呼ぶ。ネットワーク内の有力大学はより競争力を伸ばす一方、競争環境においてスタミナが続かない大学は存続が立ち行かなくなる構造にあることは否めない。しかしそのような競争環境が学生レベルにおいて地域や社会層の違いに基づく不均衡を増長しているか、つまり先に述べた教育とモビリティーがもたらす格差が学生の間で拡大しているかどうかについては、いまだ一定の見解に達することはできない。

教育の機会均等を整備することは経済成長に並ぶ政府の重要課題であり、各国政府は高度な流動性を促進する一方で教育機会の整備を国際的観点から進めていくよう求められるだろう。そして、大学は政府機関と連携しながら、機会均等を実現する実践を講じなくてはならない。その点でも海外の有力大学は先行しており、彼らは競争と協調を通して着実に競争力を強化する一方で、機会の平等を推進する諸計画を研究から政策、実践へと移している。第12章で述べたように、欧州、アメリカ、オーストラリアでは、奨学金その他の財政支援をモビリティーと連動させるなど、学生の流動化においても教育の機会平等を強化すべく、社会的不均衡の是正に努めている。また、これらの国々に多い著名大学ではムークスを積極的に配信しており、その重要な目的の一つとして、経済的あるいは政治的制約から高度な教育を受けることのできない途上国の学生に向けた社会的配慮を掲げている。大学によるこれらの配慮は、教育とモビリティーの組み合わせにより学術的発展が幅広く共有され得ること、そしてなによりもそこにおいて大学が理念的かつ実践的な役割を持たなくてはならないことを意味しているのではないだろうか。第7章で強調された、世界が「共に学ぶ」姿を大学主導で地域的に拡大していくこと、そして、第9章で提唱された「知識の社会化と公共化」を重視しつつ「大学とは何か」を自ら問い続ける大学の姿が問われているといえよう。

本書の意義

過去二〇年余り、高等教育の国際化や教育の市場化、財政変革に焦点をあてた多くの研究が重ねられ、教育機会や進学格差についても重要な研究が蓄積されてきた。本書はそれらに、モビリティーという観点を導入し、探索的に高等教育の現代的課題の解明を試みた。モビリティーは今後地理的に一層拡大するだけでなく、中等教育課程を含み影響を受ける教育段階や社会層が拡がるであろう。

移民の歴史が長く人材獲得戦略に長けた欧州、アメリカ、オーストラリア等の各国は、大学を優秀な人材獲得の窓口として、まさに「知と人のモビリティー」を担う大学像を着実に構築する一方で、社会的配慮を同時並行的に政策に移し実践していた。アジアでは中国およびモンゴルにおける留学件数の急増にみられるように、学生を中心とする流動化は急速に進行しているが、その移動の力学はいまだパターン化しているとは言い難く、今後ますます重要な研究課題となるだろう。このような海外の状況を参考とすべく、本書では国際的に活躍する海外研究者を交え、全一二章のうちの一一の章において海外の状況を考察している。

本書がめざしたのは、高等教育の国際化や、大学生など潜在的高技能者の流動性の急激な上昇という最近の社会変動のなかで「人と知のモビリティー」を中核的に担う大学のすがたと課題を追うことであった。大学は、その発生のころから「人と知のモビリティー」の担い手であった。しかし、二一世紀の大学は国際化やグローバル化の急速な進展のなかで、これまでよりもはるかに強く、またイノベーティブに「人と知のモビリティー」の拠点となることが求められている。世界中の大学や高等教育の関係者たちはいま、そのためにさまざまな試みを繰り広げている。本書はその動きを世界的視野から比較可能なかたちで明らかにし、この問題を深く考察することに努めた。モビリティーと教育の関わりやそのあり方を探求する初めてのこの試みに賛同して、素晴らしい論考を寄せてくださった本書の各章の執筆者のみなさんにまず謝意を表したい。また、編集にあたってはミネルヴァ書房の河野菜穂氏に多大なる御尽力をいただいた。時に励まし、時に戒めてくださりながら、辛抱強く本書の出版を実現してくださった。この場を借りて心からお礼を申し上げたい。

編者　松塚ゆかり

索　引

A〜Z

AACs（アジア学術単位）　13, 181, 186-189, 192, 193, 260
ACD（アジア協力会議）　182-185, 191
ACTS（アジア単位互換制度）　182-185, 191, 192
　ACD-ACTS　183-185, 191
ACTFA（アジア学術単位互換の枠組み）　184, 191
AIMS（ASEAN International Mobility for Students）　184
AUN（アジア大学ネットワーク）　175, 182-184, 189, 191, 193
AUN-ACTS（アセアン単位互換制度）　170, 182-185, 191
BPS（後期中等教育後調査）　149, 150, 151, 154-157
Campus France（CF）　56, 60-61
DAAD（ドイツ学術交流会）　269-270, 281
ECTS（欧州単位互換〈蓄積〉制度：European Credit Transfer〈and Accmulation〉System）　13, 28, 47, 84, 95, 176-185, 188, 190, 202, 210, 223, 259-260, 263
ENQA（欧州高等教育質保証協会）　199, 225, 258
Euroculture: Europe in the Wider World（エラスムス・ムンドゥス修士課程プログラム）　220, 222
France Stratégie　55, 70-71
IPEDS（Integrated Postsecondary Education Data System：統合高等教育データシステム）　145, 146, 148
JQI（共同質保証イニシアティブ）　199, 201, 202, 208, 222, 223, 225
LMD（licence-master-doctorat）　53
MOOC(s)（大規模オープンオンライン講座）　18-19, 54, 64-65, 261
NCE（全米教育統計センター）　149, 155, 157
NELS（全米教育パネル調査）　149, 151
NELS88（全米教育パネル調査88年度以降版）　149, 150-151, 156
NELS：88/2000（全米教育パネル調査88/2000年度版）　157-158, 160, 161
NLSYouth（全米青少年パネル調査）　149-150, 151
NSC（全米学生クリアリングハウス）　148-151, 164
NQF（国家資格枠組み）　259
OECD（経済協力開発機構）　1, 5, 10, 16, 18, 99, 119, 252, 285, 287, 291, 292, 293, 294, 300, 302
QAA（高等教育質保証機構）　36, 199, 202, 236, 239
SEAMEO（アセアン教育大臣機構）　183, 188, 191
StraNES（高等教育国家戦略）　54, 55, 69, 70, 71
Study Korea Project　114, 115
UIS（ユネスコ統計研究所）　52, 56, 62
UMAP（アジア・太平洋大学交流機構）　175, 181, 184-187, 189
　UCTS（UMAP 単位互換制度）　181, 183, 184-185, 187, 190, 191
upward mobility　17, 307
WICHE（高等教育西部インターステート委員会）　149-152, 164
WTO（世界貿易機関）　108, 114
GATS（サービス貿易協定）　108

あ　行

か　行

さ　行

た　行

な　行

は　行

ま　行

や　行

ら　行

《執筆者紹介》（五十音順／氏名／よみがな／現職／執筆分担／＊は編著者）

アガタ・ピエルシチェニャク（Agata Pierścieniak）ポーランド共和国　ジェシェフ大学経済学研究科准教授　第３章

苑　復傑（エン・フクケツ）放送大学教養部教授　第４章

大場　淳（おおば・じゅん）広島大学高等教育研究開発センター副センター長，准教授　第２章

北川文美（きたがわ・ふみ）英国　エジンバラ大学ビジネススクール講師　第１章

北原和夫（きたはら・かずお）東京理科大学大学院科学教育研究科教授，東京工業大学名誉教授，国際基督教大学名誉教授　第９章

クリフォード・アデルマン（Clifford Adelman）アメリカ合衆国　高等教育政策研究所上席研究員，アメリカ IR 協会（Association for Institutional Research）理事　第６章

布川あゆみ（ふかわ・あゆみ）一橋大学大学院社会学研究科特別研究員　第11章

ベルナール・ユゴニエ（Bernard Hugonnier）フランス　パリ・カトリック大学教育学部教授　第10章

堀田泰司（ほった・たいじ）広島大学国際担当副理事，国際センター教授　第７章

＊松塚ゆかり（まつづか・ゆかり）編著者紹介参照　序章，第１章，第３章，第６章，第10章，第12章，あとがきに代えて

ミャグマル アリウントヤー（Ariuntuya Myagmar）一橋大学森有礼高等教育国際流動化センター助教　第５章

ローベルト・ワーヘナール（Robert Wagenaar）オランダ　フローニンゲン大学人文学部教授，国際チューニングアカデミー（フローニンゲン）代表　第８章

《編著者紹介》

松塚ゆかり（まつづか・ゆかり）

現在　一橋大学森有礼高等教育国際流動化センター教授。
アメリカ合衆国コロンビア大学大学院博士課程修了後，同大学教育経済学研究所研究員，経済政策研究所（ワシントンDC）研究員，一橋大学・大学教育研究開発センター准教授，教授を経て，現在に至る。
専門　教育経済学。
研究テーマ　教育の経済効果，人材流動化計画，高等教育財政，高等教育政策など。
主著　「ヨーロッパの高等教育政策」『ヨーロッパがつくる国際秩序』（ミネルヴァ書房），「国際化における高等教育財政」『高等教育研究』，「EU 人的資本計画の動向」，『国際比較から見た日本の人材育成』（日本経済評論社），*Changes in the Permanent Employment System in Japan* (Routledge) など。

国際流動化時代の高等教育
――人と知のモビリティーを担う大学――

2016年６月20日　初版第１刷発行　〈検印省略〉

定価はカバーに
表示しています

編著者　松　塚　ゆかり
発行者　杉　田　啓　三
印刷者　坂　本　喜　杏

発行所　株式会社　ミネルヴァ書房
607-8494　京都市山科区日ノ岡堤谷町１
電話代表　(075)581-5191
振替口座　01020-0-8076

冨山房インターナショナル・新生製本

ISBN 978-4-623-07674-1
Printed in Japan